# 佛教の文様

## 打敷の織と刺繍

*The design of the Buddhist altar cloth*

池　修

*The design of the Buddhist altar cloth*

*First Edition November 2017*
*By Mitsumura Suiko Shoin Co., Ltd.*
*217-2 Hashiura-cho Horikawa Sanjo*
*Nakagyo-ku, Kyoto 604-8257 Japan*

*Author: IKE Osamu*
*Publisher: ASANO Yasuhiro*
*Printer: New Color Photographic Printing Co., Ltd.*

*Designer: TSUJI Eriko (New Color Photographic Printing Co., Ltd.)*
*Program Director: YAMAMOTO Takahiro (New Color Photographic Printing Co., Ltd.)*
*Director: IGAMOTO Yuiko (Mitsumura Suiko Shoin Co., Ltd.)*

# 凡例

○文様の掲載順は「家紋」「動物文」「植物文」「有職文」「その他」としました。

○複数の文様で構成された打数は、文様の掲載順の上位が含まれているものからとし、重複掲載はしませんでした。また、掲載順の上位の文様が含まれていても「主文《しゅもん》」ではなく、それを構成する一要素と判断したものは「主文」の順に従って掲載しました。

○色や文様の名称、織(生地)の種類は著者の主観で決めたものもあります。また、退色した色は元の色を推測して記載しました。この時、「赤《あか》」「紅《くれない》」「朱《しゅ》」あるいは「藍《あい》」「紺《こん》」「縹《はなだ》」「浅葱《あさぎ》」などの区別が容易ではないこともありますが、本来の目的に対応すると思われる色名にしました。

○「主文」が同一色ではない場合、あるいは一つの「主文」に複数の色が用いられたものは原則的に「色糸」とし、それぞれの色名は記載しませんでした。また、「地色」に複数の色が用いられたものは主要な色名のみを記載しました。

○裂《きれ》の名称の記載は原則的に「地色名《ちいろめい》・地文名《ぢもんめい》・主文色名・主文名・織名」の順としました。ただし「地文」と「主文」が同色のものは「地文」の前にのみ色名を記載しました。一方、「牡丹唐草《ぼたんからくさ》」など慣用的に「主文」(牡丹)、「地文」(唐草)の順とされているものは、それに従いました。

○「刺繍」されたものは生地を「地色名・地文名・織名」とし、その後に「主文色名・主文名」に「刺繍」と記載しました。また、生地の全面を金糸で埋め尽くすように刺繍し、色糸で文様を表したものは「金刺繍地」としました。

○「籠目《かごめ》に鳳凰(籠目ニ鳳凰)」「菊御紋《きくのごもん》に牡丹折枝《ぼたんおりえ》(菊御紋ニ牡丹折枝)」などのように「地文」と「主文」、あるいは並立を表す「に(ニ)」は省略しました。ただし文様の関係を明示する必要がある時にはルビに「に」を入れました。また、「丸文」など慣用的に「○○の丸」とされているものはルビに「の」を入れました。

○「蜀江中龍丸《しょっこうちゅうりゅうのまる》」や「雲中鳳凰《くもちゅうほうおう》」など「主文」の構成要素とされたものは「中」の後にその文様名を記載しました。ただし「亀甲」などの中に組み込まれた「花菱」は「中」を用いず、慣用的に「亀甲花菱」としました。

○方形の打敷を対角線で二分し、二つの異なる文様が織り出された織分《おりわけ》は、各文様を(／)で区切って記載しました。

○寸法表記は、打敷や水引(下掛)を自然に広げ、方形の打敷では金襴などの本体部分を「縦、横」、三角形の打敷では本体部分の「縦、横、一辺」の長さを四捨五入して0.5 cm単位で記載しました。また、三角形の打敷で卓《しょく》の両側にも垂れがある三方仕立《さんぼうしたて》のものの横幅の寸法は卓に掛けた時の最大幅に続けて(裂の最大幅)を記載し、側面に垂れる短い一辺の寸法を(短辺)と記載しました。一方、打敷を解いた裂では、「最長幅(縫い代を除いた幅)」と記載しました。

○裏面の墨書は年月日のみを記載しました。

# はじめに

池　修

打敷《うちしき》とは法要や行事に際して仏教寺院や各家庭の仏壇を荘厳《しょうごん》するために卓《しょく》に掛ける布を指します。この打敷によって普段とは異なる世界が創り出されます。通常、堂内や仏壇内は仏具を含め金属製、および漆や金箔などで装飾された木製で、きらびやかではありますが、一部の宗派の内陣《ないじん》などを除き、その色彩は単調です。時には、それらに彩りを添える織物として戸帳《とちょう》や幡《ばん》、御簾《みす》などが用いられることもありますが、色彩を含め限局的です。一方、打敷は宗派や法要の種類にもよりますが、色彩豊かなものが多く、仏教の場に荘重さと華やかさをもたらします。その素材は金襴や錦などの高級織物が多く、刺繍が施されたものもあります。また、故人が生前に着用した小袖や帯などを打敷に仕立て直すこともありました。仏や故人を敬う心から、当初は得難い、高価な裂《きれ》が用いられましたが、打敷専用に織られたものではありませんでした。しかし、時代を経るに従って法要や季節に相応しい織物や図柄の打敷も作られました。

打敷は宗派や卓によって形や大きさが異なるものの、その性質上、贅《ぜい》を尽くしたものが多く、それぞれの時代の感性が反映していると感じられるものがあります。一方で蠟燭《ろうそく》や線香、時には花瓶《かひん》や華瓶《けびょう》の水などによって破損されやすく、良い状態を永く保つことは容易ではないようです。

特別な機会にしか見ることがない打敷ですが、今に遺る打敷からは、かつての人々が創り上げた祈りの、あるいは仏の願いや教えを聞(聴)く空間に対する思いが伝わってきます。

真宗(浄土真宗)寺院の内陣の荘厳

# 目次
*Contents*

4 ― はじめに
8 ― 仏教の荘厳《しょうごん》と打敷《うちしき》
8 ― 打敷の歴史
9 ― 打敷の図柄と色
10 ― 打敷と行事
10 ― 打敷の文様
11 ― ［家　紋］ 菊御紋《きくのごもん》・裏菊紋《うらきく》・閑院宮菊紋《かんいんのみや》・九重菊紋《ここのえの》・八葉菊紋《はちようの》・五七桐紋《ごしちのきり》・八藤文《やつふじ・はっとう》・近衛牡丹紋《このえぼたん》・二條藤紋《にじょうふじ》・久我龍胆紋《こがりんどう》
76 ― ［動物文］ 龍文・鳳凰文・麒麟《きりん》文・獅子文・鶴文・鳥文
162 ― ［植物文］ 蓮文・菊文・桐文・牡丹文・撫子《なでしこ》文・紫陽花《あじさい》文・菖蒲《あやめ》文・葵文・花文・花籠《はなかご》文・唐花《からはな》文・宝相華《ほうそうげ》文
254 ― ［有職《ゆうそく》文］ 小葵《こあおい》文・轡唐草《くつわからくさ》文・亀甲花菱《きっこうはなびし》文・七宝繋《しっぽうつなぎ》文・蜀江《しょっこう》文
272 ― ［その他］ 天女文・法輪文・楽器文・雲文・波文・宝尽《たからつくし》文

**五色《ごしき》** —— 284
・五色の色
・禁色《きんじき》
・色と装束《しょうぞく》
・官位《かんい》と色
**陰陽《いんよう》五《ご》行《ぎょう》** —— 294
**有職《ゆうそく》** —— 296
・有職故実《こじつ》
・有職の文様
参考文献 —— 298
あとがき —— 300
索引 —— 313
英文要約 —— 315
仏文要約 —— 317

## 【仏教の荘厳《しょうごん》と打敷《うちしき》】

宗派による違いはありますが、仏教寺院の堂内は様々な仏具によって荘厳されます。各宗派に共通しているのは仏に「光」「香」「花」を供えることで、これらを乗せる台を「卓《しょく》」と称します。「卓」の基本的な形態は同じで、置かれる場所によって「上卓《うわじょく》」や「前卓《まえじょく》」などの名称がつけられます。そして法要や行事の時には、宗派にもよりますが、この「卓」に三角、あるいは四角の布を掛けることがあります。この布が「打敷」です。時には「卓」の側面を「下掛《したかけ》」として「水引《みずひき》」と称する布で包み、それに「打敷」を掛けることもあります。これらの「打敷」や「水引(下掛)」で荘厳することによって儀式に相応しい空間が創造されるのです。

## 【打敷の歴史】

「打敷」は釈迦(紀元前四六三頃~紀元前三八三頃など諸説)が説法をされた高座を珍宝や妙衣で荘厳したのが起源ともいわれています。従って打敷は古い時代から用いられていたと考えられます。時代は下がりますが、本願寺(浄土真宗)中興の祖とされる蓮如(一四一五~一四九九)の頃、行事に応じて色々な打敷が用いられたことが記録に残されています。しかし、打敷は織物ですので、その時代にまでさかのぼる遺品を確認することは容易ではありません。一方、故人の追善などのため、生前に着用した小袖や帯などが打敷に仕立てられたものもあります。近年、桃山時代の打敷を元の小袖へ復元した報告例もあります。

江戸時代に入り、徳川幕府がキリスト教を禁止し、寺請制度として仏教寺院が住民の戸籍などを管理するようになると、住民の生活の基盤は仏教とより深く繋がりました。この時代、各宗派の仏事が定型化され、堂内の荘厳も決められました。そして一般家庭でも寺院に倣って打敷を用いた荘厳が各家の仏事に組み込まれました。

## 【打敷の図柄と色】

人の死と深く結びついている仏教ですが、仏事に用いられる打敷は華やかです。金襴や錦などの高級織物を素材とするだけではなく、その色遣いは「五色《ごしき》」(後述)を駆使しています。勿論、単色の打敷もありますが、かえって単色であるが故に存在感があるほどです。図柄は、当初は輸入織物などの舶来品が用いられたことから、大陸的であったと考えられます。しかし、時代の経過に伴って日本人の好みに合った図柄も採用されるようになりました。既製品の織物を打敷に仕立てただけではなく、打敷専用の織物も作られました。その時、密接に関与したと思われるのが「陰陽《いんよう》五行《ごぎょう》」(後述)と「有職《ゆうそく》」(後述)です。仏教の伝来よりも古くから古代中国に存在した「陰陽五行」は、仏教の経典が漢訳された時にも影響を与えた可能性がありますが、日本にも伝わり、私達の潜在意識にまで入り込んでいます。従って「陰陽五行」は打敷としての織物作成時にも、色や文様、およびその数などにも影響を及ぼしました。また、皇族や公家なども仏教に関与したことから「有職」も取り入れられました。それらが複合して、それぞれの時代の打敷の文様が形成されたと考えられます。さらには故人の供養のために遺品の着物や帯などが打敷に仕立てられたことがあったことから、打敷の図柄や素材の幅は広がりました。

## 【打敷と行事】

打敷は「卓」に掛けっぱなしにされることはなく、法要や正月などの行事の時に掛けられます。従って年に数回、日数にしても数日しか用いられることはありませんので、打敷は長い年月にわたって使用可能です。一通りの打敷があれば、世代を超えて事は足ります。しかし、私達が服や着物を楽しむように、仏事をも季節の行事と捉え、それを生活の一部に取り入れた人もいました。季節限定の打敷が存在するのです。例えば、正月には鶴、梅雨の時期には紫陽花、秋には秋草を主題とした打敷が存在します。本来、これらの文様を仏事に用いる必然性は高くはありません。しかし、その時期に、このような文様の打敷を掛けることによって、その季節に開催される行事に身を置く者にとっては整合性が保たれます。それが、そのような図柄の打敷が存在する理由と考えられるのです。

## 【打敷の文様】

打敷の文様は、宗派の権威を裏付ける「菊御紋《きくのごもん》」を初めとする「家紋」、仏法を護る「龍」などが含まれる「動物文」、極楽を示唆する「蓮」などを主体とする「植物文」、宮中や公家の影響を受けた「有職文」、これらに分類されない「天女」や「雲」などは「その他」として掲載しました。

# 家紋

## 菊《きくの》御《ご》紋《もん》

六世紀(五三八年、あるいは五五二年)に日本に伝来したとされる仏教は当初は国家仏教でしたが、その後は貴族に崇拝され、鎌倉時代以降、一般民衆にまで広がりました。一方、天皇は出家して法皇になることがありましたし、皇族や公家の子息も自家の後継者以外は入寺することが多く、仏教と深く結びついていました。そして仏教の各宗派も自らの権威を高めるために縁故の定紋を宗紋としました。なかでも「菊御紋」は最上でした。

後鳥羽天皇(一一八〇～一二三九、在位一一八三～一一九八)が好んで用いられたことから皇室の御紋となった「菊御紋」ですが、幕末までは一定の制限はあったものの、一般の寺社でも「菊御紋」は用いられました。しかし、明治元年(一八六八)に、みだりに「菊花紋《きくかもん》」を使用することが禁止され、明治二年(一八六九)に「十六《じゅうろく》(葉《よう》)八重《やえ》表菊《おもてきく》紋《もん》(菊御紋)」が正式に天皇の御紋に決定とされると、親王家が十六葉の「菊花紋」を使用することを廃止し、十四、五葉以下、もしくは「裏菊紋」を用いることになりました。また、一部の門跡寺院や神社を除き、一般の寺社での「菊御紋」の使用も禁止されました。その後の明治四年(一八七一)には皇族以外は全て「菊花紋」の使用が禁止されましたが、明治十二年(一八七九)に、その規制は緩和されました。しかしその間、寺院では「菊御紋」の打敷や袈裟の使用はできず、「菊御紋」に文様を描き加えたり、色を差したりして「菊御紋」ではないと主張する必要がありました。

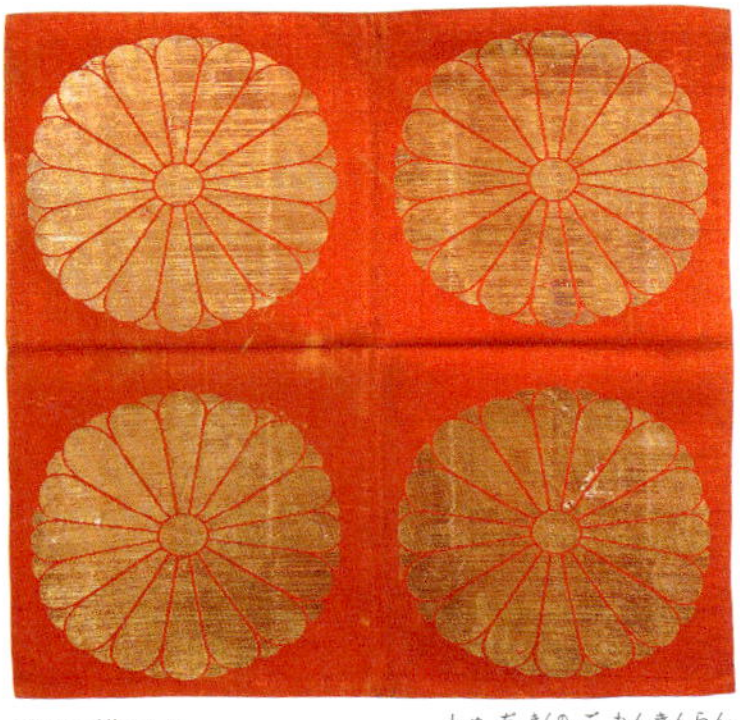

朱《しゅ》地《ち》菊《きくの》御《ご》紋《もん》金襴《きんらん》

縦60、横61.5

縦46、横78(84)、一辺60(短辺7)

朱《しゅ》地《ぢ》菊《きくの》御《ご》紋《もん》金《きん》襴《らん》

御紋消《ごもんけし》：緋《ひ》亀甲《きっこう》地《ぢ》白菊《しろきくの》御紋《ごもん》金襴《きんらん》

御紋消《ごもんけし》： 浅《うすき・あさき》 香色《こういろ》地《ぢ》青《あお》(緑《みどり》)唐草《からくさに》赤菊《あかきくの》御紋《ごもん》
縫取織《ぬいとりおり》

紺《こん》地《ち》菊《きくの》御《ご》紋《もん》金襴《きんらん》

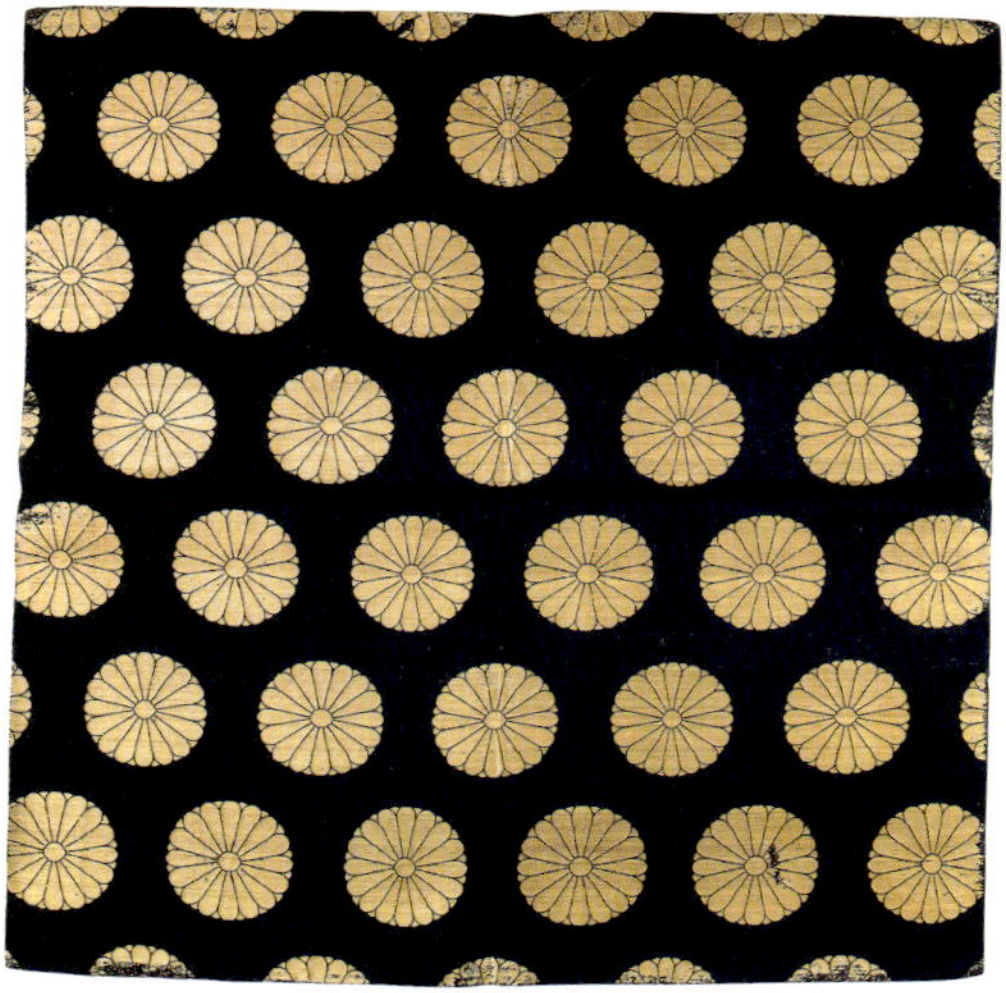

縦65、横62.5

黒《くろ》地《ち》菊《きくの》御《ご》紋《もん》金襴《きんらん》

縦124、横118.5

白い裂をアップリケし、金糸の刺繍で菊御紋を表しています。

縦55、横104.5、一辺75.5

黒《くろ》地《ぢ》白菊《しろきくの》御《ご》紋切伏《もんきりふせに》刺《し》繍《しゅう》

金《きん》地《ち》金襴《きんらんに》朱菊《しゅきくの》御《ご》紋《もん》刺《し》繍《しゅう》／金《きん》地《ち》金襴《きんらんに》色糸《いろいと》雲鶴文《くもにつるもん》刺《し》繍《しゅう》

縦24.5、横24.5

青《あお》(緑《みどり》)地《ち》三葉菊《さんようにきくの》御《ご》紋金襴《もんきんらん》

横60.5(57.5)

朱《しゅ》地《ち》三葉菊《さんようにきくの》御《ご》紋金襴《もんきんらん》

横59.5(57.5)

## 黒《くろ》地《ぢ》菊《きくの》御《ご》紋《もんに》龍《りゅうの》丸《まる》文《もん》金《きん》襴《らん》

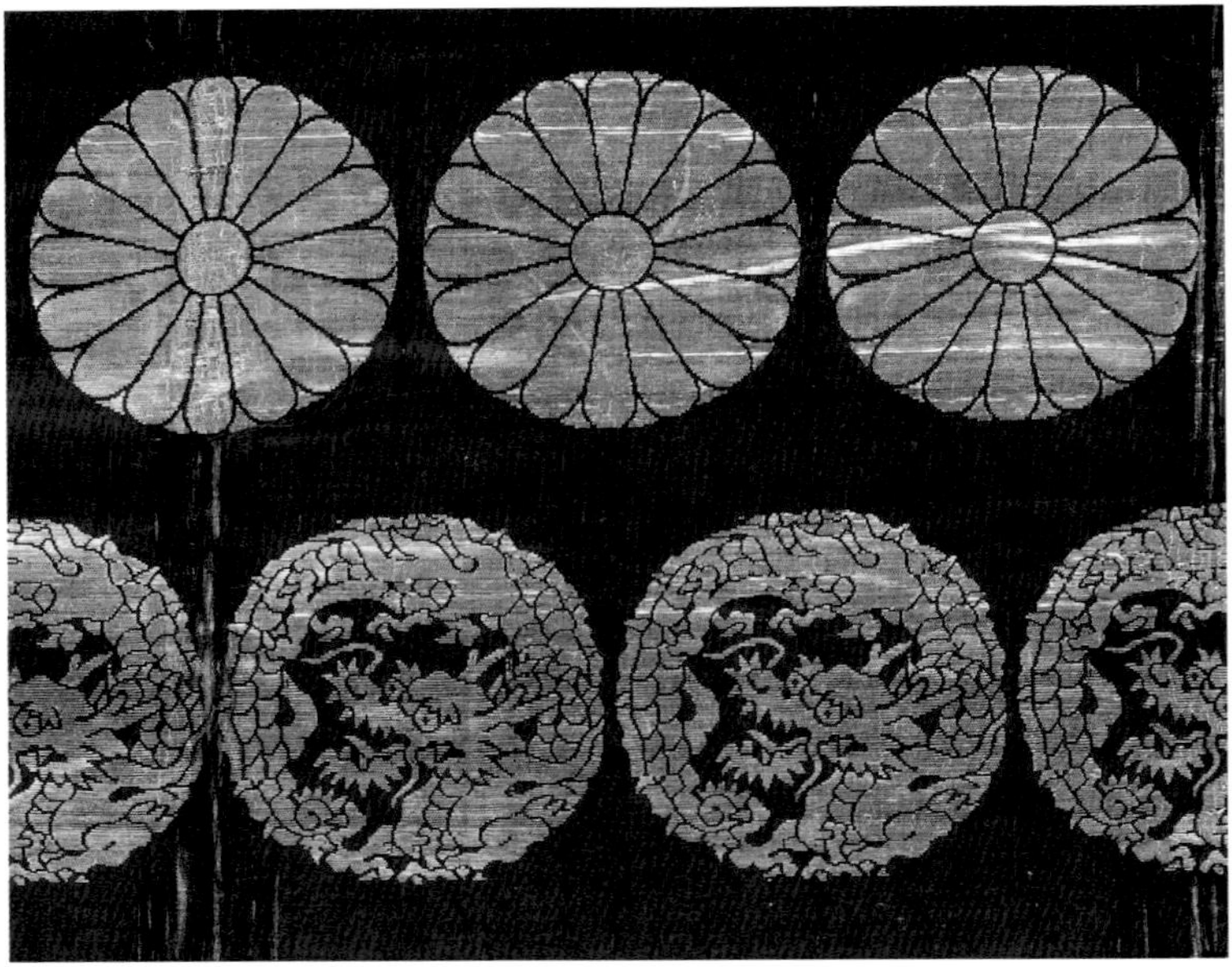

（拡大）

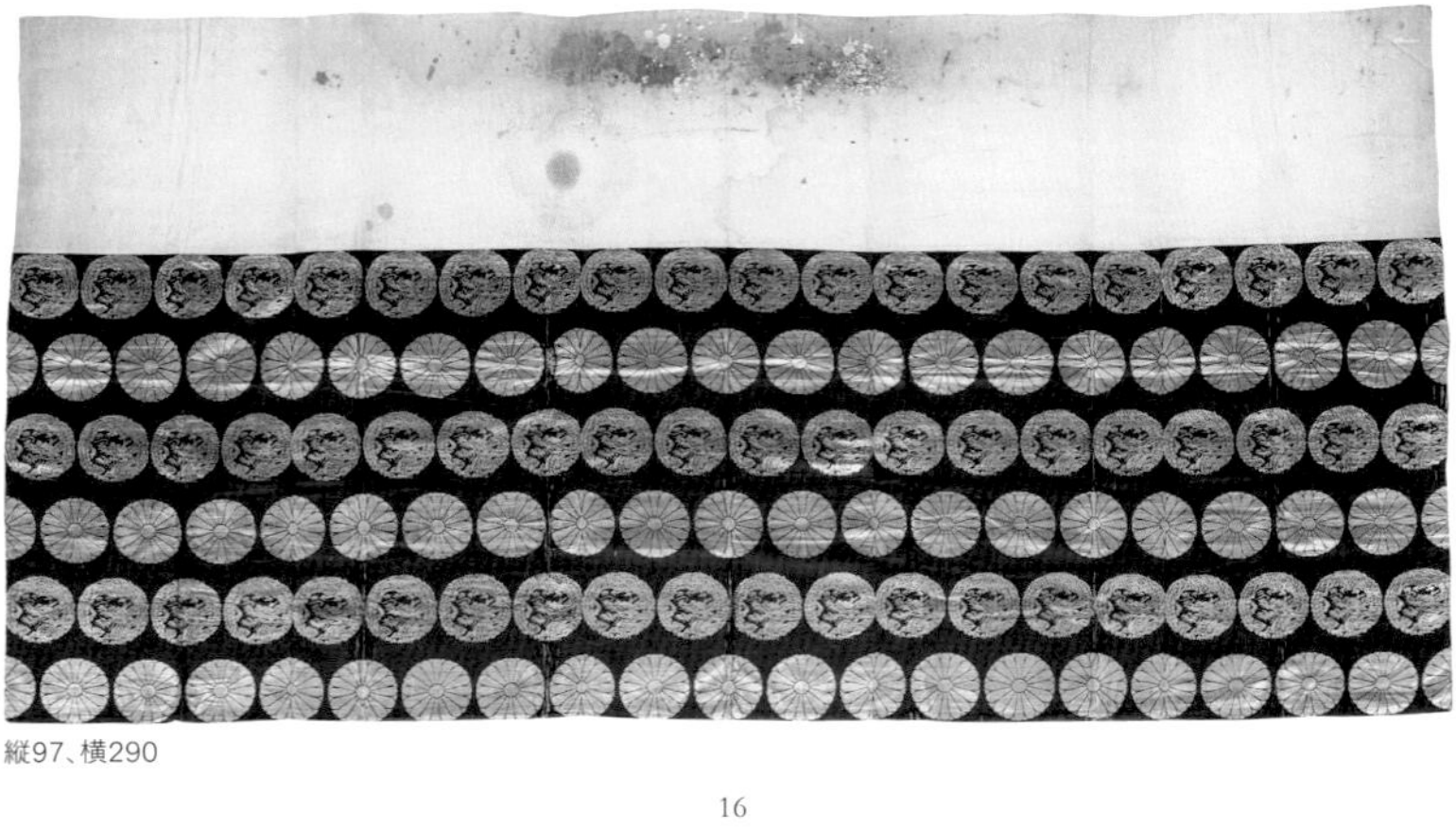

縦97、横290

## 黒地《くろち》亀甲《きっこう》中菊《ちゅうきく》の御紋《ごもん》龍《りゅう》の丸文《まるもん》金襴《きんらん》

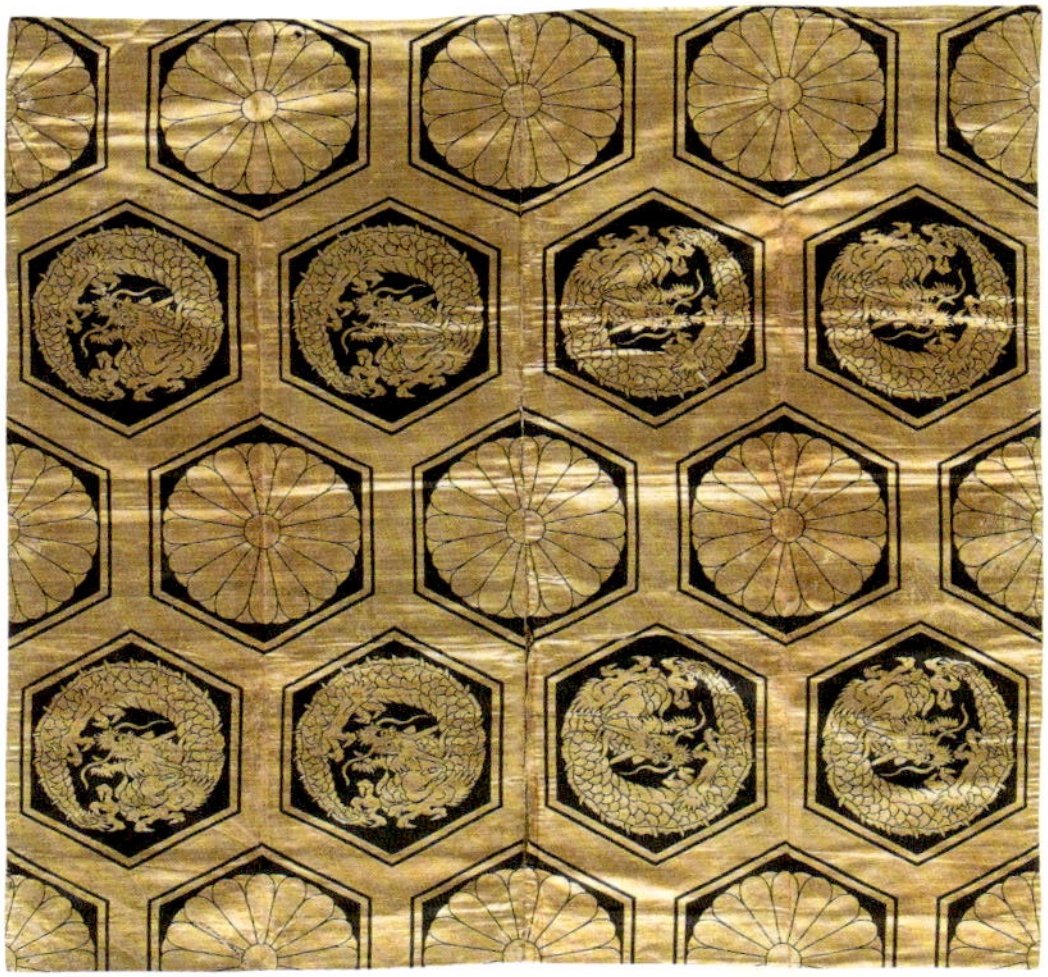

縦127.5、横132　宝暦六年（1756）二月

## 金地《きんち》色糸《いろいと》蝶《ちょう》獅子《しし》牡丹《ぼたん》に白菊《しろきく》の御紋《ごもん》金襴《きんらん》

縦67.5、横67

青《あお》(緑《みどり》)地《ち》菊《きくの》御《ご》紋《もんに》牡《ぼ》丹《たん》折《おり》枝《え》文《もん》金《きん》襴《らん》

横60.5(58.5)

朱《しゅ》地《ち》菊《きくの》御《ご》紋《もんに》牡《ぼ》丹《たん》折《おり》枝《え》文《もん》金《きん》襴《らん》

横62(58)

# 朱《しゅ》地《ぢ》菊《きくの》御《ご》紋《もんに》牡《ぼ》丹《たん》折《おり》枝《え》文《もん》金《きん》襴《らん》

（拡大）

縦141、横141.5

紫《むらさき》地《ぢ》雲立涌菊《くもたてわくにきくの》御《ご》紋《もん》浮織《うきおり》

（拡大）

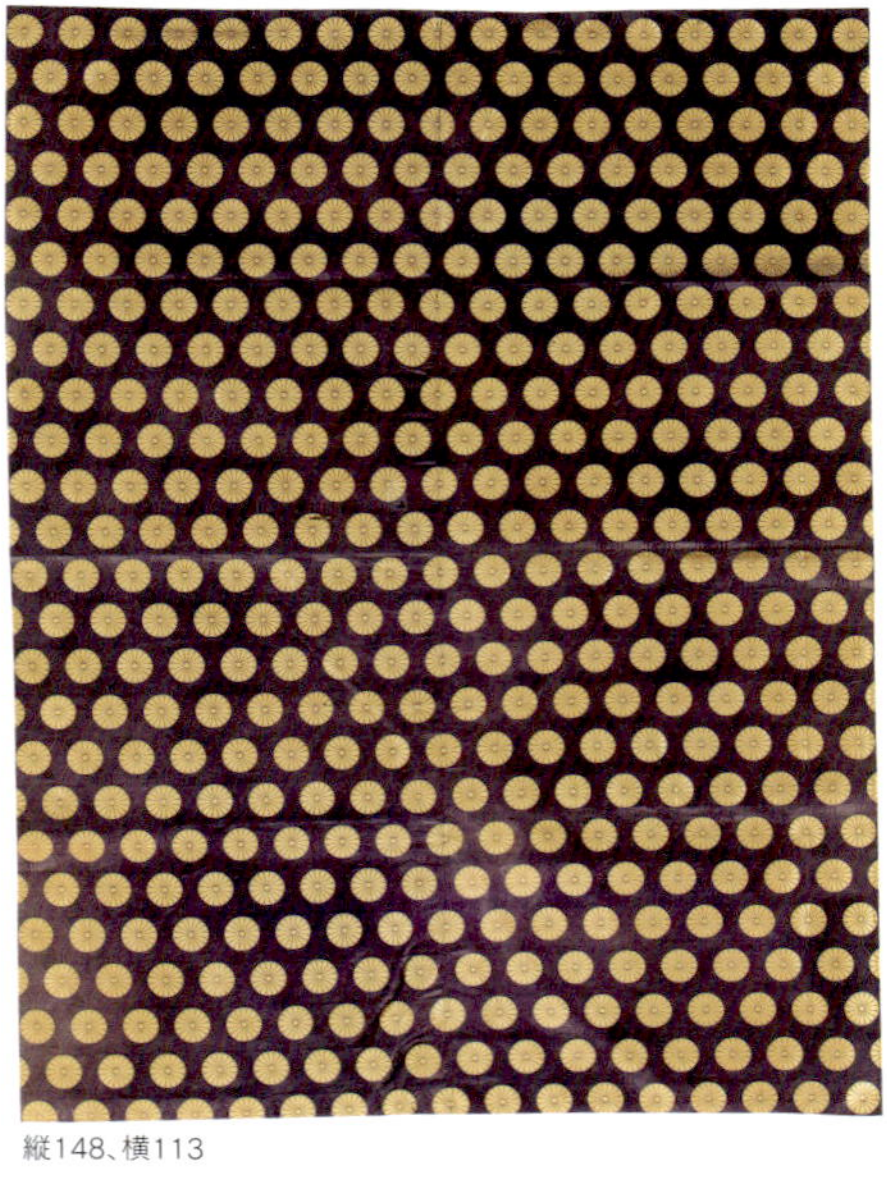

縦148、横113

涌き起こる「雲」を象《かたど》った「雲立涌《くもたてわく》」は、平安時代に成立した文様といわれています。

紺地《こんぢ》白藤立涌《しろふじたてわく》中色糸《ちゅういろいと》菊《きくの》御紋錦《ごもんにしき》

横67（65）　寛政九年（1797）正月上旬

「有職《ゆうそく》の文様」（後述）である「藤立涌《ふじたてわく》」の中には種々の文様が入れられました。

縦60.5、横120

朱地《しゅぢ》井桁《いげた》菊《にきくの》御紋《ごもん》金襴《きんらん》

朱《しゅ》地《ち》亀甲《きっこうに》菊《きくの》御《ご》紋《もん》金襴《きんらん》

縦71.5、横67

青《あお》(緑《みどり》)地《ち》亀甲《きっこう》花菱《はなひしに》色糸《いろいと》菊《きくの》御《ご》紋《もん》金襴《きんらん》

縦98、横98

朱《しゅ》地《ち》松皮菱菊《まつかわひしにきくの》御《ご》紋《もん》金襴《きんらん》

縦117.5、横117.5

「松皮」を表す「松皮菱文」は「有職《ゆうそく》の文様」（後述）です。

金《きん》地《ぢ》紫《むらさき》檜垣朱菊《ひがきにしゅきくの》御《ご》紋《もん》金襴《きんらん》／
金《きん》地《ち》色糸蓮唐草文《いろいとはすからくさもん》金襴《きんらん》

縦66.5、横67

「檜垣文」は「網代《あじろ》文」ともいわれ「有職《ゆうそく》の文様」（後述）として地文に多用されます。

朱《しゅ》地《ち》色糸《いろいと》蜀江《しょっこう》中《ちゅう》白菊《しろきくの》御《ご》紋《もん》金襴《きんらん》

（拡大）

縦68、横67

朱《しゅ》地《ち》色糸《いろいと》蜀江《しょっこう》中《ちゅう》紫《むらさき》白菊《しろきく》の御《ご》紋《もん》金襴《きんらん》（拡大）

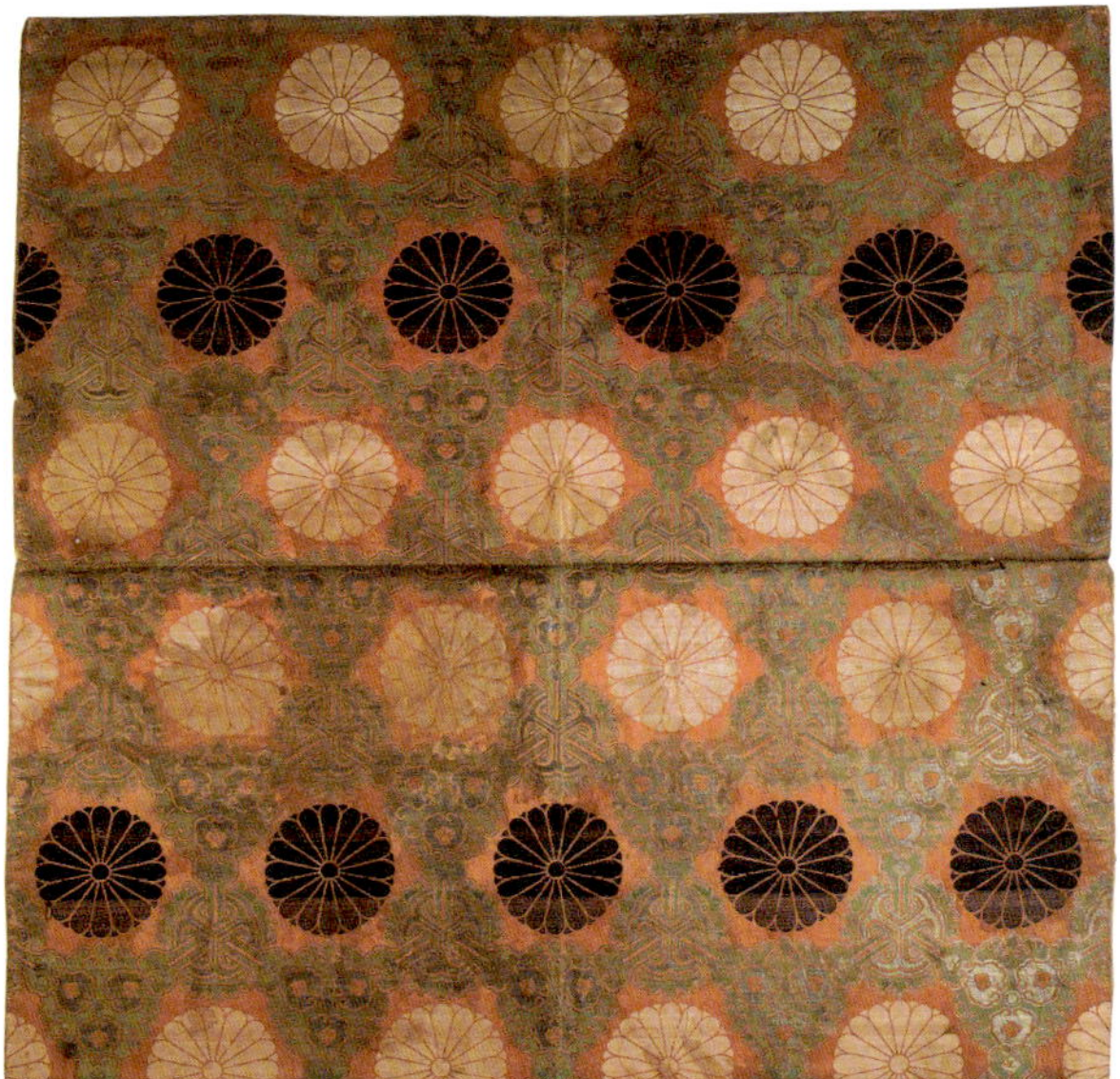

縦70、横68

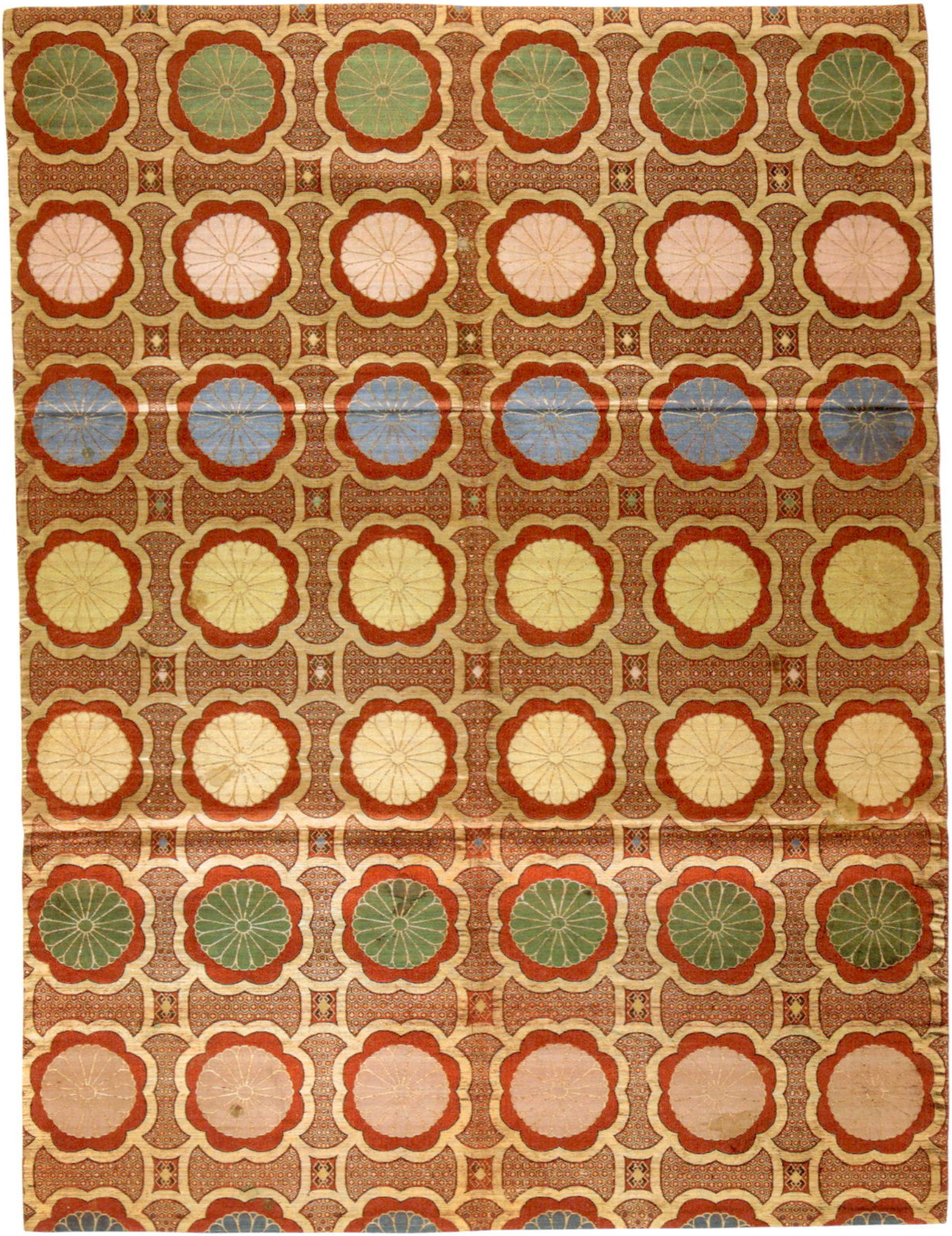

縦91.5、横67

赤《あか》地《ぢ》蜀江《しょっこう》中《ちゅう》色糸《いろいと》菊《きくの》御《ご》紋《もん》金襴《きんらん》

# 白《しら》地《ち》蜀江《しょっこう》中《ちゅう》色糸《いろいと》菊《きくの》御《ご》紋《もん》金襴《きんらん》

（拡大）

縦69、横67.5

## 赤《あか》地《ち》色糸《いろいと》蜀江《しょっこう》に白菊《しろきく》の御《ご》紋《もん》錦《にしき》

（拡大）

縦41.5、横70（78.5）、一辺54（短辺12.5）

香色《こういろ》地《ぢ》色糸《いろいと》蜀江《しょっこう》中《ちゅう》白菊《しろきく》の御《ご》紋《もん》金襴《きんらん》

（拡大）

縦15、横33

朱地《しゅぢ》唐草《からくさ》白菊《しろきく》御紋《ごもん》金襴《きんらん》

縦68、横68

縦46、横92.5、一辺65.5

朱地《しゅぢ》色糸菊《いろいときく》御紋《ごもん》唐草文《からくさもん》金襴《きんらん》

朱《しゅ》地《ち》色糸《いろいと》菊《きくの》御《ご》紋《もん》唐草文《からくさもん》金襴《きんらん》

（拡大）

縦70（67）、横70（67.5）

朱地《しゅぢ》桐唐草《きりからくさに》白菊《しろきくの》御《ご》紋金襴《もんきんらん》

横70(68)

朱地《しゅぢ》桐唐草《きりからくさに》白菊《しろきくの》御《ご》紋金襴《もんきんらん》

縦98.5、横98

金《きん》地《ち》色糸《いろいと》桐《きり》唐草《からくさ》金菊《きんきくの》御《ご》紋《もん》金襴《きんらん》

裏地：
白《しろ》三《み》重《え》襷《たすき》中《ちゅう》唐花《からはな》菱《ひし》文《もん》紗《しゃ》

縦68、横68

赤《あか》地《ち》色糸《いろいと》唐花《からはな》唐草《からくさ》金菊《きんきくの》御《ご》紋《もん》金襴《きんらん》

縦33、横64.5、一辺45.5

紫《むらさき》地《ぢ》色糸《いろいと》雲《くもに》金菊《きんきくの》御《ご》紋《もん》金襴《きんらん》

（拡大）

縦68、横68

朱《しゅ》地《ぢ》楽器《がっきに》白《しろ》菊《きくの》御《ご》紋《もん》金襴《きんらん》

（拡大）

縦47、横94、一辺67

皇室では「五七桐紋《ごしちのきりもん》」を副紋として用いました。

縦46、横70.5(80.5)、一辺56.5(短辺8)

海松《みる》色《いろ》羅紗《らしゃに》赤菊《あかきくの》御紋《ごもん》五七桐紋《ごしちのきりもん》切伏《きりふせに》刺繍《ししゅう》

「鏡《かがみ》仕《し》立《たて》」を思わせる打敷です。

縦15、横30、一辺21.5

赤縁《あかへり》海松《みる》色《いろ》羅紗《らしゃに》白菊《しろきくの》御紋《ごもん》五七桐紋《ごしちのきりもん》切伏《きりふせ》

文久三年（1863）霜月
縦106.5、横224、一辺153（短辺38）

赤《あか》羅《ら》紗《しゃに》白《しろ》菊《きくの》御《ご》紋《もん》五《ご》七《しちの》桐《きり》紋《もん》切《きり》伏《ふせに》刺《し》繍《しゅう》

縦50、横98、一辺71

赤《あか》羅《ら》紗《しゃに》白《しろ》菊《きくの》御《ご》紋《もん》金《きん》五《ご》七《しちの》桐《きり》紋《もん》刺《し》繍《しゅう》

白紗《しろしゃに》金《きん》唐草《からくさに》菊《きくの》御《ご》紋《もん》五《ご》七《しちの》桐《きり》紋《もん》刺《し》繍《しゅう》
（竹《たけ》屋《や》町《まち》裂《きれ》）

縦53、横70.5（92）、一辺62（短辺15.5）

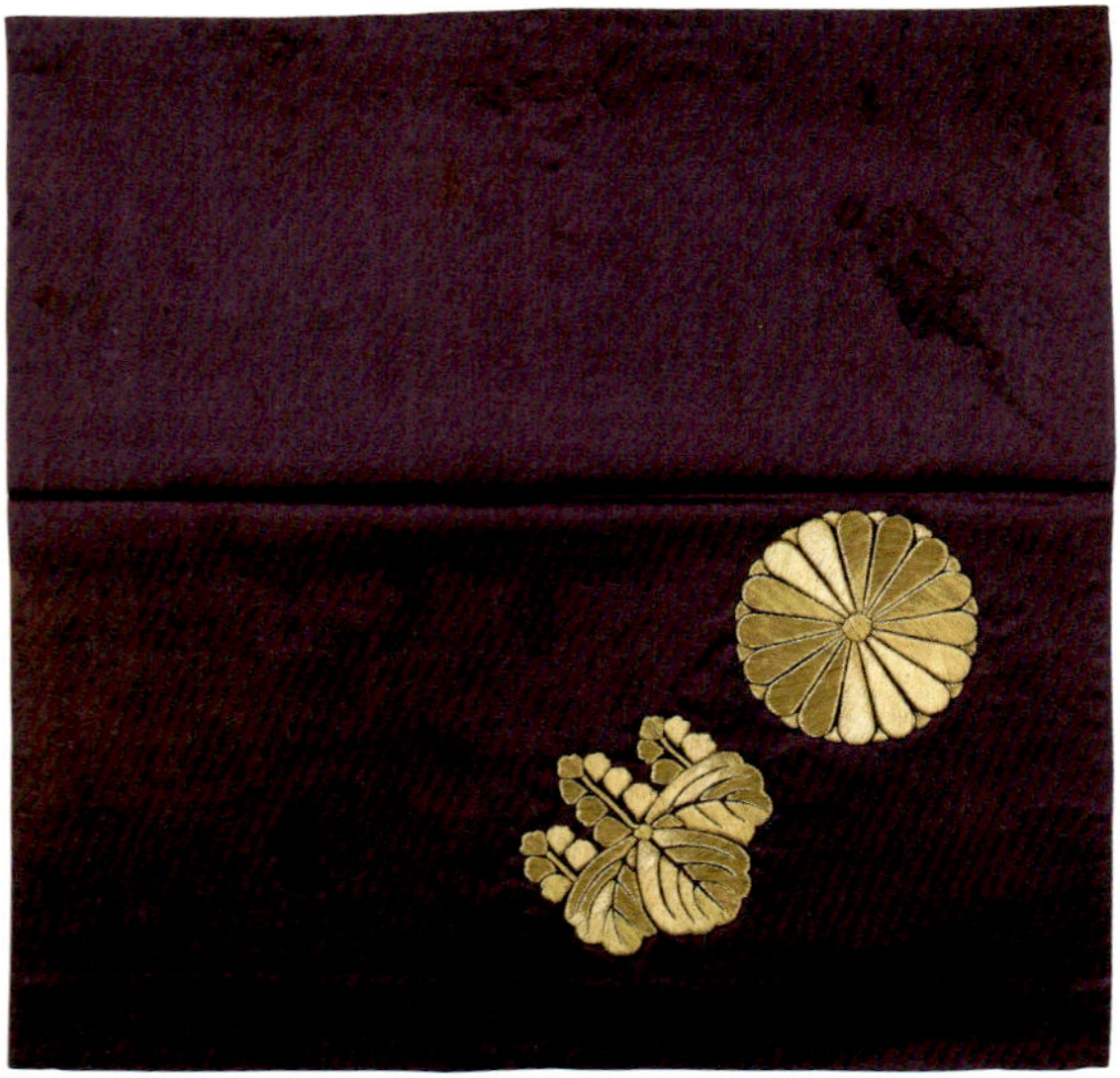

紫《むらさき》塩瀬《しおぜに》金《きん》菊《きくの》御《ご》紋《もん》五《ご》七《しちの》桐《きり》紋《もん》刺《し》繍《しゅう》

縦54.5、横55

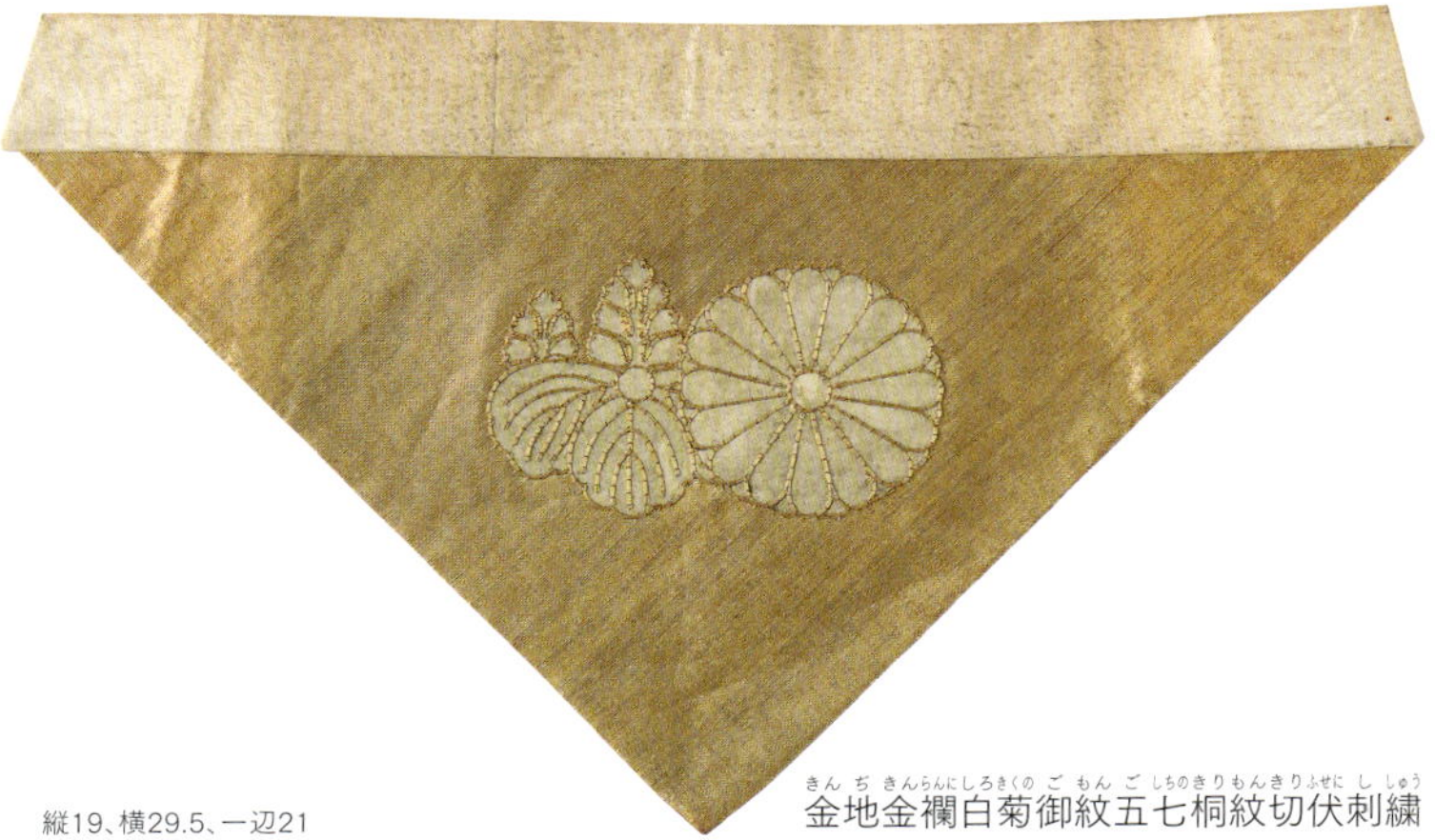

縦19、横29.5、一辺21

金《きん》地《ち》金襴《きんらんに》白菊《しろきくの》御《ご》紋《もん》五《ご》七桐紋《しちのきりもん》切伏《きりふせに》刺《し》繡《しゅう》

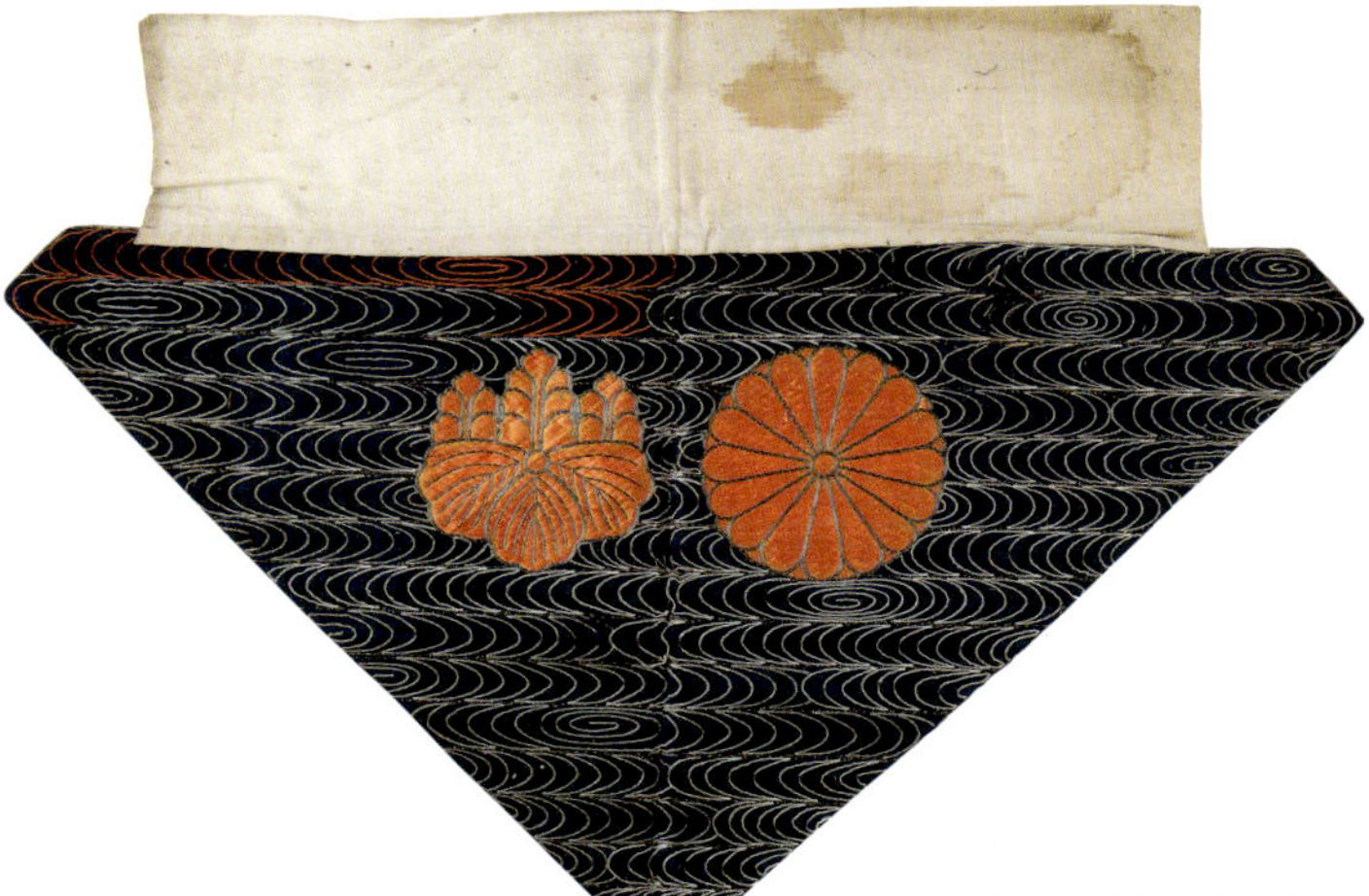

縦45.5、横83、一辺60（短辺7）

紺《こん》地《ち》白《しろ》観《かん》世《ぜ》水《みずに》朱菊《しゅきくの》御《ご》紋《もん》五《ご》七桐紋《しちのきりもん》刺《し》繡《しゅう》

金地《きんぢ》色糸《いろいと》宝尽《たからつくしに》 朱波中《しゅなみちゅう》菊《きくの》御紋《ごもん》五七桐《ごしちのきり》紋《もん》金襴《きんらん》／金地《きんぢ》色糸《いろいと》雲鶴《くもにつる》文《もん》金襴《きんらん》

縦67、横68

黒地《くろぢ》菊《きくの》御紋《ごもん》五三桐《ごさんのきり》紋《もん》金襴《きんらん》

縦60、横60.5

香色《こういろ》地《ち》色糸《いろいと》草花《くさはな》文《もん》錦《にしき》 金《きん》蓮華《れんげ》菊《にきくの》御紋《ごもん》五七《ごしち》桐紋《のきりもん》刺繍《ししゅう》

（拡大）

縦52、横90（94.5）、一辺67.5（短辺5）

朱《しゅ》地《ち》色糸《いろいと》蜀江《しょっこう》中《ちゅう》白菊《しろきくの》御紋《ごもん》五《ご》七《しちの》桐紋《きりもん》金襴《きんらん》（拡大）

三角に掛けることを前提に織られています。

縦69、横67.5

## 朱《しゅ》地《ち》色糸《いろいと》蜀江《しょっこう》中《ちゅう》白菊《しろきくの》御紋《ごもん》五《ご》七《しちの》桐《きり》紋《もん》錦《にしき》

（拡大）

三角に掛けることを前提に織られています。
「五七桐紋」の向きより、二方向での使用が可能です。

縦65.5、横68

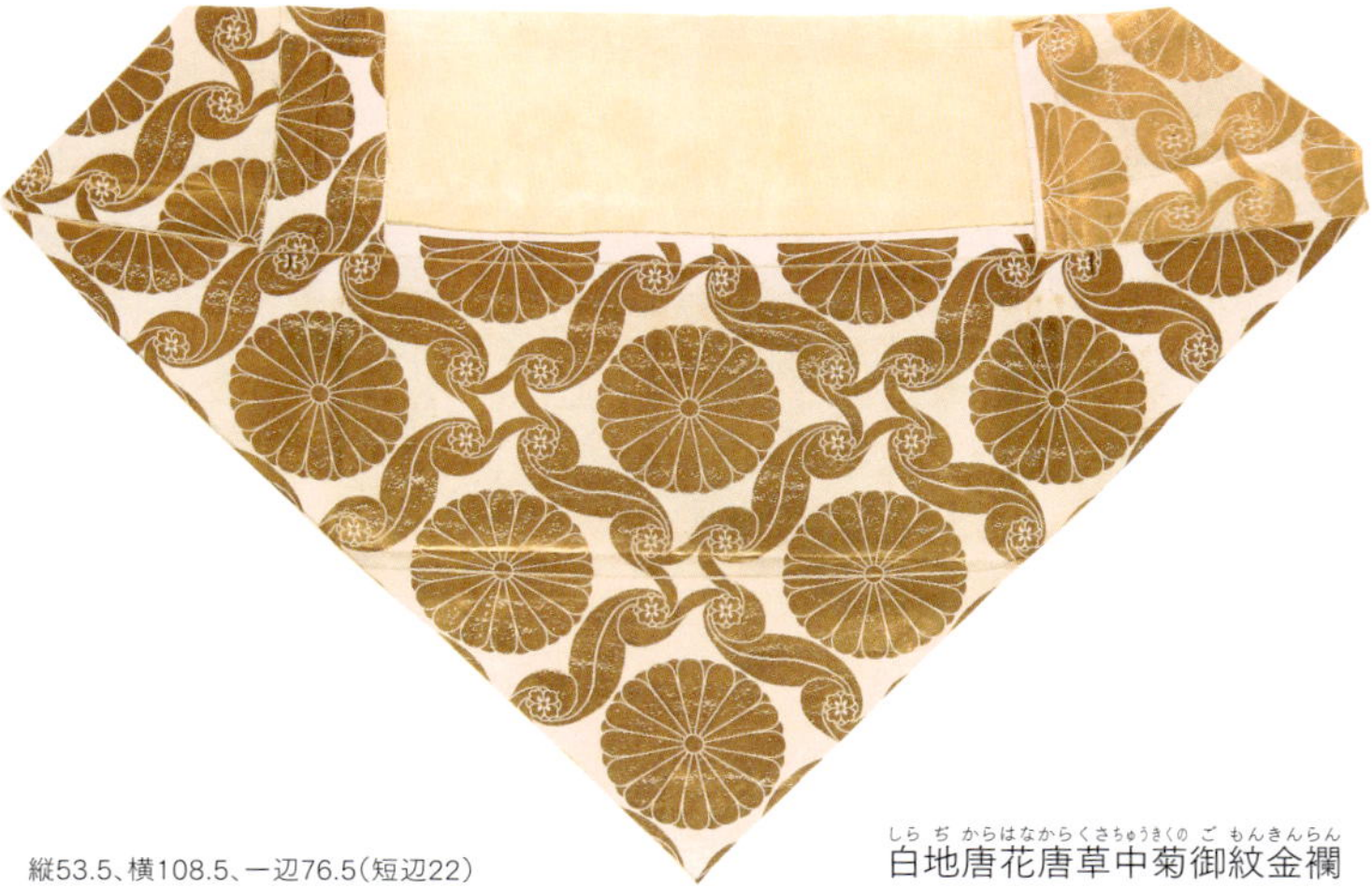

白《しら》地《ぢ》唐花唐草《からはなからくさ》中菊《ちゅうきくの》御《ご》紋金襴《もんきんらん》

縦53.5、横108.5、一辺76.5（短辺22）

朱《しゅ》地《ぢ》菊《きくの》御《ご》紋《もん》八藤《やつふじ・はっとう》文金襴《もんきんらん》

縦56.5、横60

「八藤文」の向きにより、三角に掛けることを前提に織られていることが分かります。

萌葱《もえぎ》地《ぢ》色糸《いろいと》蜀江《しょっこうに》菊《きくの》御《ご》紋《もん》八藤《やつふじ・はっとう》文《もん》銀襴《ぎんらん》

（拡大）

三角に掛けることを前提に織られています。

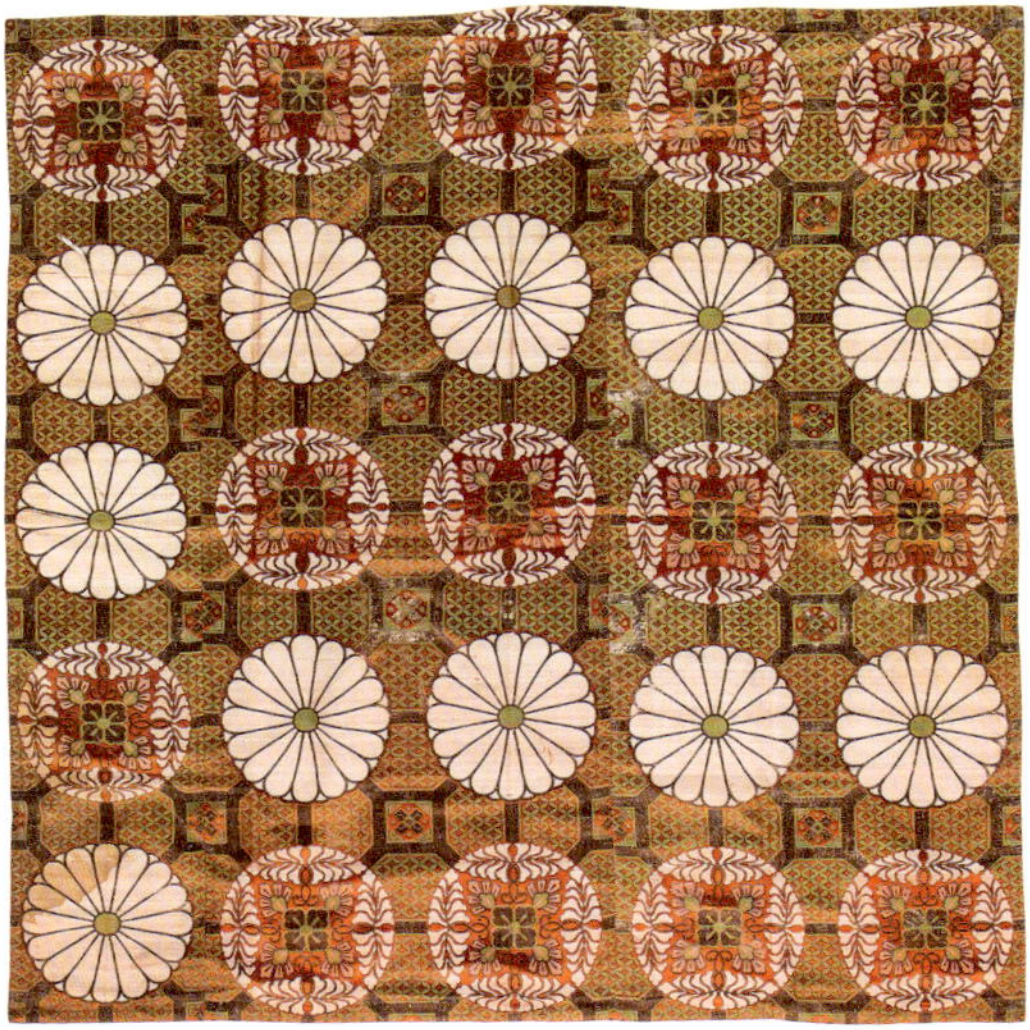

縦170、横163.5

黒《くろ》地《ぢ》菊《きくの》御《ご》紋《もん》三《みつ》巴《ともえ》桐《きりの》丸《まる》文《もん》金《きん》襴《らん》

縦71、横64

紺《こん》地《ぢ》色《いろ》糸《いと》菊《きくの》御《ご》紋《もん》唐《から》花《はな》六《ろく》葉《ようの》葵《あおい》文《もん》錦《にしき》

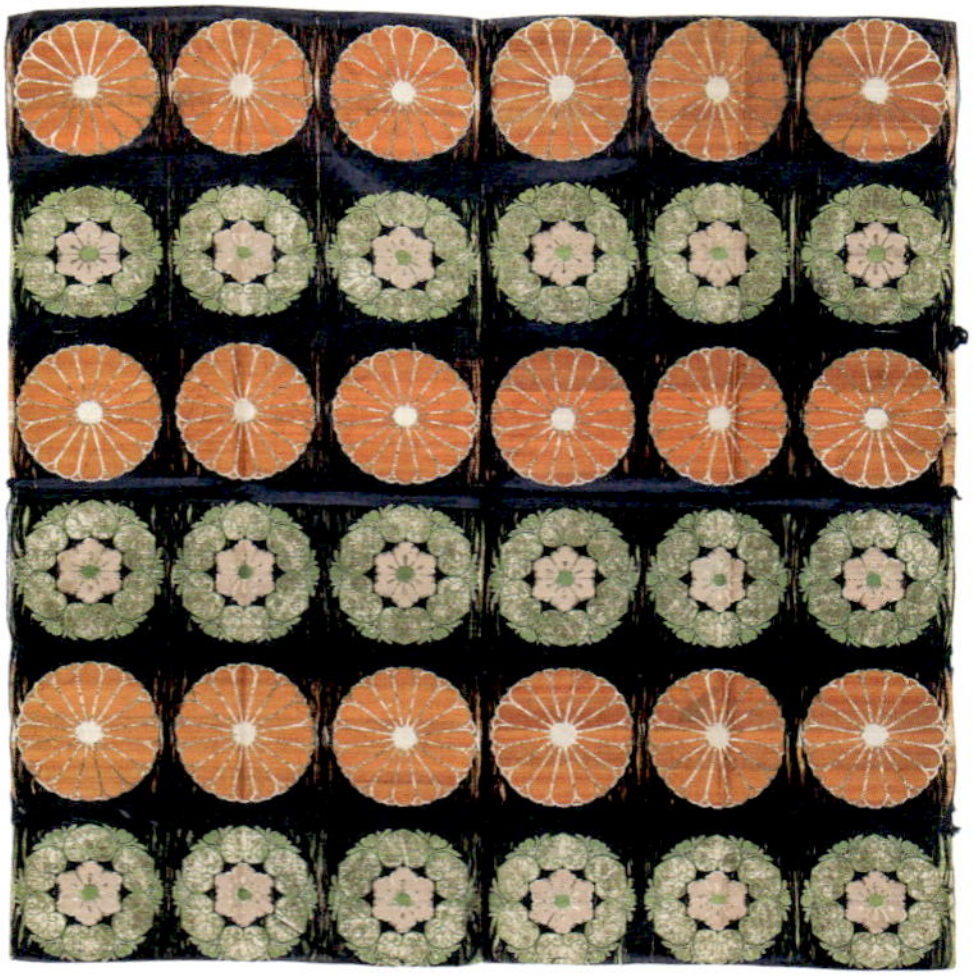

縦137.5、横133　享和元年(1801)四月十七日

# 裏《うら》菊《きく》紋《もん》

専用の家紋がある親王家もありましたが、「裏菊紋」は親王家共通とされました。十四あるいは十六葉の「一重菊紋」の中央に「萼《がく》」があります。明治四年（一八七一）には「十四（葉）一重裏菊紋」が皇族の家紋に定められましたが、その後「十六（葉）一重裏菊紋」も使用されました。

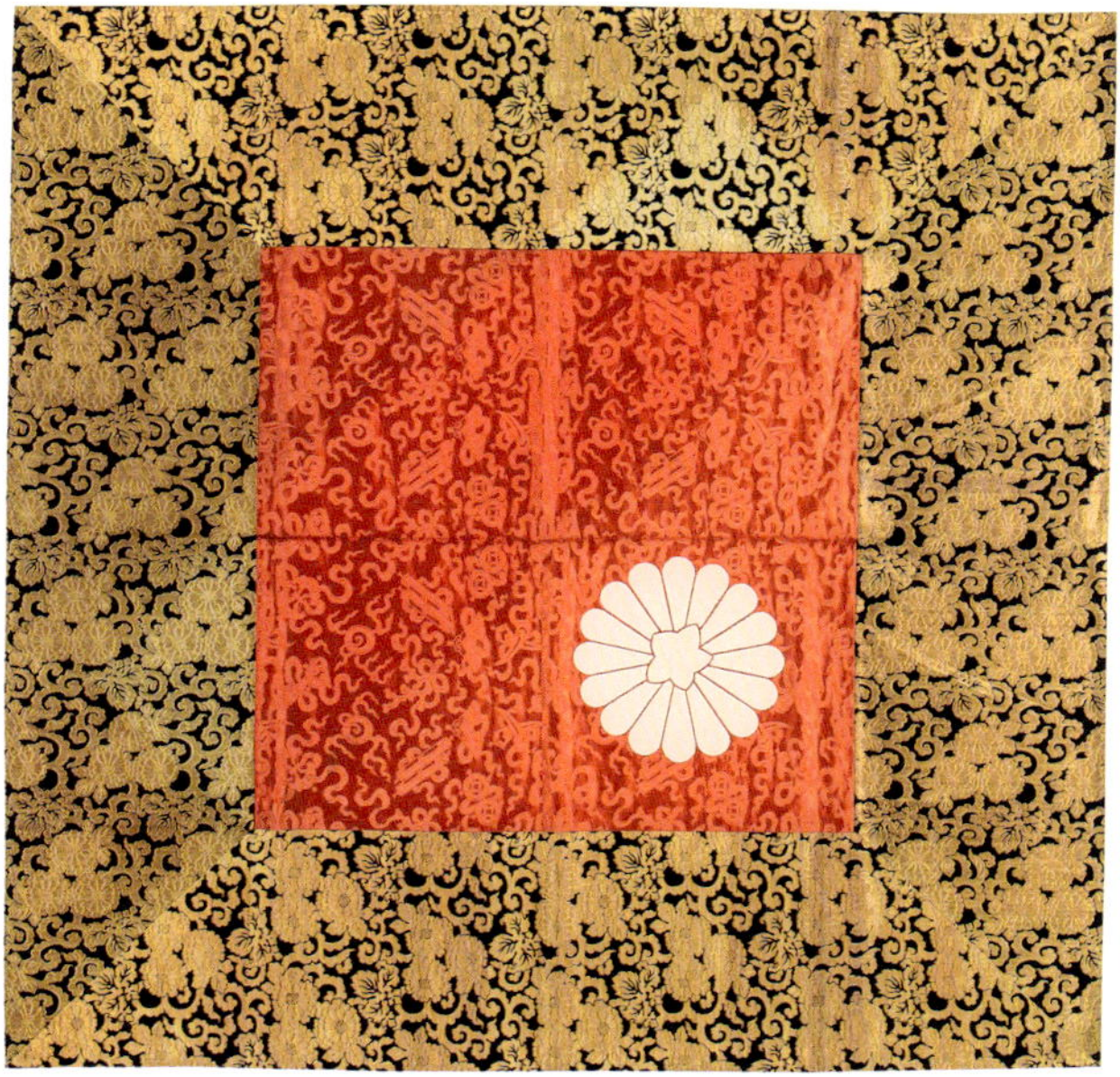

「鏡《かがみ》仕立《したて》」の打敷です。

昭和四年（1929）春
外：縦140、横140
内：縦76、横76

外：紺地菊唐草文金襴《こんちきくからくさもんきんらん》
内：赤宝尽文緞子白裏菊紋刺繍《あかたからつくしもんどんすにしろうらきくもんししゅう》

## 閑《かん》院《いん》宮《のみや》菊《きく》紋《もん》

江戸時代の四親王家の一つである閑院宮家（他の三宮家は伏見宮《ふしみのみや》、八條宮《はちじょうのみや》＝京極宮《きょうごくのみや》＝桂宮《かつらのみや》、有栖川《ありすがわの》宮《みや》）の家紋ですが、仏事に関連する時には「菊紋」を「九重菊紋《ここのえのきくもん》」（後述）にすることもありました。

縦128.5、横216

赤羅《あから》紗《しゃに》白《しろ》閑院宮菊紋《かんいんのみやきくもん》切伏《きりふせに》刺繡《ししゅう》

明治三十四年(1901)四月上旬
縦91、横184、一辺130

赤地《あかぢ》唐草《からくさに》縹《はなだ》白《しろ》九重《ここのえ》閑院宮《かんいんのみや》菊紋《きくもん》金襴《きんらん》

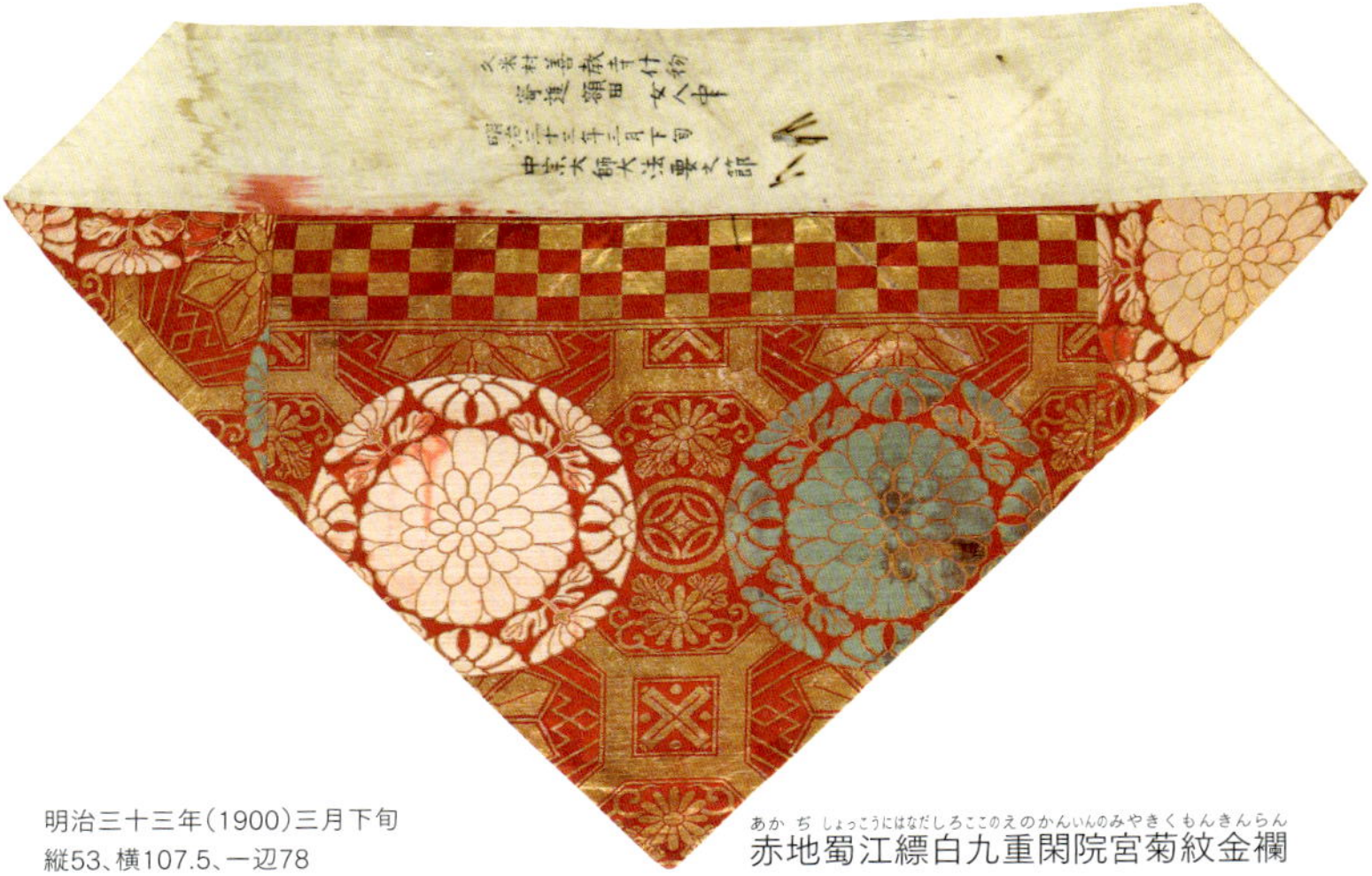

明治三十三年(1900)三月下旬
縦53、横107.5、一辺78

赤地《あかぢ》蜀江《しょっこうに》縹《はなだ》白《しろ》九重《ここのえ》閑院宮《かんいんのみや》菊紋《きくもん》金襴《きんらん》

# 九重菊紋《ここのえのきくもん》

出家した皇族は「九重菊紋」を用いることがあります。

縦60、横58

朱《しゅ》地《ぢ》色糸《いろいと》九重菊紋《ここのえのきくもん》牡《ぼ》丹唐草文金襴《たんからくさもんきんらん》

横60(57.5)　宝暦十年(1760)二月下旬

朱《しゅ》地《ぢ》梅折枝九重菊紋《うめおりえにここのえのきくもん》牡《ぼ》丹折《たんおり》枝《え》文金襴《もんきんらん》

朱《しゅ》地《ぢ》色《いろ》糸《いと》九重《ここのえの》菊《きく》唐草《からくさ》文《もん》金襴《きんらん》（拡大）

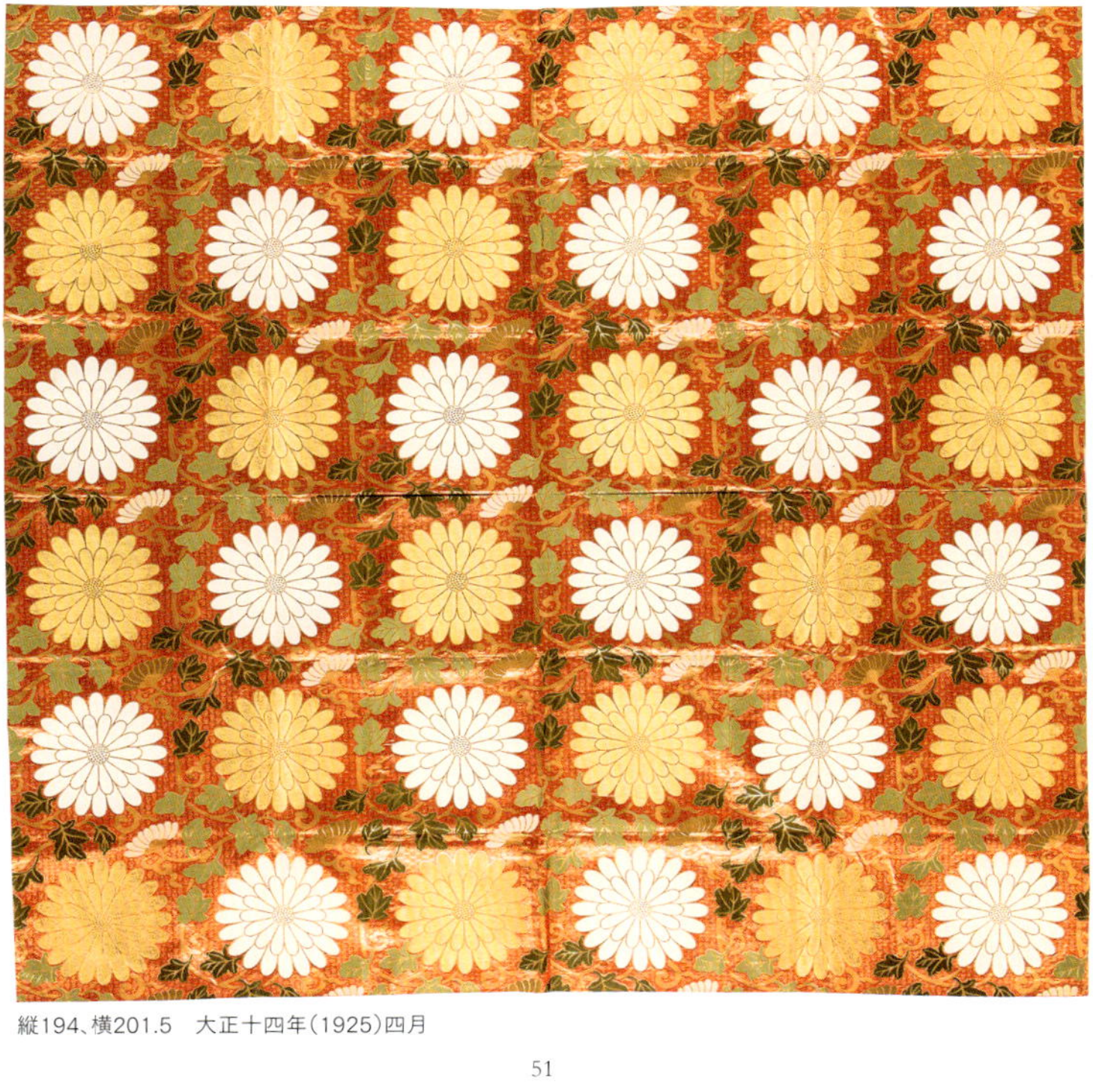

縦194、横201.5　大正十四年（1925）四月

大正十一年(1922)四月
縦90、横183、一辺127(短辺60)

赤《あか》地《ぢ》桐唐草《きりからくさに》黄《き》白九重菊紋金襴《しろここのえのきくもんきんらん》

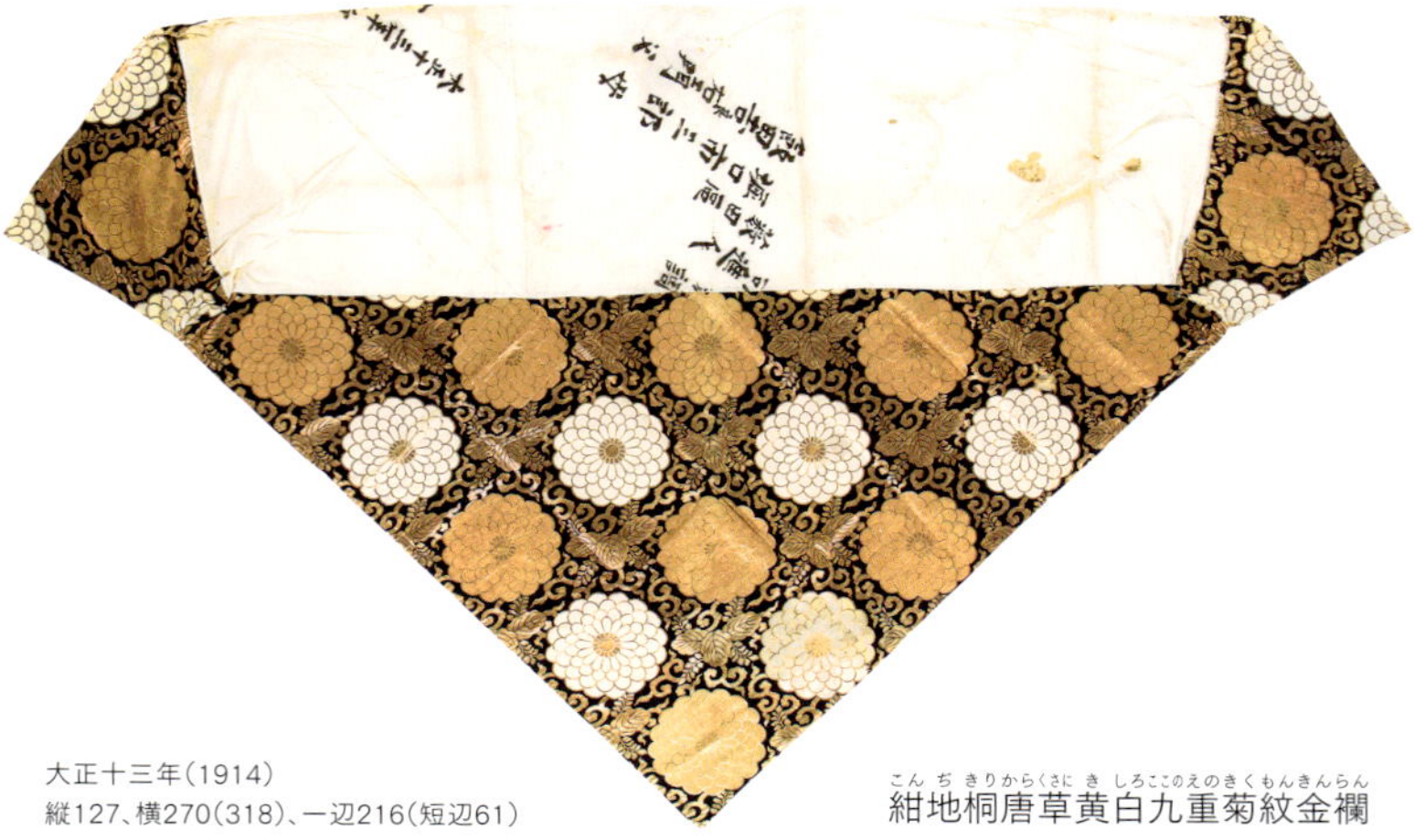

大正十三年(1914)
縦127、横270(318)、一辺216(短辺61)

紺《こん》地《ぢ》桐唐草《きりからくさに》黄《き》白九重菊紋金襴《しろここのえのきくもんきんらん》

紫《むらさき》地《ぢ》桐《きり》唐草《からくさ》九重《ここのえ》菊《きく》紋《もん》金襴《きんらん》

横68(66)

黒《くろ》地《ぢ》色糸《いろいと》紗《さ》綾《や》形《がた》唐花《からはな》九重《ここのえ》菊《きく》紋《もん》錦《にしき》

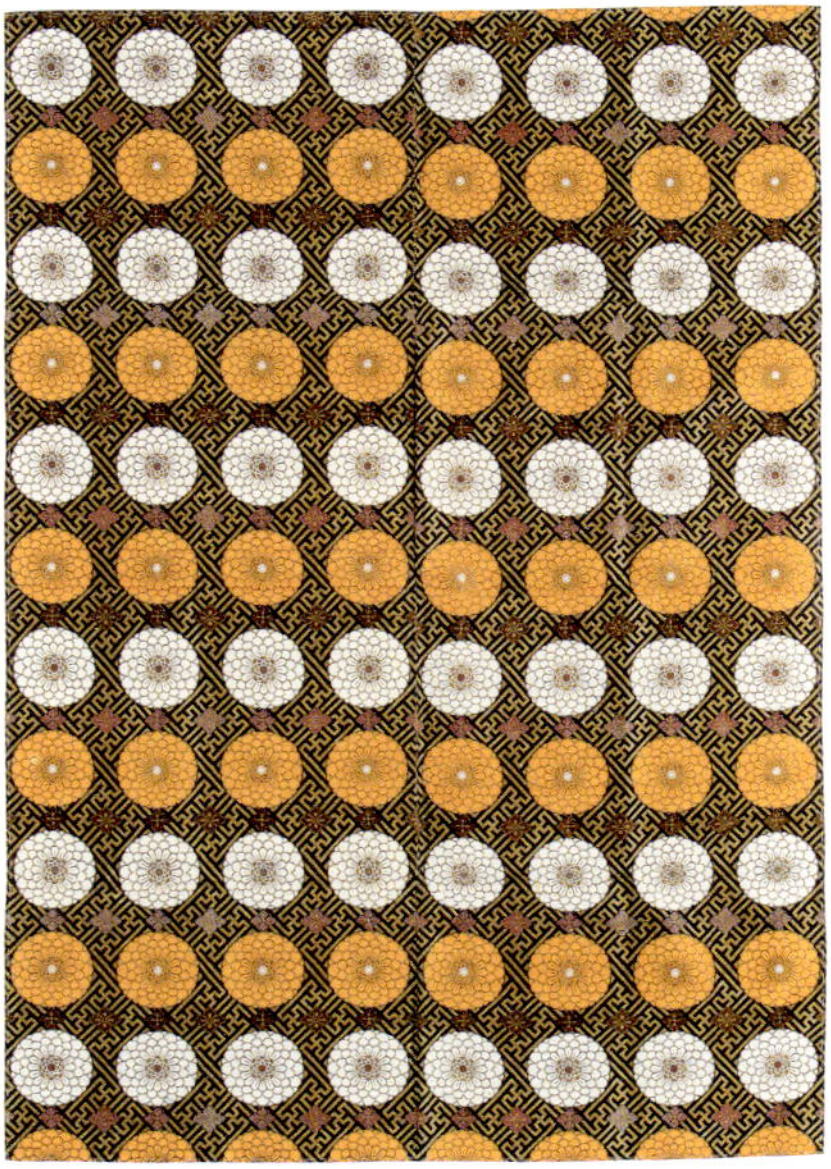

縦185、横127.5

「紗《さ》綾《や》形文《がたもん》」は中国の明(一三六八~一六四四)の時代に渡来した織物の文様で、「卍繫《まんじつなぎ》」を基本とします。桃山時代以降の綸子《りんず》の一般的な地模様となりました。

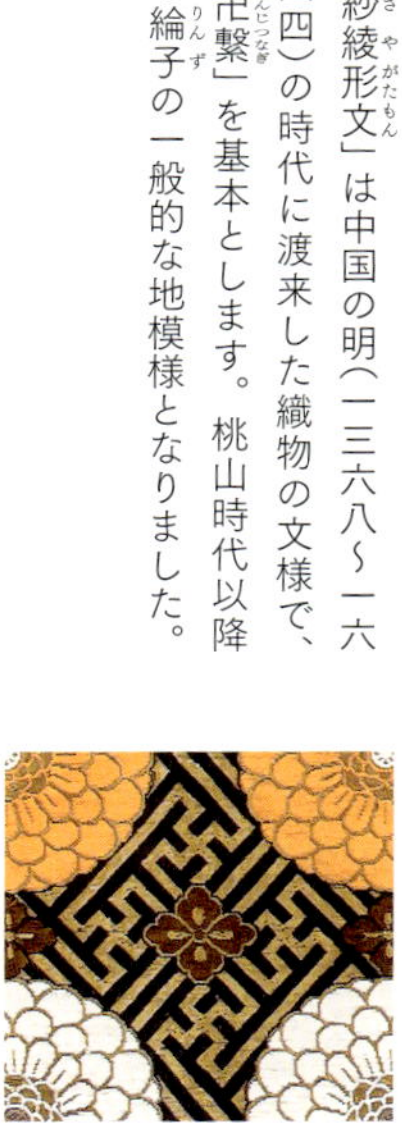

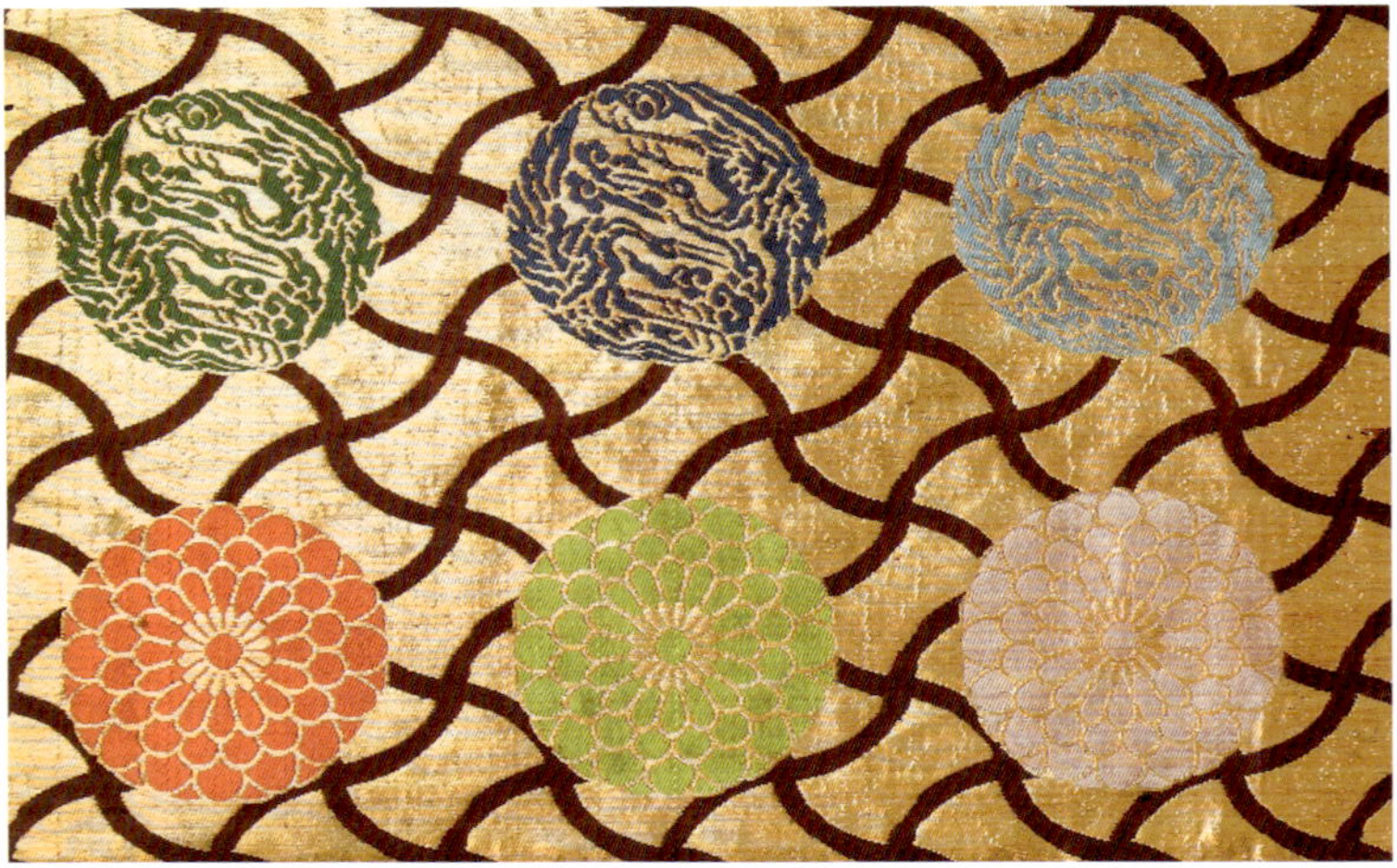

金地《きんち》紫《むらさき》分銅《ふんどう》繋《つなぎに》色糸《いろいと》九重《ここのえの》菊紋《きくもん》向鶴《むかいつるの》丸文《まるもん》金襴《きんらん》（拡大）

縦67.5、横67.5

「分銅繋文《ふんどうつなぎもん》」は「有職《ゆうそく》の文様」（後述）で、地文として多用されました。

## 白地《しらぢ》檜垣《ひがき》銀杏《いちょうに》金赤《きんあか》九重《ここのえの》菊《きく》紋《もん》金襴《きんらん》

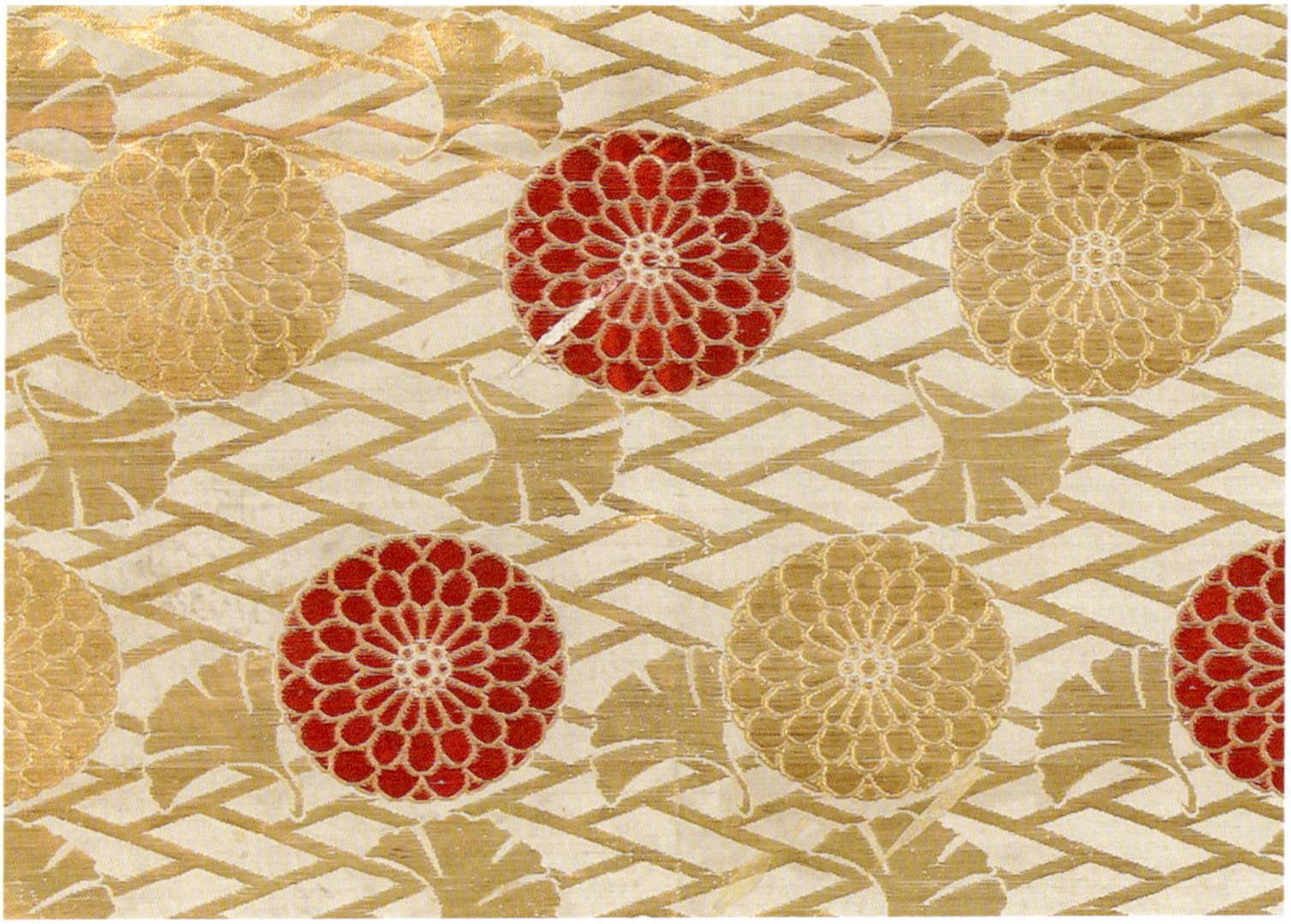

（拡大）

縦62、横123、一辺86

# 八葉菊紋《はちようのきくもん》

「菊御紋《きくのごもん》」の周囲を八つの「菊御紋」で囲んだ「八葉菊紋」は尼門跡《あまもんぜき》寺院などでも用いられました。

「八葉菊紋」を六花形の「窠《か》」の中に入れた「窠中八葉《かちゅうはちようの》菊《きく》」は室町時代以降、上皇や親王の束帯《そくたい》や衣冠《いかん》の袍《うえのきぬ・ほう》の文様としても用いられました。

赤《あか》地《ぢ》色糸《いろいと》八葉菊紋《はちようのきくもん》唐花《からはな》六葉葵文《ろくようのあおいもん》金襴《きんらん》

縦95、横156(171)、一辺120.5(短辺12)

# 五《ご》七《しちの》桐《きり》紋《もん》

皇室では「五七桐紋」を副紋として用い、臣下に下賜されることもありましたが、明治元年(一八六八)に一般での「桐紋」の使用は禁止されました。なお「菊御《きくのご》紋《もん》」と並列して用いられるときには下位である右側に置かれます。「五三桐《ごさんのきり》紋」はその後一般でも使用が認められるようになりました。

縦31、横62、一辺44

赤地《あかぢ》五七桐《ごしちのきり》唐草《からくさに》五七桐紋《ごしちのきりもん》金襴《きんらん》

# 八藤文《やつふじ・はっとうもん》

四弁の「花菱《はなひし》」を中心に四組の「藤」の花房を菱形に、かつ外縁を丸く配した文様です。花房から中心に向かって延びる二本の蔓の捩《もじ》れ方によって二捩《ふたもじり》と三捩《みもじり》があります。鎌倉時代には用いられていました。

「八藤文」は皇族や公家の装束《しょうぞく》などに用いられる「有職《ゆうそく》の文様」(後述)ですが、寺院では家紋であるかのように扱われました。建造物や仏具などに使用され、打敷では織や刺繍で表されました。

ところで、宗紋と並列して用いられるときには、その左側に置かれ、宗紋より上の扱いでした。

赤塩瀬金《あかしおせにきん》八藤文《やつふじ・はっとうもん》刺繍《ししゅう》

縦46、横99.5、一辺63

白流水文紗色糸《しろりゅうすいもんしゃにいろいと》八藤文《やつふじ・はっとうもん》縫取織《ぬいとりおり》

縦22.5、横44.5、一辺31.5

元治元年（1864）九月十日
縦22.5、横40.5（43）、一辺30（短辺14）

## 縹《はなだ》地《ぢ》白八藤《しろやつふじ・はっとう》文《もん》固《かた》地《ぢ》綾《あや》

## 金《きん》地《ぢ》黒八藤《くろやつふじ・はっとう》文《もん》金襴《きんらん》

縦62、横62

## 青《あお》(緑《みどり》)地《ぢ》八藤《やつふじ・はっとう》牡丹《ぼたん》文《もん》金襴《きんらん》

縦130、横123.5　祖師聖人五百五拾廻志

## 青《あお》(緑《みどり》)地《ぢ》藤立涌《ふじたてわく》中《ちゅう》八藤《やつふじ・はっとう》文《もん》金襴《きんらん》

縦80.5(77.5)、横71(67)

## 青《あお》(緑《みどり》)地《ち》雲立涌《くもたてわく》中藤丸《ちゅうふじのまる》八藤《やつふじ・はっとう》文《もん》金襴《きんらん》

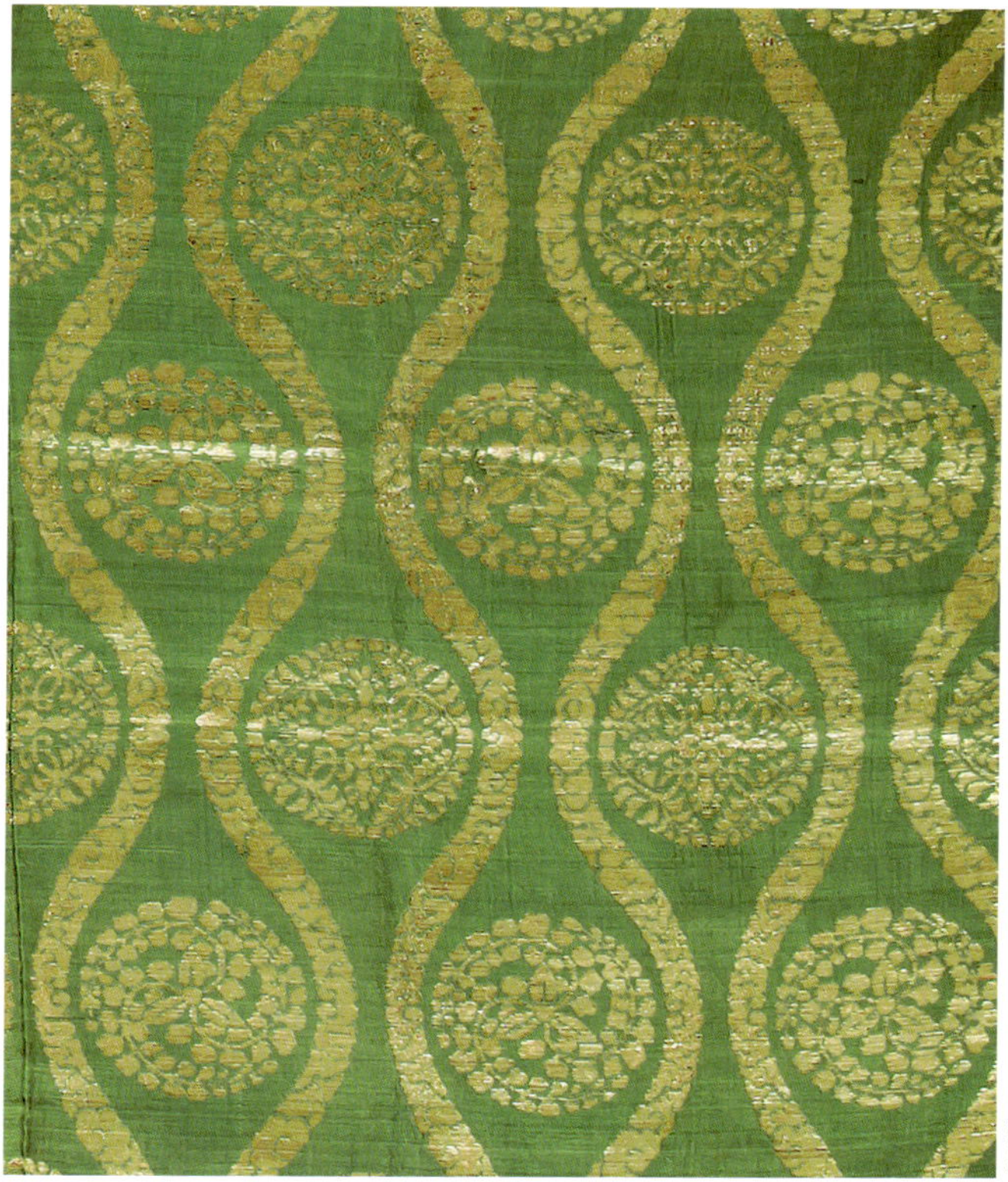

(拡大)

縦75.5、横290

縦66、横134、一辺93

赤《あか》地《ぢ》唐草《からくさに》縹《はなだ》白《しろ》八藤《やつふじ・はっとう》文《もん》金襴《きんらん》

昭和十五年（1940）

縦44.5、横89.5、一辺62

赤《あか》地《ぢ》唐草《からくさに》金《きん》白《しろ》八藤《やつふじ・はっとう》文《もん》金襴《きんらん》

明治四十二年(1909)四月
縦63.5、横126、一辺90.5

赤《あか》地《ぢ》蜀江《しょっこうに》縹《はなだ》白《しろ》八藤《やつふじ・はっとう》文《もん》金襴《きんらん》

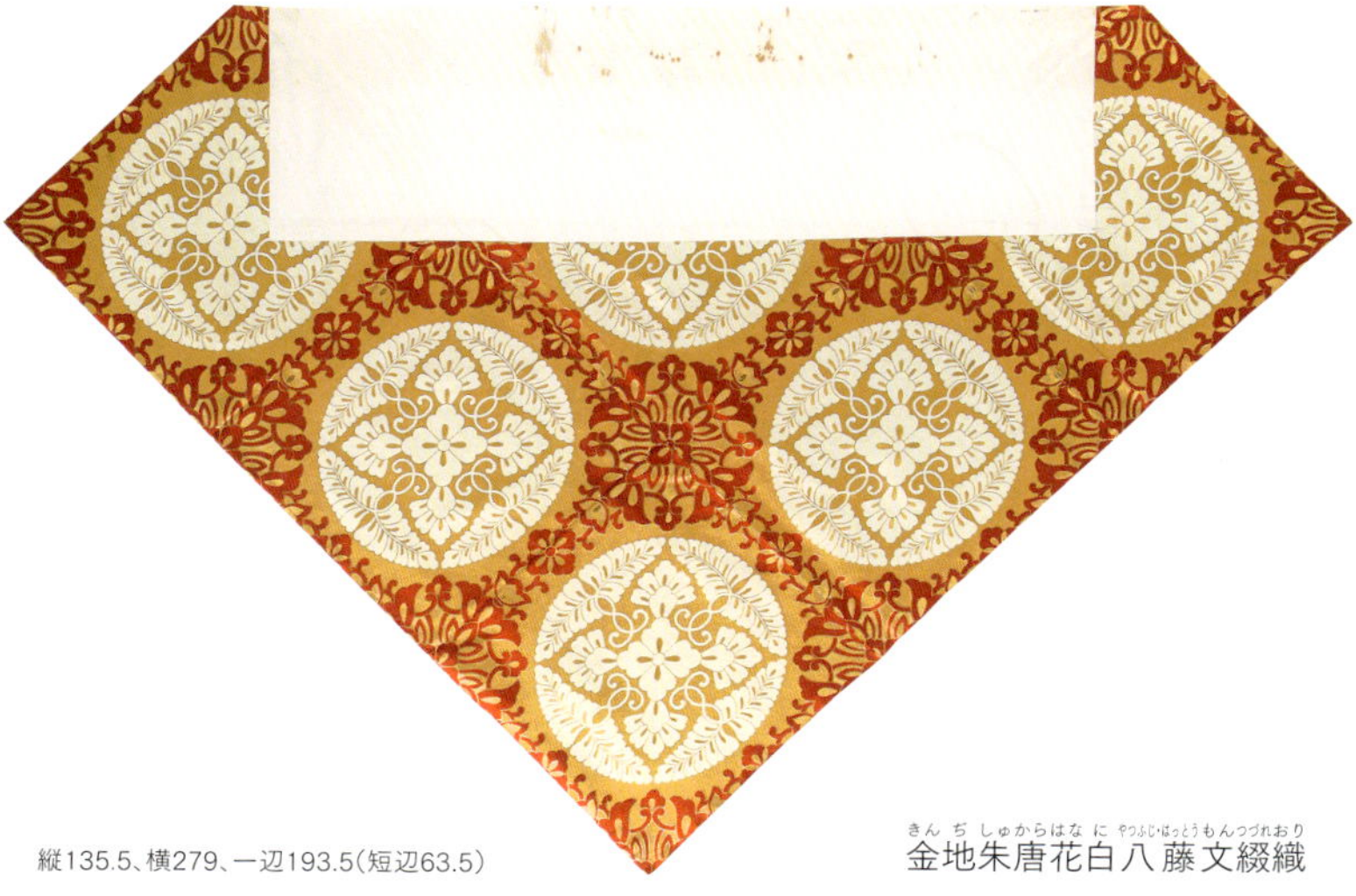

縦135.5、横279、一辺193.5(短辺63.5)

金《きん》地《ぢ》朱《しゅ》唐花《からはな》白《に》八藤《やつふじ・はっとう》文《もん》綴織《つづれおり》

紺《こん》地《ち》紗《さ》綾《や》形《がた》八藤《にやつふじ・はっとう》文《もん》金襴《きんらん》

（拡大）

縦64、横66

縦45、横93、一辺64.5

赤塩瀬《あかしおぜに》色糸《いろいと》瑞雲《ずいうんに》金《きん》八藤《やつふじ・はっとう》文《もん》刺繍《ししゅう》

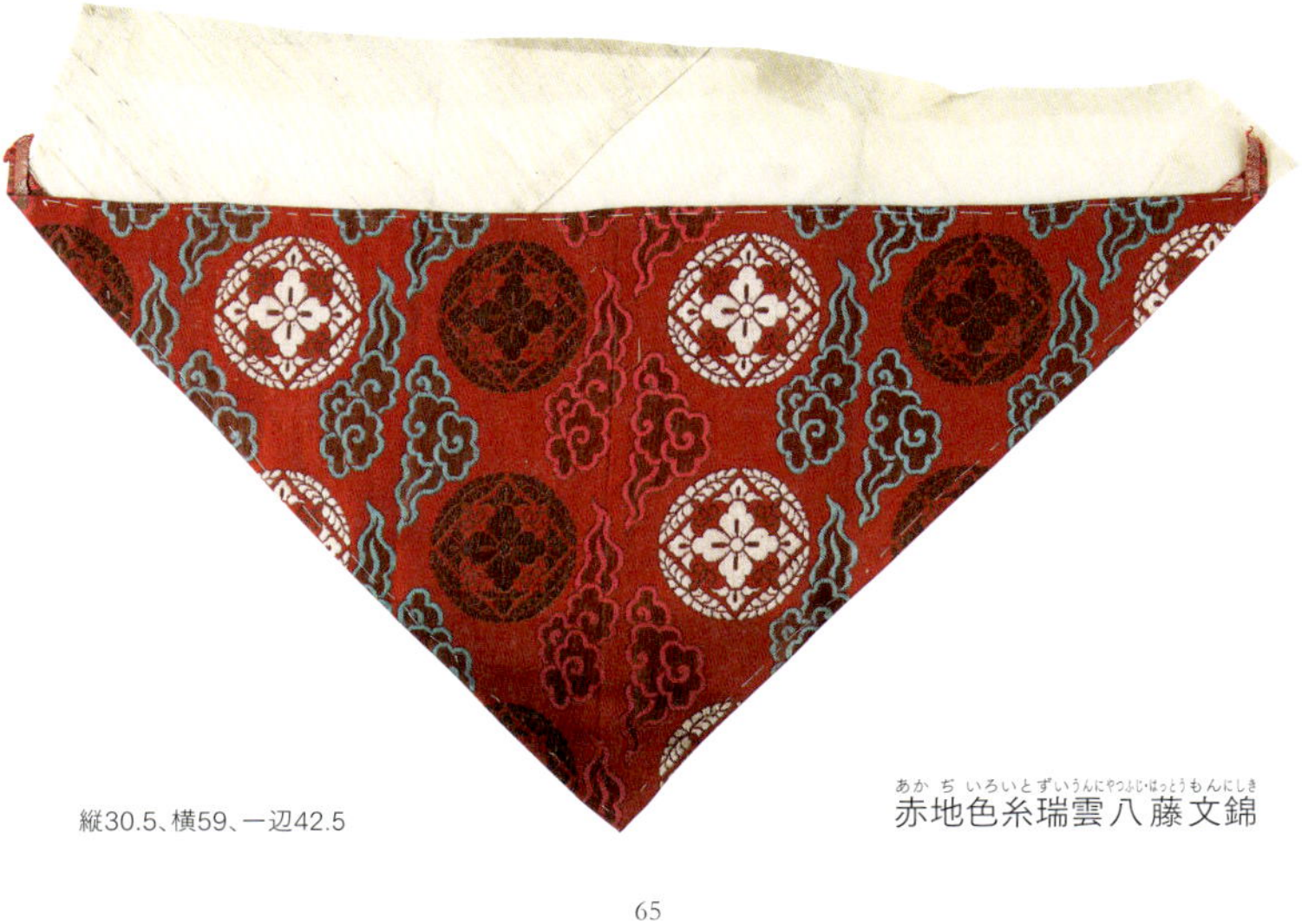

縦30.5、横59、一辺42.5

赤《あか》地《ち》色糸《いろいと》瑞雲《ずいうんに》八藤《やつふじ・はっとう》文《もん》錦《にしき》

縦44、横88、一辺61

赤《あか》地《ぢ》入《いれ・いり》子《こ》菱《ひしに》色《いろ》糸《いと》瑞《ずい》雲《うん》金《きん》白《しろ》八藤《やつふじ・はっとう》文《もん》金《きん》襴《らん》

縦45、横91、一辺63

紺《こん》地《ぢ》入《いれ・いり》子《こ》菱《ひしに》色《いろ》糸《いと》瑞《ずい》雲《うん》金《きん》白《しろ》八藤《やつふじ・はっとう》文《もん》金《きん》襴《らん》

朱《しゅ》地《ち》雲八藤《くもにやつふじ・はっとう》文《もん》金襴《きんらん》

縦61、横63.5

紺《こん》地《ち》雲八藤《くもにやつふじ・はっとう》文《もん》金襴《きんらん》

縦200、横202　慶応元年（1865）七月中旬末

## 金《きん》地《ち》金襴《きんらんに》白《しろ》八藤《やつふじ・はっとう》近衛《このえ》牡丹《ぼたん》紋《もん》刺繍《ししゅう》

縦68、横67.5

## 白《しら》地《ち》松竹梅《まつたけうめ》文《もん》金襴《きんらんに》朱《しゅ》八藤《やつふじ・はっとう》近衛《このえ》牡丹《ぼたん》紋《もん》刺繍《ししゅう》

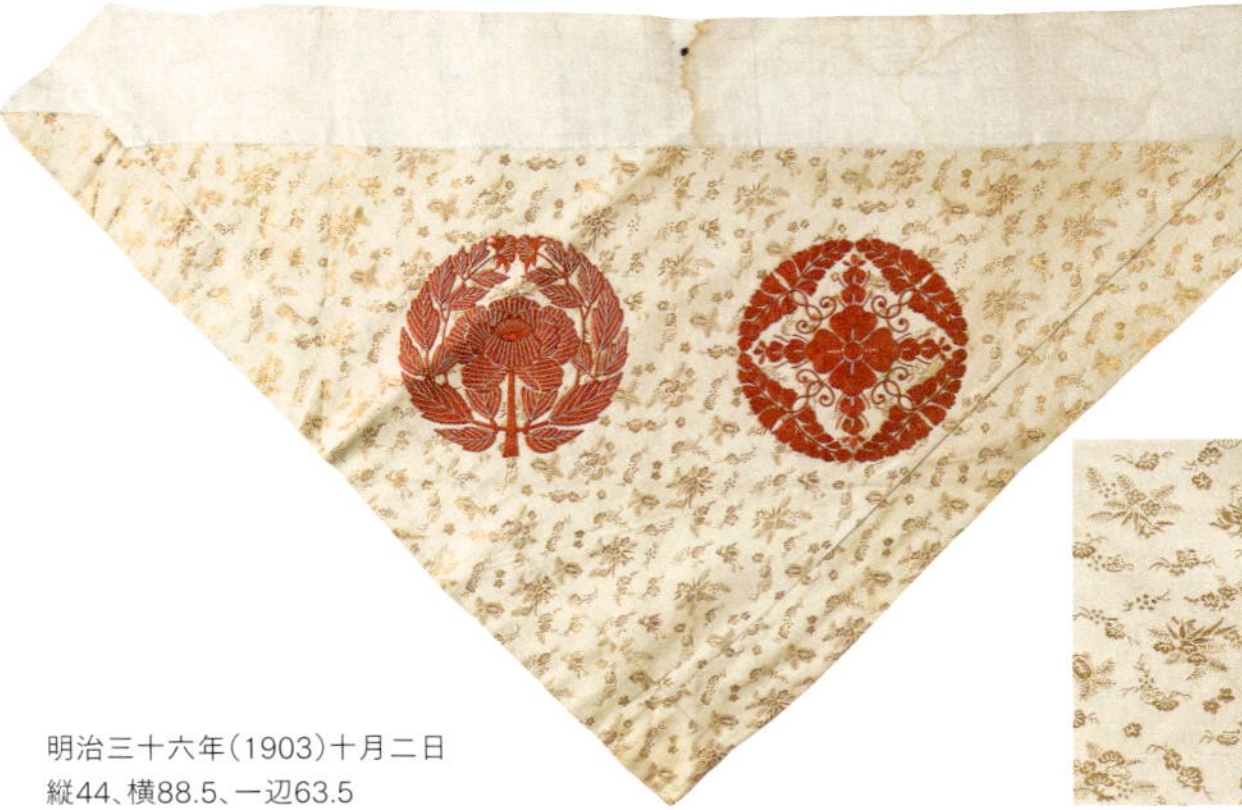

明治三十六年（1903）十月二日
縦44、横88.5、一辺63.5

白《しら》地《ぢ》色糸《いろいと》雲《くも》龍《りゅうに》金《きん》八藤《やつふじ・はっとう》文《もん》綴織《つづれおり》／
白《しら》地《ぢ》色糸《いろいと》龍《りゅう》丸《のまる》鳳凰《ほうおう》丸《のまる》牡《ぼ》丹《たん》丸《のまるに》金《きん》八藤《やつふじ・はっとう》近衛《このえ》牡《ぼ》丹《たん》紋《もん》綴織《つづれおり》

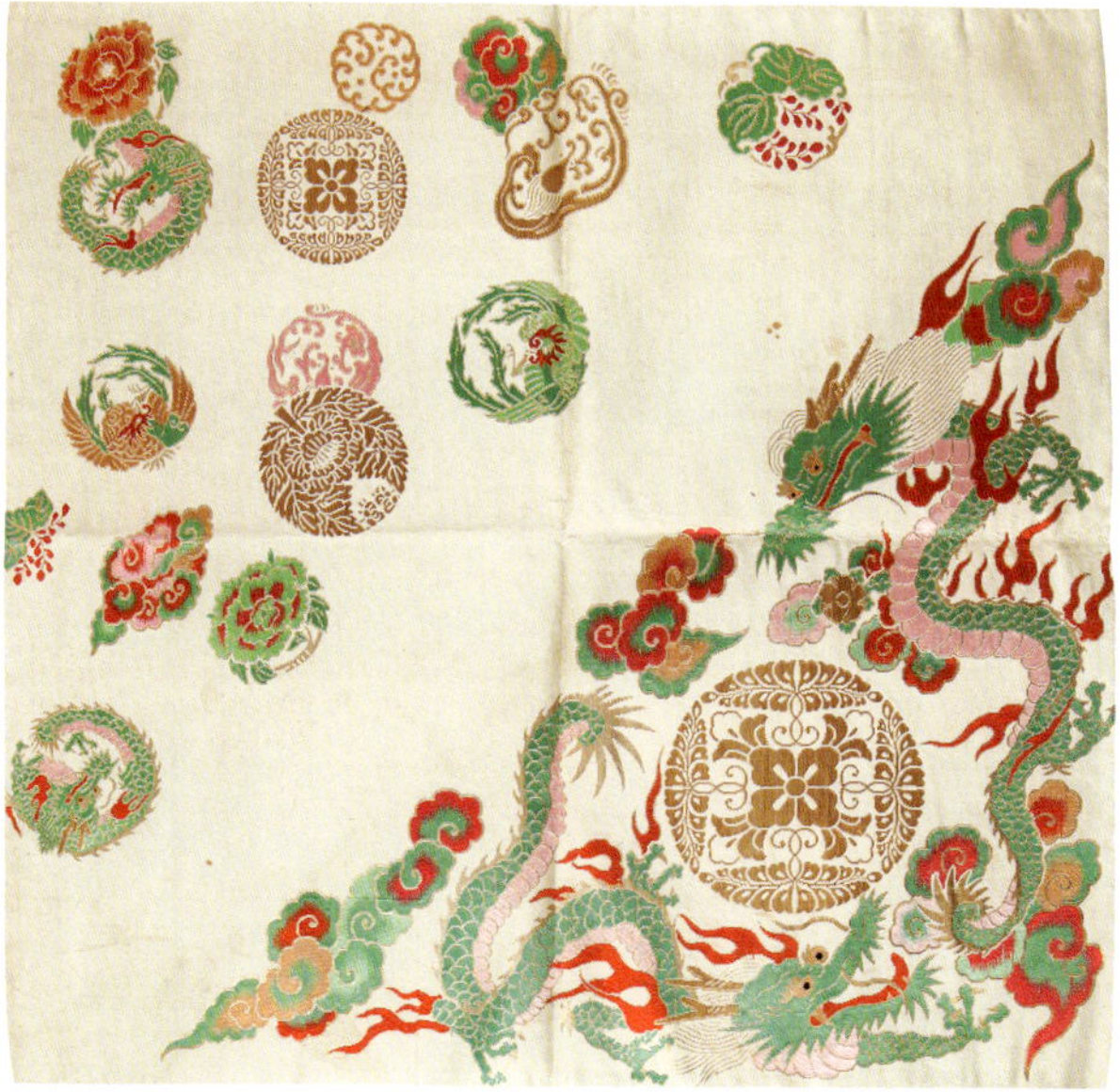

縦65.5、横67

（拡大）

# 近衛牡丹紋《このえぼたんもん》

公家の摂関家《せっかんけ》(摂政・関白になれる家で五家あった)の筆頭である近衛家の「近衛牡丹紋」は、真宗《しんしゅう》の東本願寺(大谷派《おおたには》)では門主が代々近衛家の猶子《ゆうし》になったことより使用が認められました。また、日蓮宗も近衛家の出自者との関連で用いるところもあります。一方、真宗の興正寺《こうしょうじ》(興正寺派)も摂関家のひとつである鷹司《たかつかさ》家の猶子となり「近衛牡丹紋」に近似した「鷹司牡丹紋」を用います。いずれの定紋も近衛家や鷹司家に対する配慮か、織や刺繍で正確に再現していないことが多いため、類似のものを含めて「近衛牡丹紋」としました。

一方、真宗(浄土真宗)で摂関家と関連したのは、西本願寺(本願寺派)は九條《くじょう》家、仏光寺《ぶっこうじ》(仏光寺派)は二條《にじょう》家、錦織寺《きんしょくじ》(木辺派《きべ》)などは一條《いちじょう》家の猶子になりました。本願寺派ではかつては打敷に「九條藤紋」よりも門跡《もんぜき》寺院としての「菊御紋」や「五七桐紋」を用いることが多く、宗派による考え方の違いがあるようです。

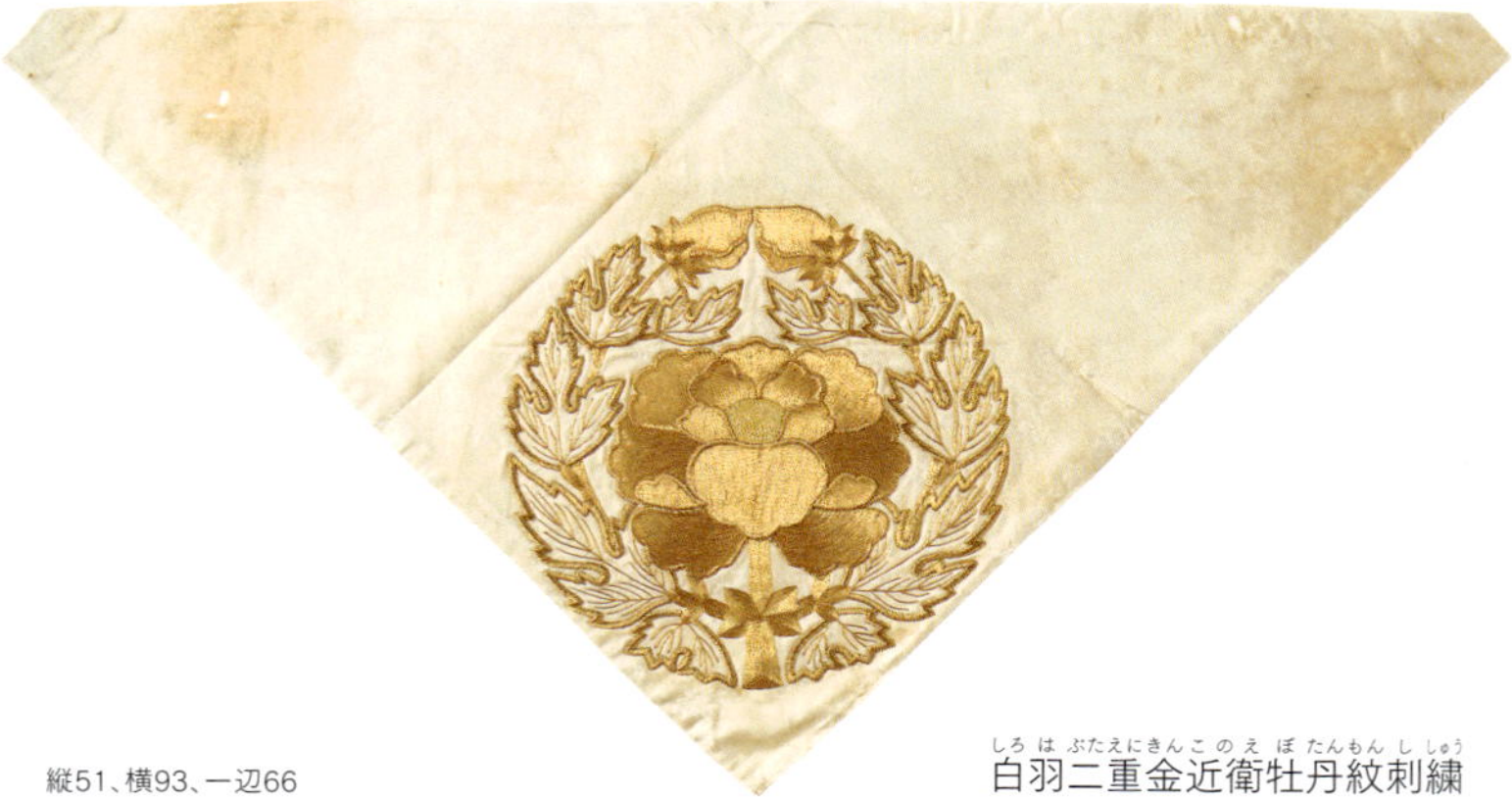

縦51、横93、一辺66

白羽二重金《しろはぶたえにきん》近衛牡丹紋《このえぼたんもん》刺繍《ししゅう》

金地《きんち》色糸《いろいと》瑞雲《ずいうんに》枝喰鶴《えだくいつる》文《もん》金襴《きんらんに》金《きん》近衛《このえ》牡丹《ぼたん》紋《もん》五七《ごしちの》桐《きり》紋《もん》刺繍《ししゅう》

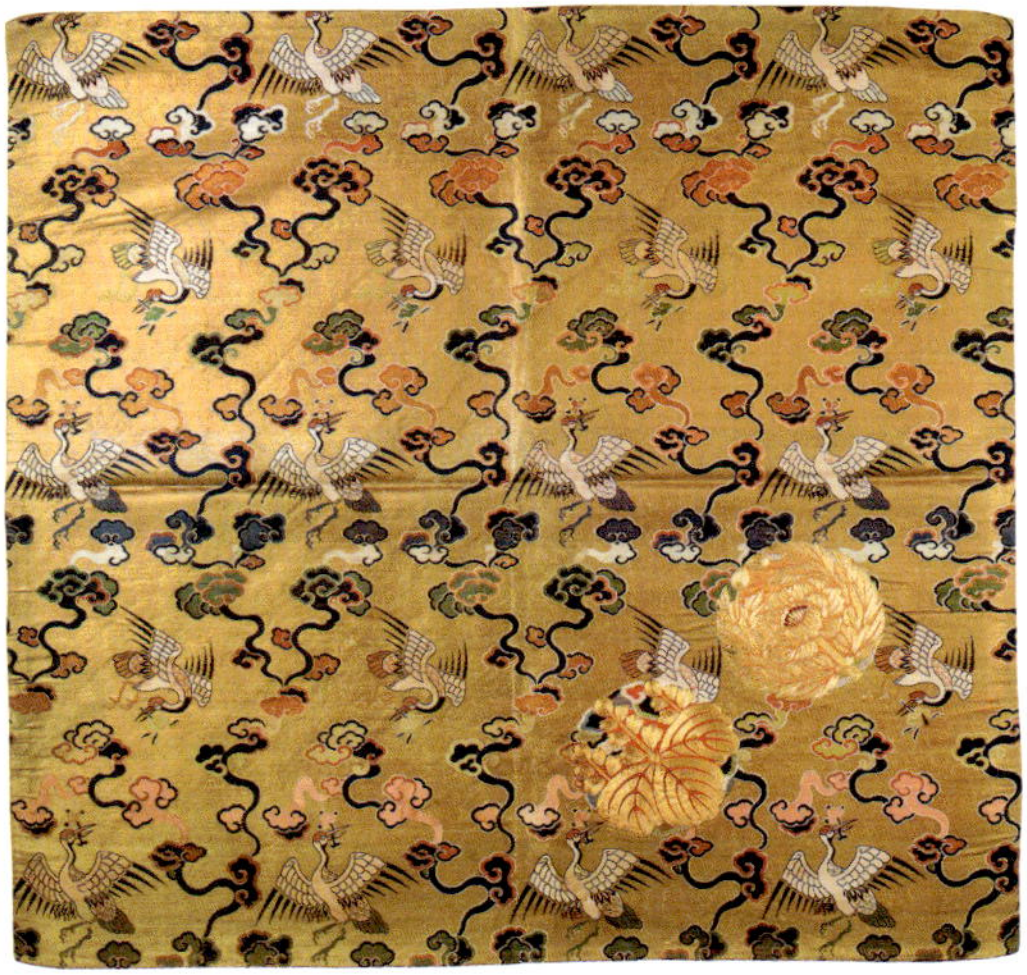

縦66、横67.5

海松《みる》色《いろ》地《ち》宝尽《たからつくしに》龍《りゅうの》丸《まる》文《もん》金襴《きんらんに》
白《しろ》近衛《このえ》牡丹《ぼたん》紋《もん》刺繍《ししゅう》

縦71.5、横50

（拡大）

## 二條藤紋《にじょうふじもん》

真宗《しんしゅう》の仏光寺《ぶっこうじ》は摂関家《せっかんけ》(摂政・関白になれる家で五家あった)の二條《にじょう》家の猶子《ゆうし》になりました。

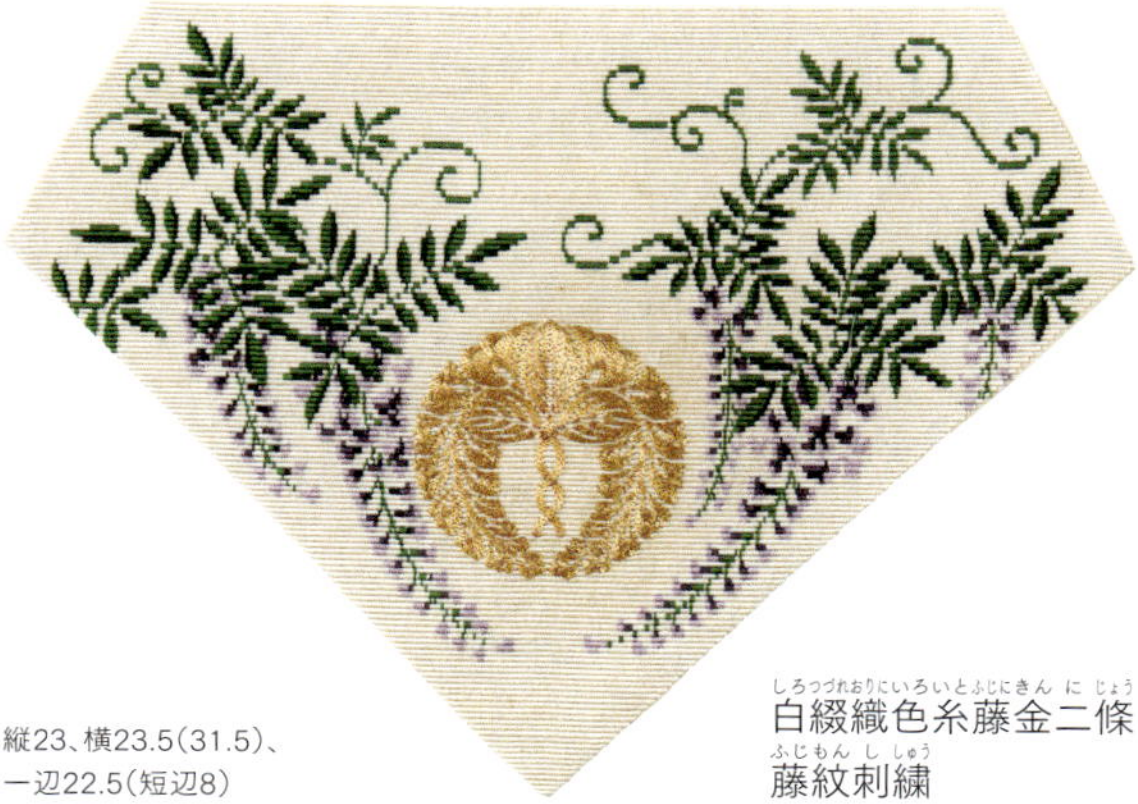

白綴織色糸藤金《しろつづれおりにいろいとふじにきん》二條《にじょう》藤紋《ふじもん》刺繍《ししゅう》

縦23、横23.5(31.5)、一辺22.5(短辺8)

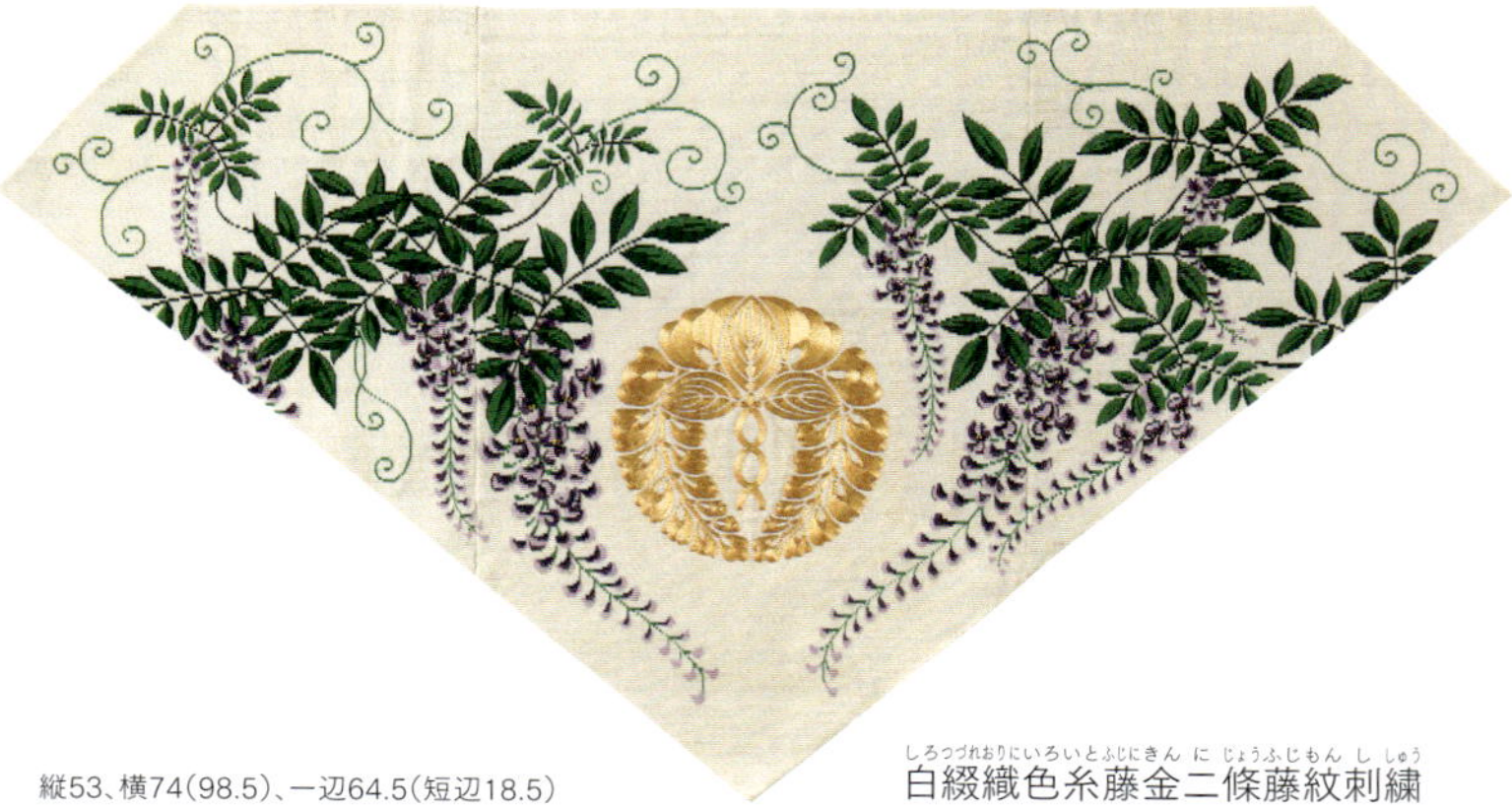

白綴織色糸藤金《しろつづれおりにいろいとふじにきん》二條藤紋《にじょうふじもん》刺繍《ししゅう》

縦53、横74(98.5)、一辺64.5(短辺18.5)

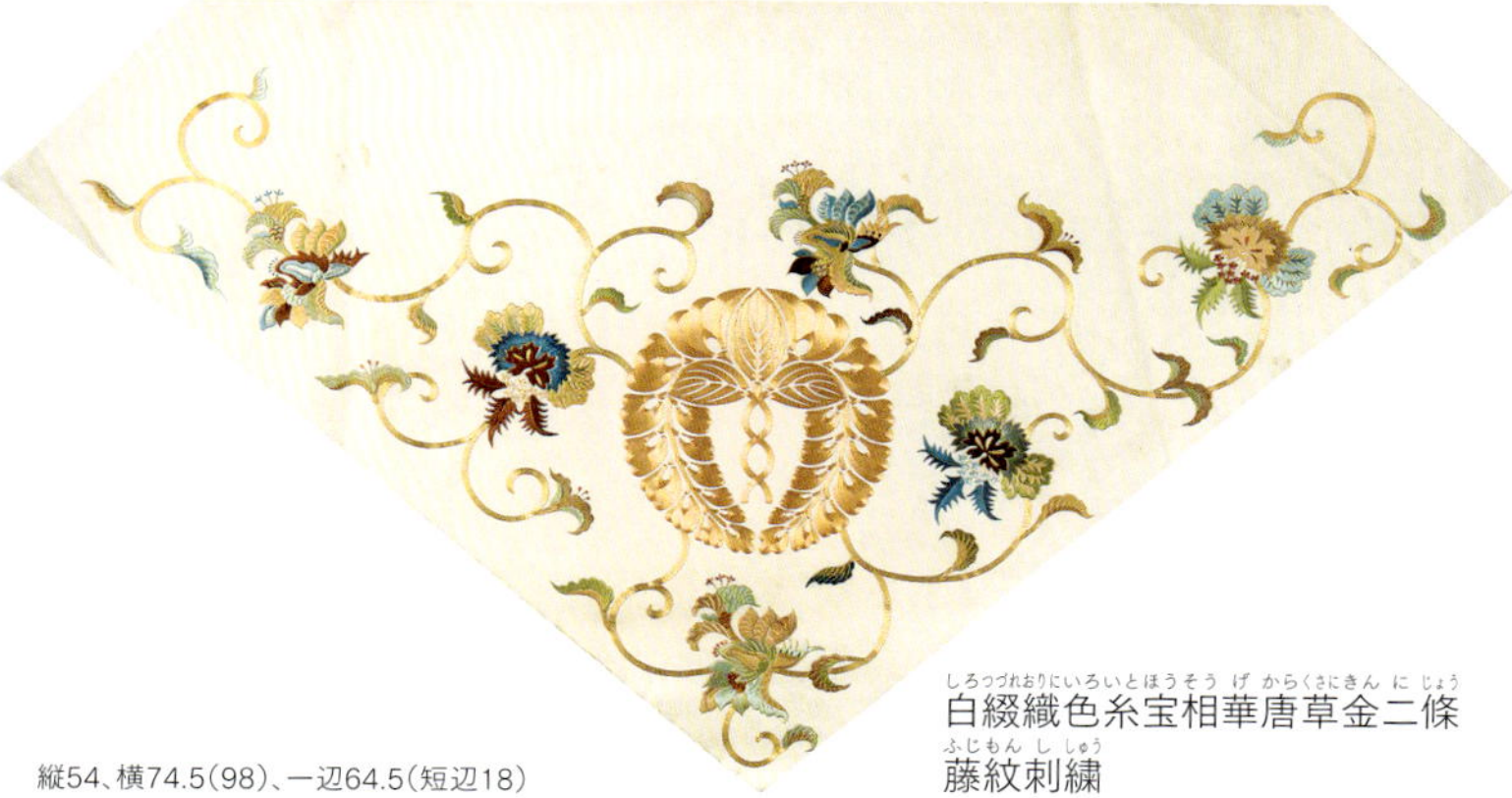

白綴織《しろつづれおりに》色糸《いろいと》宝相華《ほうそうげ》唐草《からくさに》金《きん》二條《にじょう》
藤紋《ふじもん》刺繍《ししゅう》

縦54、横74.5(98)、一辺64.5(短辺18)

浅葱《あさぎ》羽二重《はぶたえに》白《しろ》破葉《やれは》立涌《たてわくに》金《きん》二條《にじょう》藤紋《ふじもん》刺繍《ししゅう》

縦54.5、横67.5

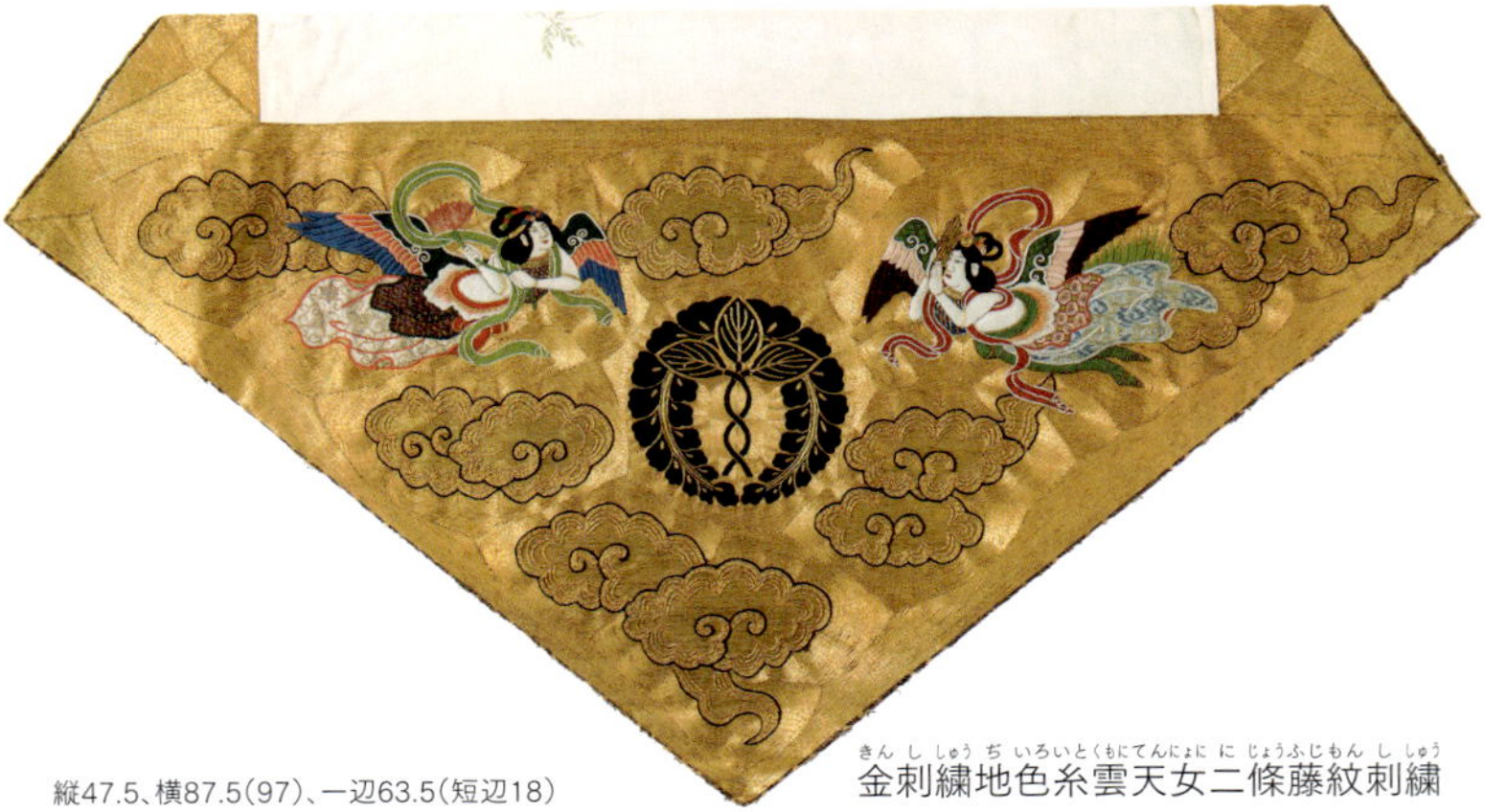

縦47.5、横87.5（97）、一辺63.5（短辺18）

金《きん》刺《し》繍《しゅう》地《ぢ》色糸《いろいと》雲《くもに》天女《てんにょに》二《に》條藤紋《じょうふじもん》刺《し》繍《しゅう》

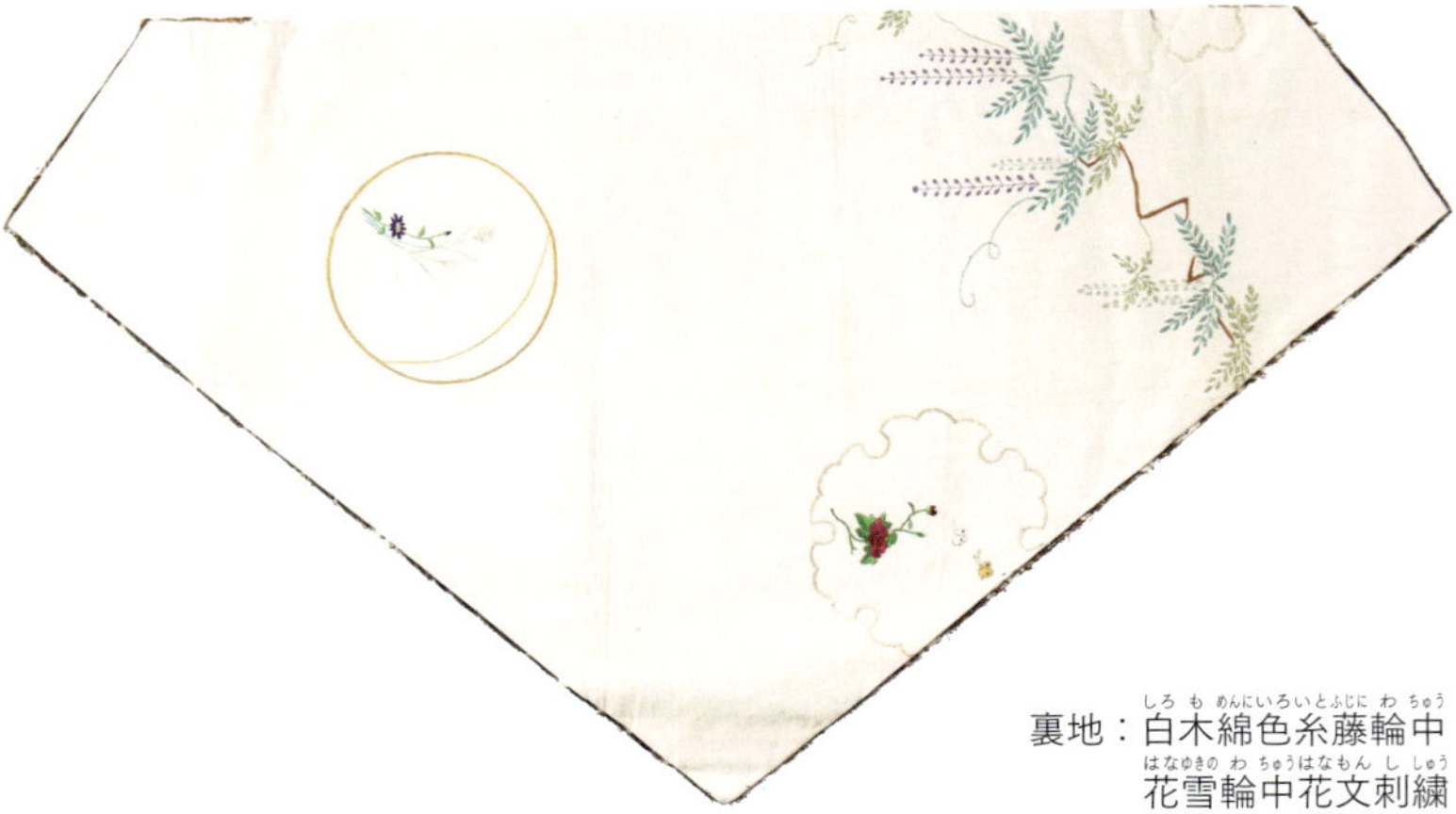

裏地：白《しろ》木《も》綿《めんに》色糸《いろいと》藤《ふじに》輪《わ》中《ちゅう》
花雪《はなゆきの》輪《わ》中花文《ちゅうはなもん》刺《し》繍《しゅう》

# 久我龍胆紋《こがりんどうもん》

青《あお》(緑《みどり》)地《ち》久我龍胆紋金襴《こがりんどうもんきんらん》

日本での曹洞宗《そうとうしゅう》の祖である道元《どうげん》(一二〇〇〜一二五三)は公家の清華家《せいがけ》(摂関家に次ぐ家)の久我家の出身であったことより、曹洞宗では打敷を含む仏具に「久我龍胆紋」を用いることがあります。

縦94、横96.5

各宗派は開祖や中興の祖など、宗派にとって重要な役割を果たした人物に関連した家紋を用いました。また、大名などによって建立された寺院も、それぞれの定紋を用いることがありました。たとえば浄土宗では法然《ほうねん》(一一三三―一二一二)の実家の家紋とされる「抱《だき》茗荷《みょうが》紋」や徳川家康(一五四三―一六一六)が保護したことから「三葉葵紋」を、日蓮宗では宗祖日蓮(一二二二―一二八二)ゆかりの「井桁橘《いげたたちばな》紋」などが用いられます。

# 動物文

## 龍文《りゅうもん》

仏教では仏法を護《まも》る「龍」の文様は多用されます。

水に住み空を飛ぶ「龍」は「波」や「雲」を始め、種々の文様とも複合されました。一方、「仏教の文様」に影響を及ぼした「有職《ゆうそく》」(後述)では「龍」は特別な状況でしか用いられることはありません。

ところで西本願寺の山号を「龍谷山《りゅうこくさん》」と称することから、西本願寺系寺院では「龍」の文様の打敷は多用されたようです。

横68　黒《くろ》地《ち》龍丸《りゅうのまるに》牡《ぼ》丹折《たんおり》枝《え》文金襴《もんきんらん》

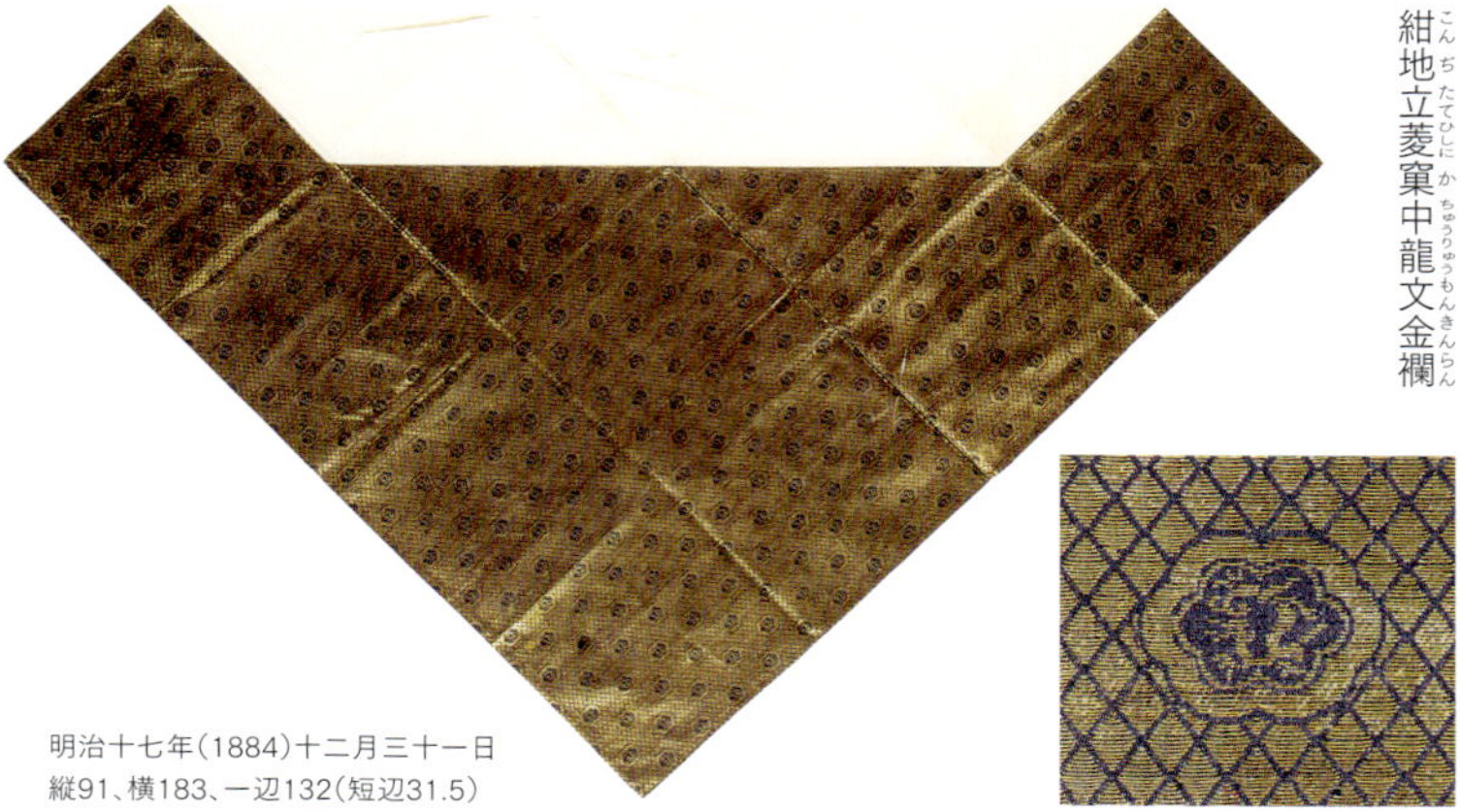

紺《こん》地《ち》立菱《たてひしに》窠《か》中龍文金襴《ちゅうりゅうもんきんらん》

明治十七年(1884)十二月三十一日
縦91、横183、一辺132(短辺31.5)

青《あお》(緑《みどり》)地《ち》色糸《いろいと》唐花《からはなに》龍文《りゅうもん》錦《にしき》

縦65.5、横65.5

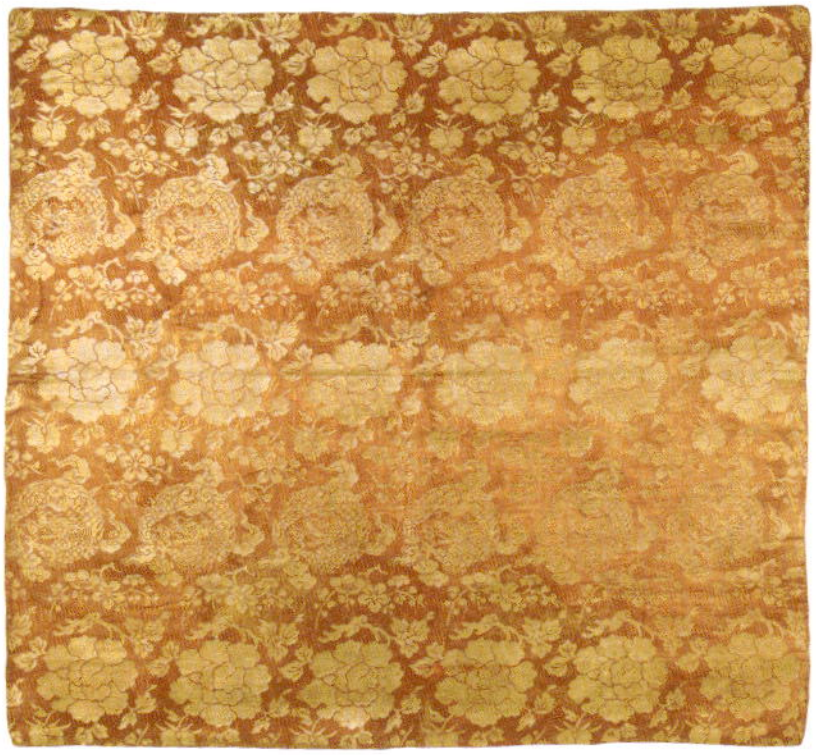

縦64.5、横67.5

朱《しゅ》地《ぢ》梅折枝《うめおりえに》龍丸《りゅうのまる》牡丹《ぼたん》折枝《おりえ》文《もん》金襴《きんらん》

(拡大)

浅《うすき・あさき》　香《こう》色《いろ》地《ち》紗《さ》綾《や》形《がた》色《にいろ》糸《いと》龍《りゅう》唐花《からはな》文《もん》金襴《きんらん》

（拡大）

縦47.5、横99、一辺67.5

朱《しゅ》地《ぢ》色糸《いろいと》宝尽《たからつくしに》 桃《もも》柘榴《ざくろ》 龍《りゅうの》丸《まる》唐《から》花《はなの》丸《まる》文《もん》錦《にしき》

（拡大）

縦67、横68

縦89、横293.5

紺《こん》地《ち》赤藤立涌《あかふじたてわく》中《ちゅう》龍丸《りゅうのまる》文《もん》錦《にしき》

（拡大）

縦78、横253.5

青《あお》（緑《みどり》）地《ぢ》立涌中《たてわくちゅう》宝尽《たからつくしに》色糸《いろいと》雲《くも》龍丸《りゅうのまる》文《もん》金襴《きんらん》

紺地《こんぢ》色糸《いろいと》蜀江《しょっこう》中向龍《ちゅうむかいりゅう》丸《のまる》唐花《からはな》文《もん》錦《にしき》

縦68、横68

赤地《あかぢ》色糸《いろいと》蜀江《しょっこう》中龍《ちゅうりゅう》文《もん》錦《にしき》

縦62.5(59.5)、横62.5(59.5)

## 朱《しゅ》地《ち》色糸《いろいと》蜀江《しょっこう》中龍《ちゅうりゅうの》丸文《まるもん》錦《にしき》

（拡大）

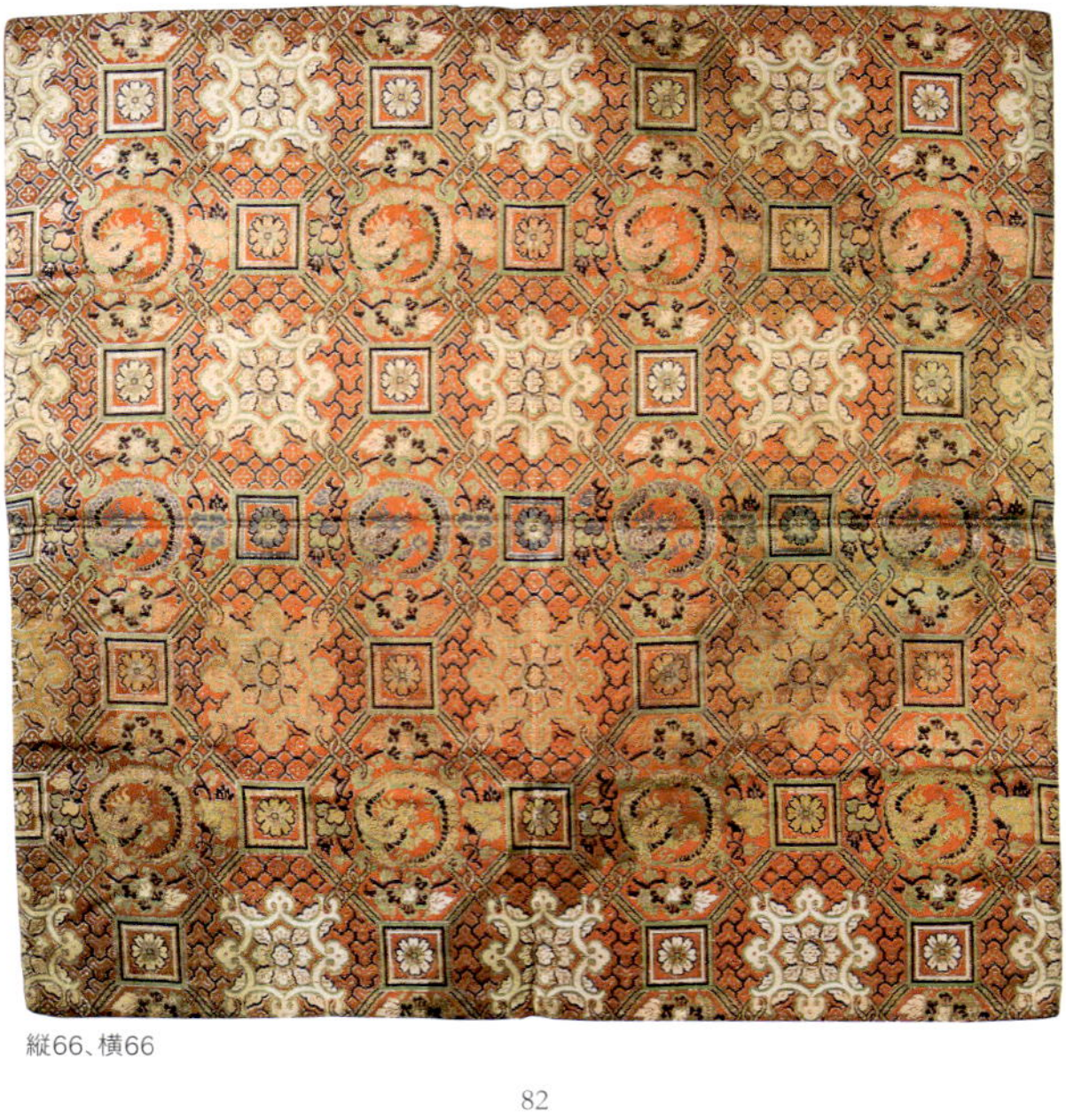

縦66、横66

赤《あか》地《ち》色糸《いろいと》蜀江《しょっこう》中向龍丸文《ちゅうむかいりゅうのまるもん》錦《にしき》

（拡大）

変色していることから三角に掛けていたことが分かります。

縦68、横67

赤地《あかぢ》蜀江《しょっこうに》黄《き》白龍《しろりゅう》丸《のまる》文《もん》金襴《きんらん》

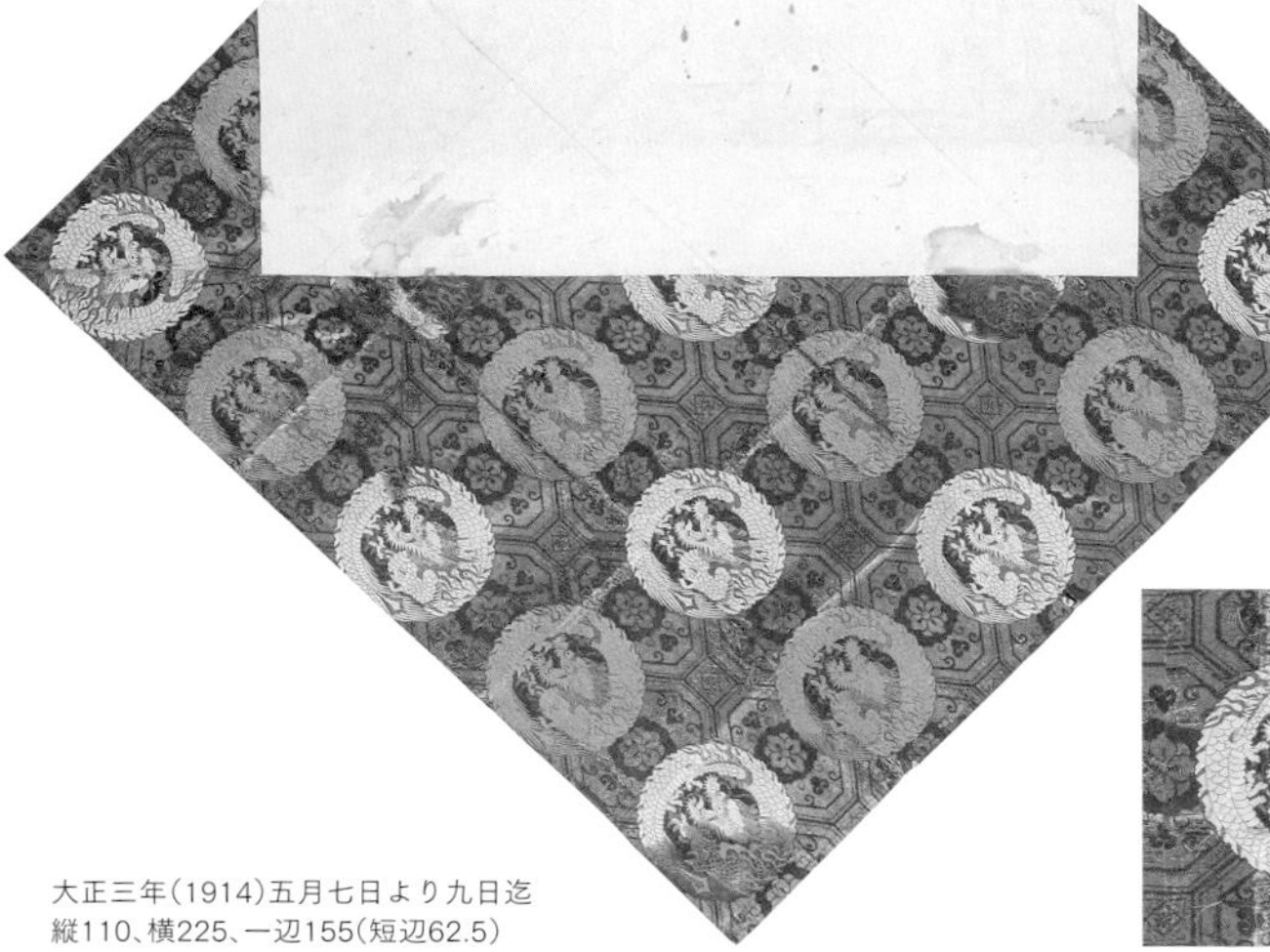

大正三年(1914)五月七日より九日迄
縦110、横225、一辺155(短辺62.5)

赤地《あかぢ》蜀江《しょっこうに》黄《き》白龍《しろりゅう》丸《のまる》文《もん》金襴《きんらん》

縦128、横132

## 赤《あか》地《ぢ》蜀江《しょっこうに》色糸《いろいと》龍《りゅうの》丸《まる》文《もん》金襴《きんらん》

縦66.5、横135、一辺96

## 赤《あか》地《ぢ》破《やれ》籠《かご》目《め》宝尽《たからつくしに》黄《き》白《しろ》向《むかい》雲《くもに》龍《りゅうの》丸《まる》文《もん》金襴《きんらん》

縦111.5、横225(270)、一辺192(短辺62)

青《あお》(緑《みどり》)地《ぢ》雲丸《くものまる》龍丸《りゅうまる》文《もん》金襴《きんらん》

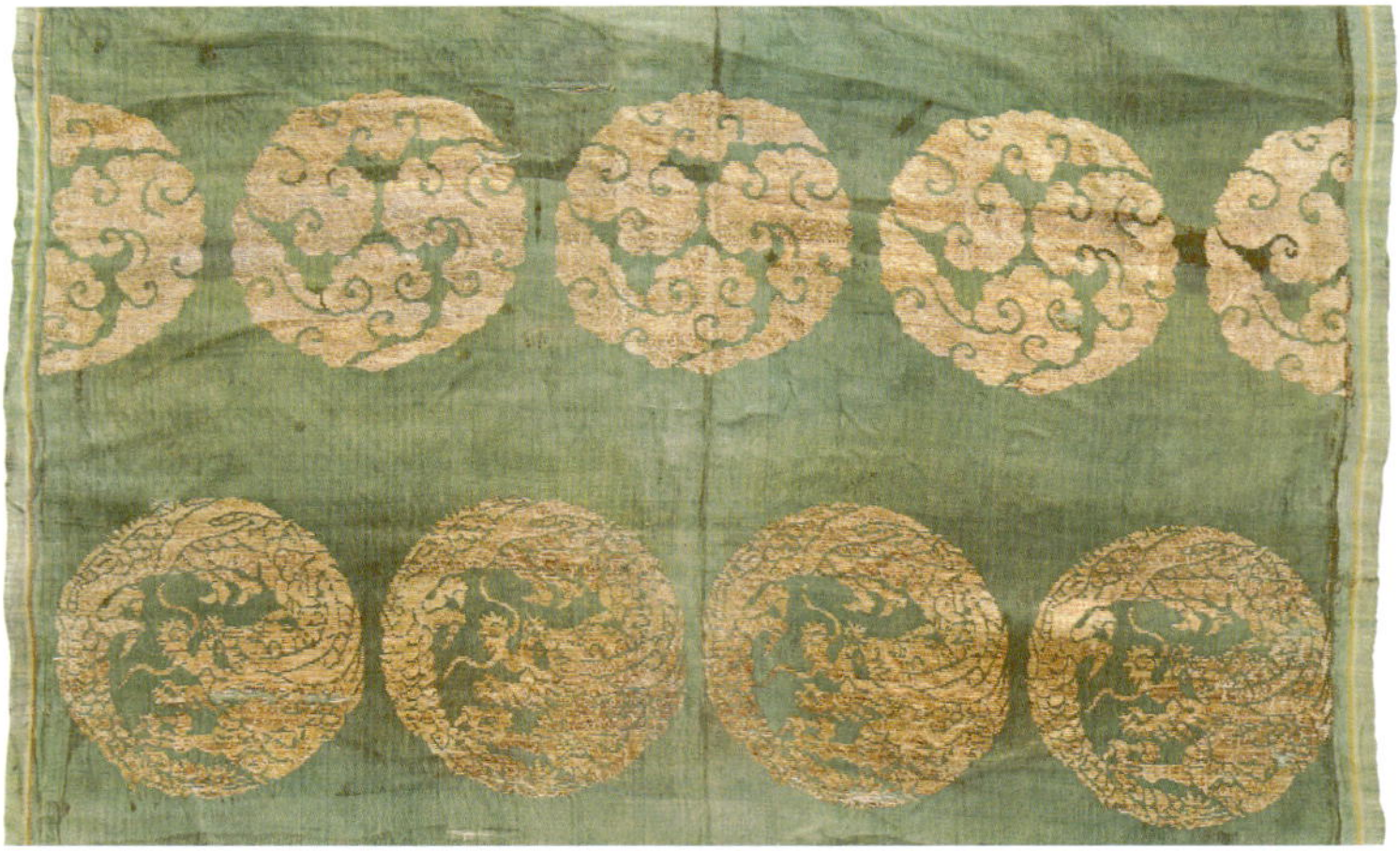

横61(57)

浅葱《あさぎ》地《ぢ》雲龍《くもにりゅうの》丸文《まるもん》金襴《きんらん》

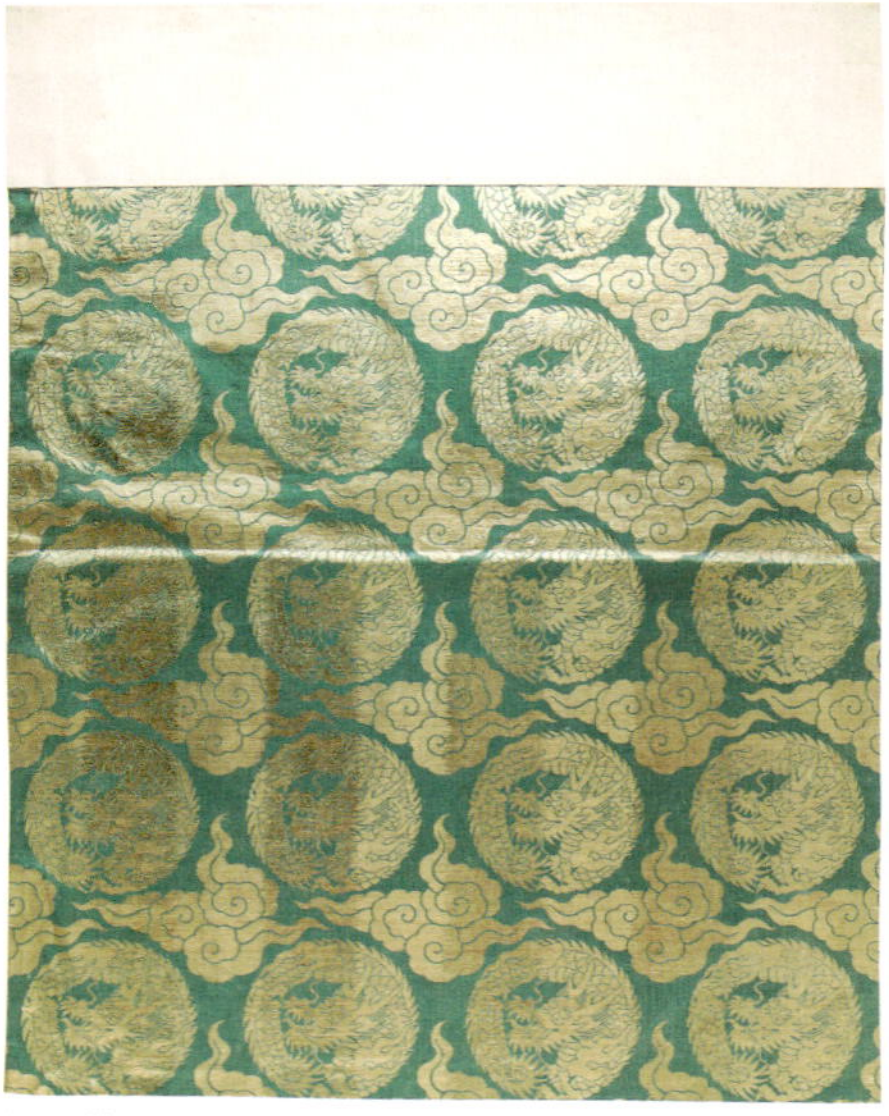

縦70、横65.5

## 紫《むらさき》地《ち》雲龍丸文《くもにりゅうのまるもん》金襴《きんらん》

縦88、横47.5

## 紫《むらさき》地《ち》雲龍丸文《くもにりゅうのまるもん》金襴《きんらん》

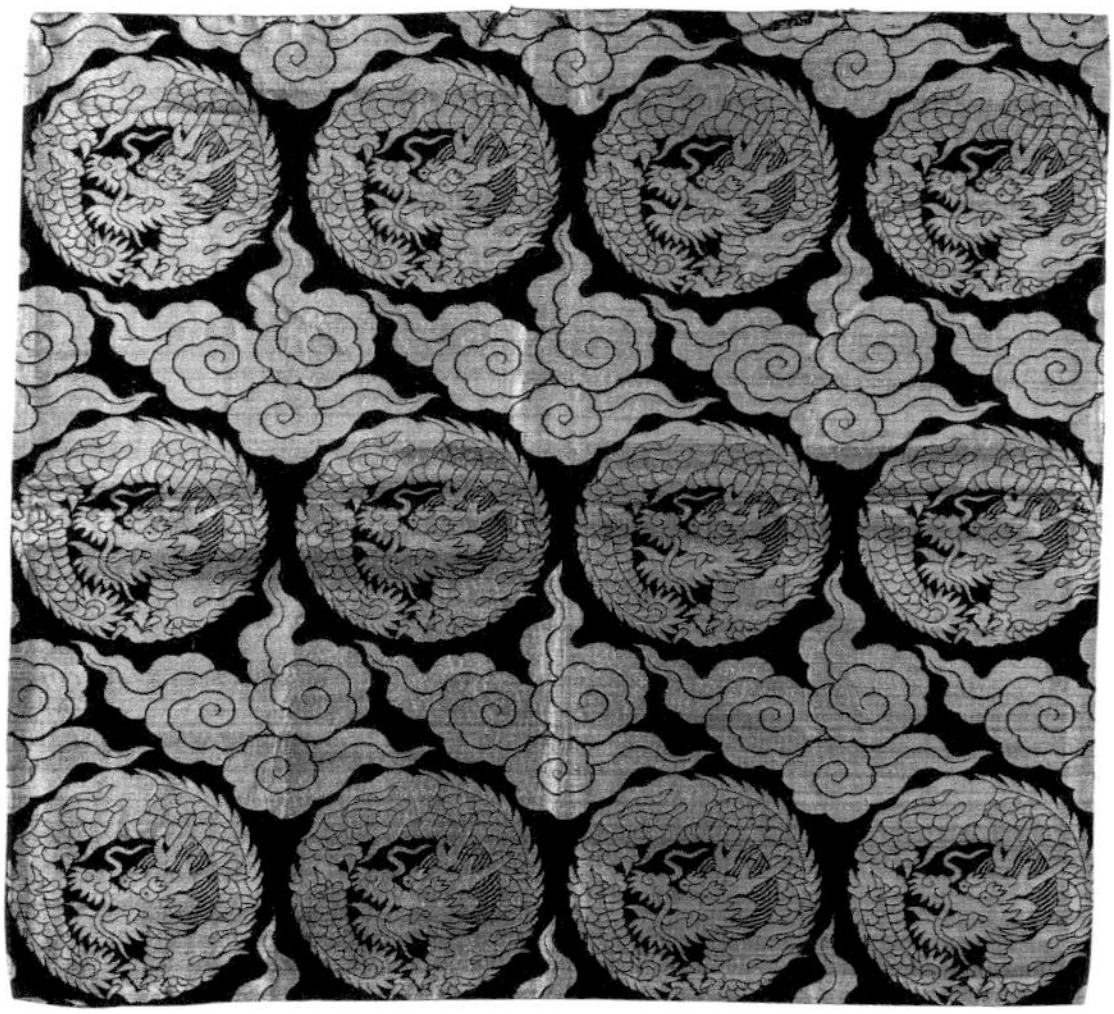

縦61.5、横64.5

紺《こん》地《ち》雲龍丸文《くもにりゅうのまるもん》金襴《きんらん》

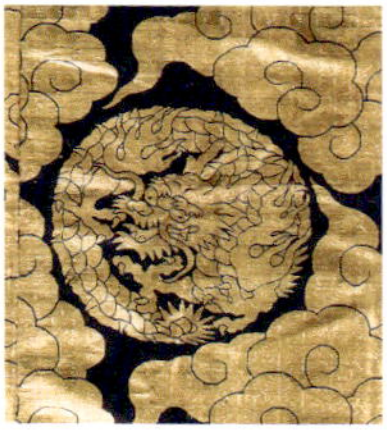

縦217、横196

青《あお》(緑《みどり》)地《ち》雲龍丸文《くもにりゅうのまるもん》金襴《きんらん》

縦92、横85

縦92、横184.5

紺地《こんち》雲龍丸文《くもにりゅうのまるもん》金襴《きんらん》

紺地《こんち》雲向龍丸文《くもにむかいりゅうのまるもん》金襴《きんらん》

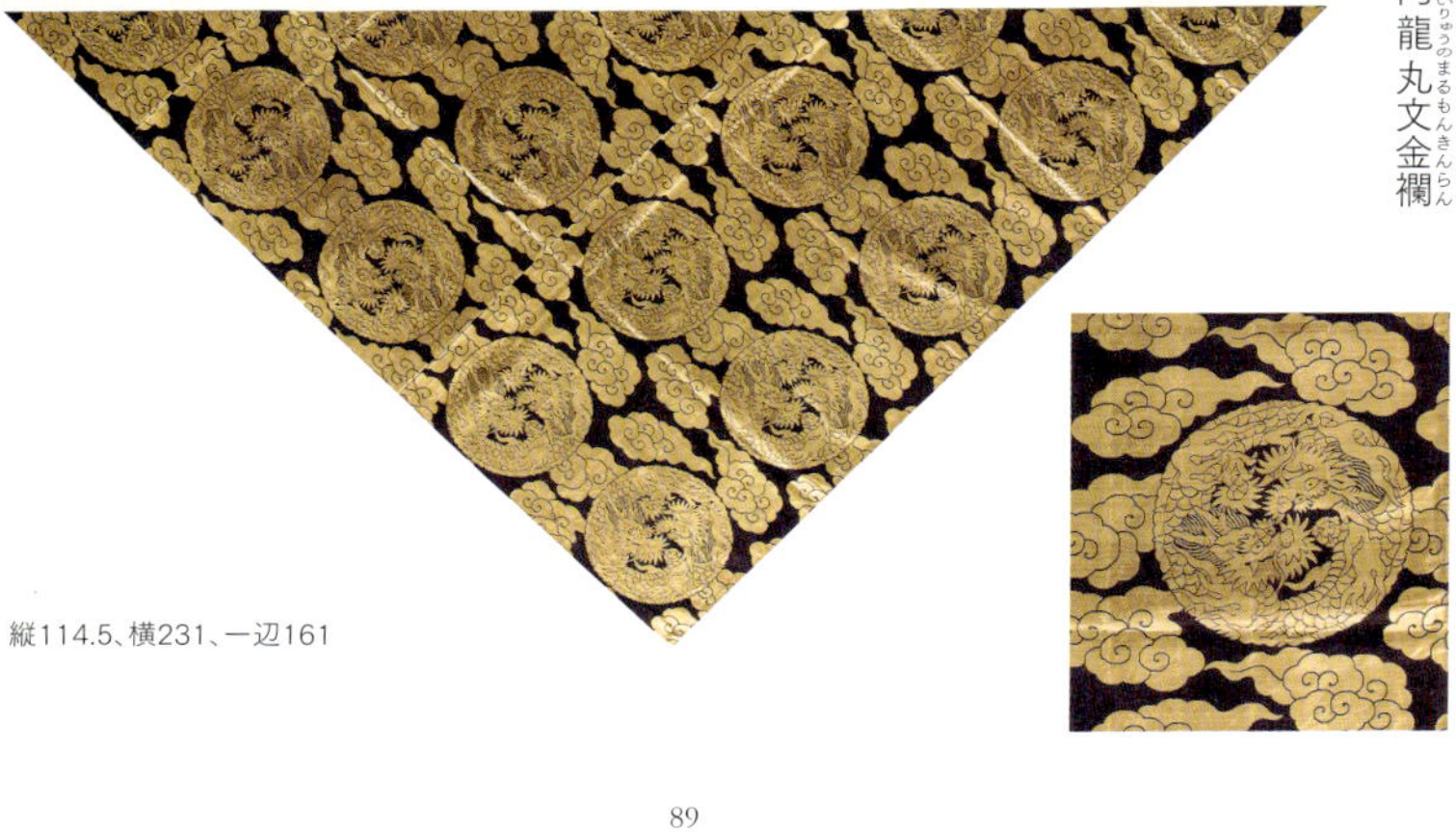

縦114.5、横231、一辺161

# 金《きん》地《ぢ》色糸《いろいと》雲《くもに》龍《りゅうの》丸文《まるもん》金襴《きんらん》

（拡大）

縦115、横232（237）、一辺168（短辺45）

## 赤地《あかぢ》色糸《いろいと》雲龍《くもにりゅう》文《もん》錦《にしき》

（拡大）

縦66.5、横66

# 紺《こん》地《ぢ》色《いろ》糸《いと》宝《ほう》珠《じゅ》雲《くもに》龍《りゅう》文《もん》錦《にしき》

（拡大）

縦57、横55

# 黒《くろ》地《ち》色糸《いろいと》雲龍文《くもにりゅうもん》錦《にしき》

（拡大）

縦67.5、横68

## 紺地《こんじ》色糸《いろいと》雲龍文《くもにりゅうもん》錦《にしき》

（拡大）

古代中国では皇帝専用とされた「五爪《ごそう・ごつめ》の龍」として織られています。

縦68、横67　安政三年（1856）八月吉日

## 紺《こん》地《ぢ》色糸《いろいと》雲龍文《くもにりゅうもん》錦《にしき》

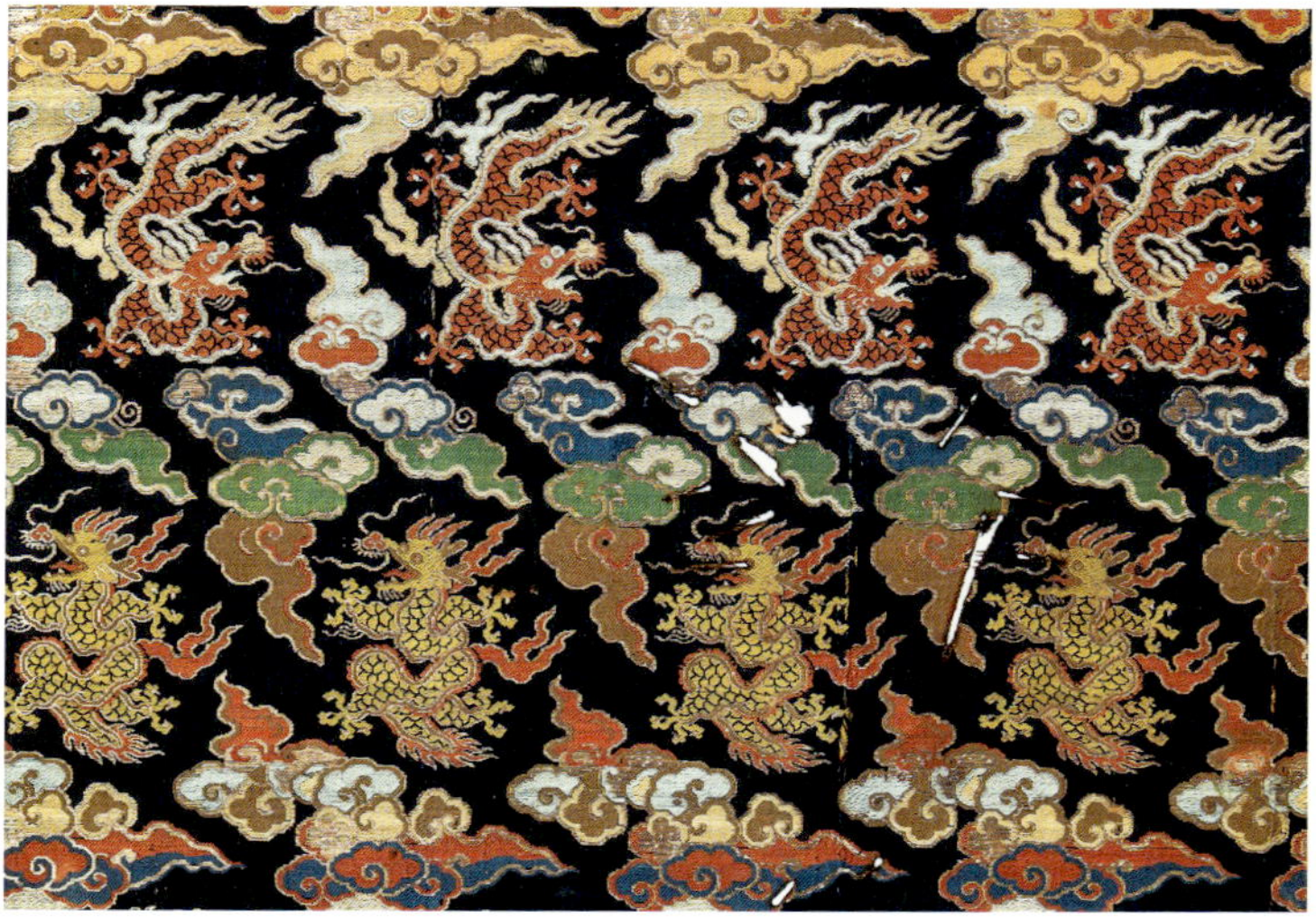

（拡大）

皇族あるいは貴族は「四爪の龍」を用いました。右頁の「五爪の龍」とは色違いで織られています。

縦64（59.5）、横63（60）

# 紺《こん》地《ぢ》色糸《いろいと》雲龍文《くもにりゅうもん》錦《にしき》

（拡大）

縦63.5、横65.5

## 紺《こん》地《ち》色糸《いろいと》雲《くもに》龍《りゅう》文《もん》錦《にしき》

（拡大）

縦63.5(61.5)、横78(64.5)

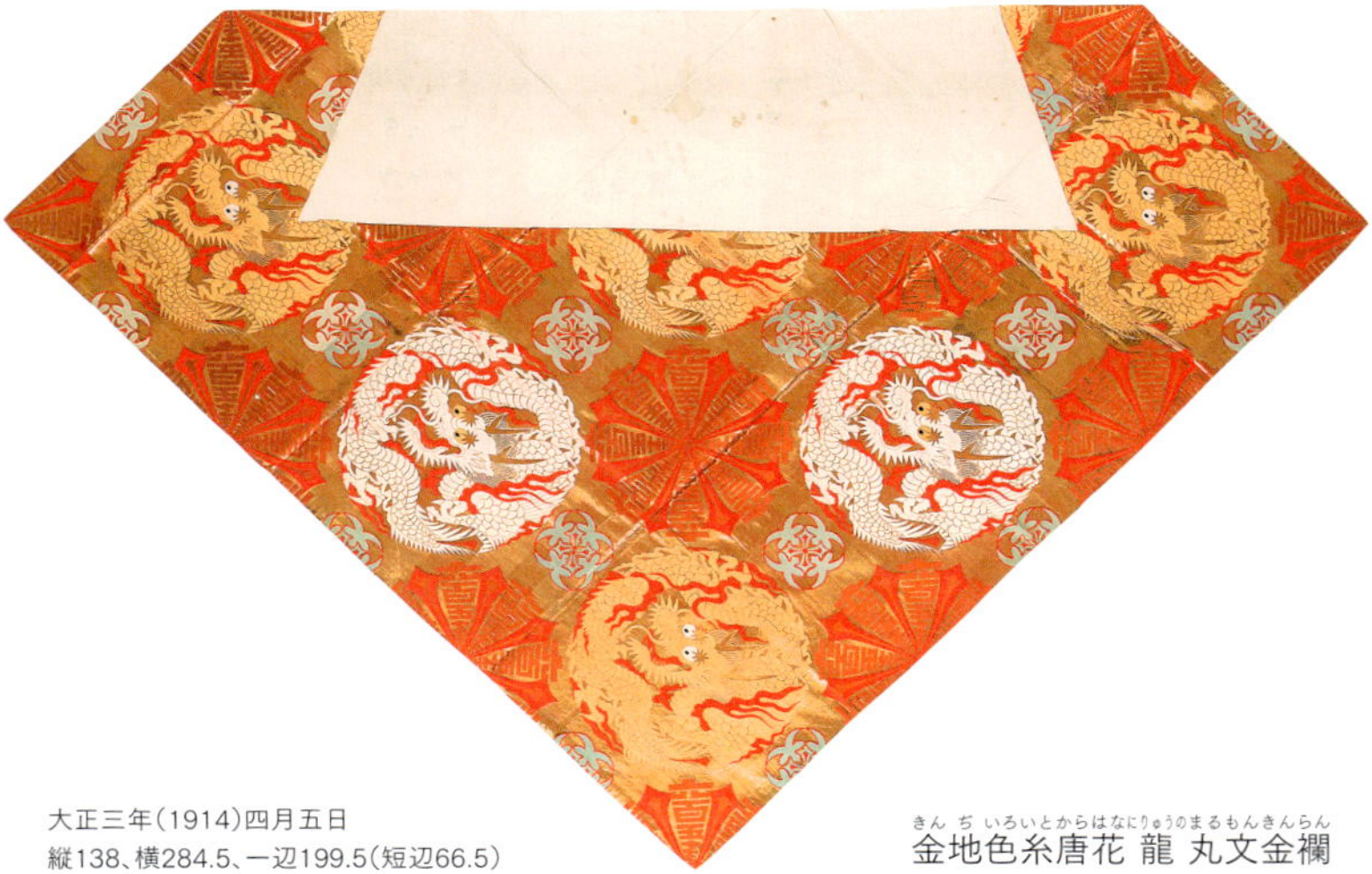

大正三年(1914)四月五日
縦138、横284.5、一辺199.5(短辺66.5)

金《きん》地《ち》色糸《いろいと》唐花《からはなに》 龍《りゅうの》 丸文《まるもん》金襴《きんらん》

親鸞《しんらん》聖人(1173〜1263)の六百五十回忌用に織られました。

縦44、横91、一辺61

金《きん》地《ぢ》色糸《いろいと》龍《りゅうに》雲《くも》波《なみ》文《もん》金襴《きんらん》

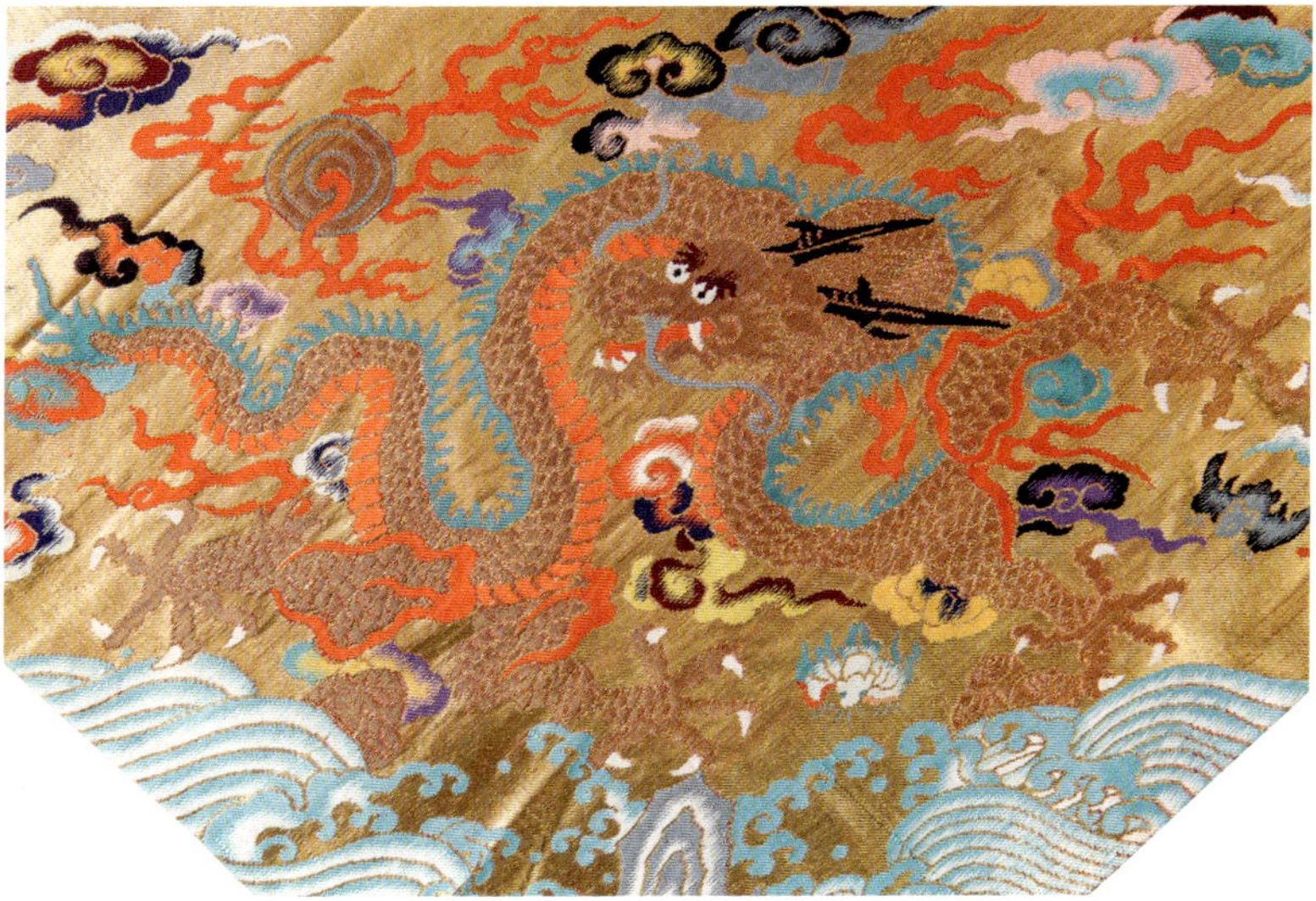

縦47、横90、一辺64（短辺21.5）

金刺繍地《きんししゅうぢ》色糸《いろいと》 龍《りゅうに》 宝珠宝剣波文《ほうじゅほうけんなみもん》刺繍《ししゅう》

刺繍の下絵

# 赤《あか》地《ち》宝珠《ほうじゅ》 龍《りゅう》 丸《のまる》に縹《はなだ》白《しろ》向《むかい》鳳凰《ほうおう》丸《のまる》文《もん》金襴《きんらん》

（拡大）

縦90、横179、一辺125（短辺62）

香色《こういろ》地《ち》菊桐《きくきり》 龍丸《にりゅうのまる》鳳凰丸《ほうおうのまる》文《もん》金襴《きんらん》

（拡大）

蠟《ろう》の跡より三角に掛けていたことが分かります。

縦68.5、横66.5

朱《しゅ》地《ぢ》分銅《ふんどう》繋《つなぎに》色糸《いろいと》雲龍丸《くもりゅうのまる》桐《きり》鳳凰丸《ほうおうのまる》牡丹文《ぼたんもん》金襴《きんらん》

（拡大）

明治二十一年（1888）三月九日
縦91.5、横183、一辺131.5（短辺64）

朱《しゅ》地《ぢ》色糸《いろいと》唐花《からはなに》龍丸《りゅうのまる》鳳凰丸《ほうおうのまる》文《もん》錦《にしき》

（拡大）

縦52.5、横77.5（90）、一辺63.5（短辺10）

紺地《こんぢ》色糸《いろいと》唐花《からはな》雲《くもに》龍 丸《りゅうのまる》鳳凰丸《ほうおうのまる》文錦《もんにしき》

（拡大）

縦68、横66

朱《しゅ》地《ぢ》雲色糸《くもにいろいと》龍丸《りゅうのまる》鳳凰丸《ほうおうのまる》獅《し》子丸《しのまる》花丸《はなのまる》文《もん》金襴《きんらん》

（拡大）

縦78、横161、一辺113

## 赤《あか》地《ち》七宝《しっぽう》繋《つなぎ》中《ちゅう》色糸《いろいと》向龍《むかいりゅう》向鳳凰《むかいほうおう》文《もん》金襴《きんらん》

（拡大）

明治二十四年（1891）十二月　日
縦112.5、横227（254）、一辺180.5（短辺71.5）

# 紺《こん》地《ち》七宝繋《しっぽうつなぎ》中色糸《ちゅういろいと》向龍《むかいりゅう》向鳳凰《むかいほうおう》文《もん》金襴《きんらん》

（拡大）

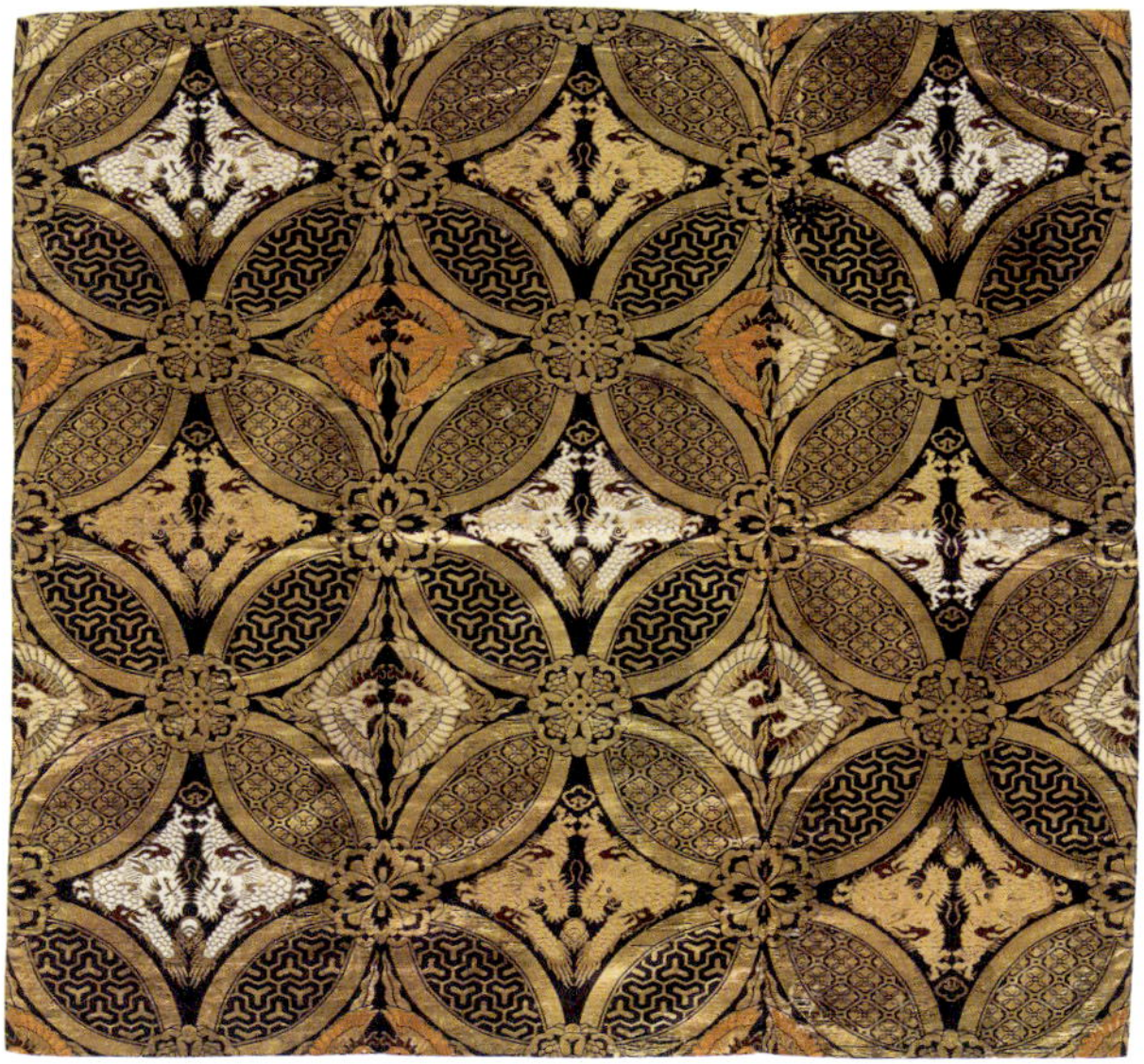

縦96、横99

縦114、横128(132)、一辺166(短辺61)

赤《あか》地《ぢ》色糸《いろいと》蜀江《しょっこう》中《ちゅう》向龍《むかいりゅう》向鳳凰《むかいほうおう》文《もん》錦《にしき》

赤《あか》地《ぢ》色糸《いろいと》蜀江《しょっこう》中《ちゅう》向龍《むかいりゅう》向鳳凰《むかいほうおう》文《もん》錦《にしき》

縦66、横66.5　文久二年(1862)

縦53、横82.5(94.5)、一辺67.5(短辺10)

赤《あか》地《ぢ》色糸《いろいと》蜀江《しょっこう》中《ちゅう》向《むかい》龍《りゅう》向《むかい》鳳凰《ほうおう》文《もん》金襴《きんらん》

紺《こん》地《ぢ》色糸《いろいと》蜀江《しょっこう》中《ちゅう》向《むかい》龍《りゅう》向《むかい》鳳凰《ほうおう》文《もん》錦《にしき》

縦64.5、横66.5

## 赤《あか》地《ぢ》色糸《いろいと》雲龍文《くもにりゅうもん》綴織《つづれおり》／赤《あか》地《ぢ》色糸《いろいと》牡《ぼ》丹鳳凰文《たんにほうおうもん》綴織《つづれおり》

縦29.5、横28.5

## 赤《あか》地《ぢ》色糸《いろいと》雲珠取龍文《くもにたまとりりゅうもん》綴織《つづれおり》／赤《あか》地《ぢ》色糸《いろいと》牡《ぼ》丹鳳凰文《たんにほうおうもん》綴織《つづれおり》

縦61.5、横60

# 赤地《あかぢ》色糸《いろいと》蜀江龍鳳凰文《しょっこうにりゅうほうおうもん》金襴《きんらん》

（拡大）

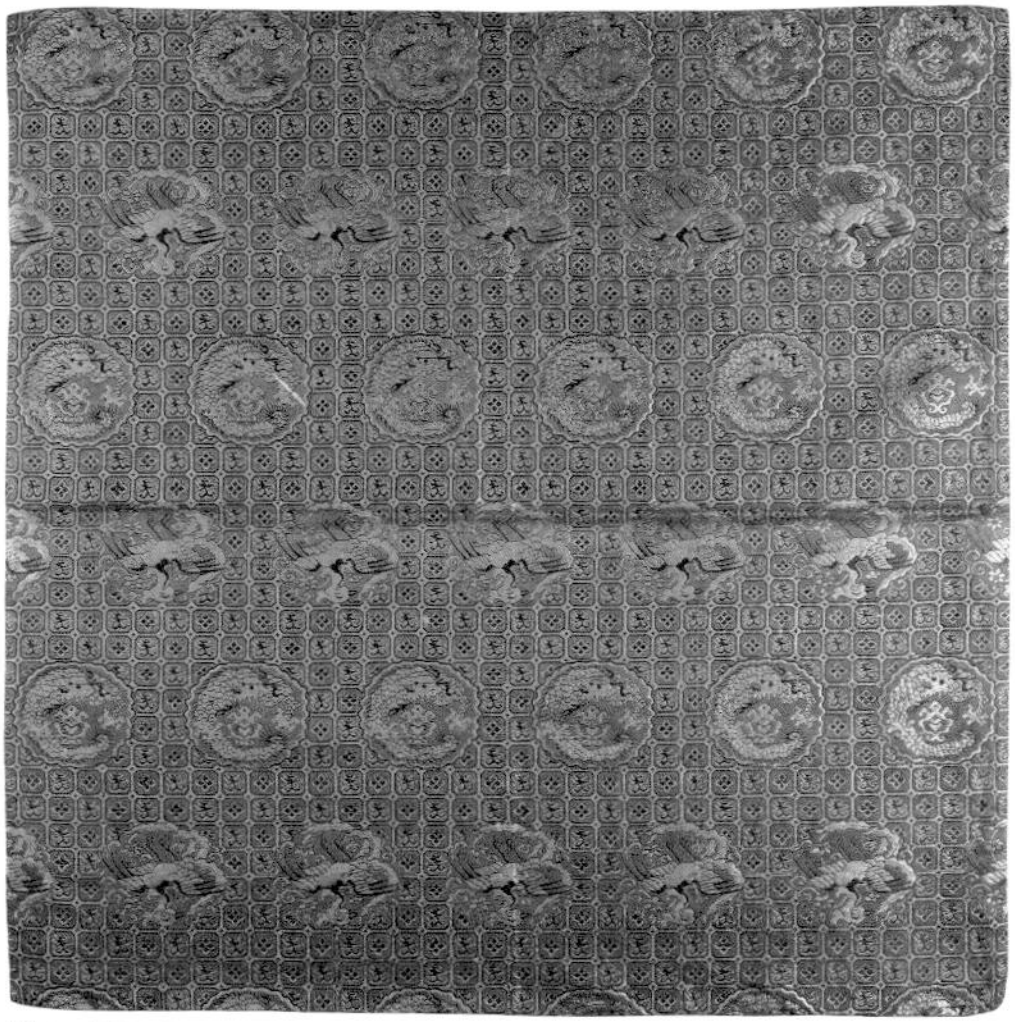

縦69、横67.5

萌葱《もえぎ》地《ち》色糸《いろいと》雲《くも》中《ちゅう》龍《りゅう》鳳凰《ほうおう》文《もん》金襴《きんらん》

（拡大）

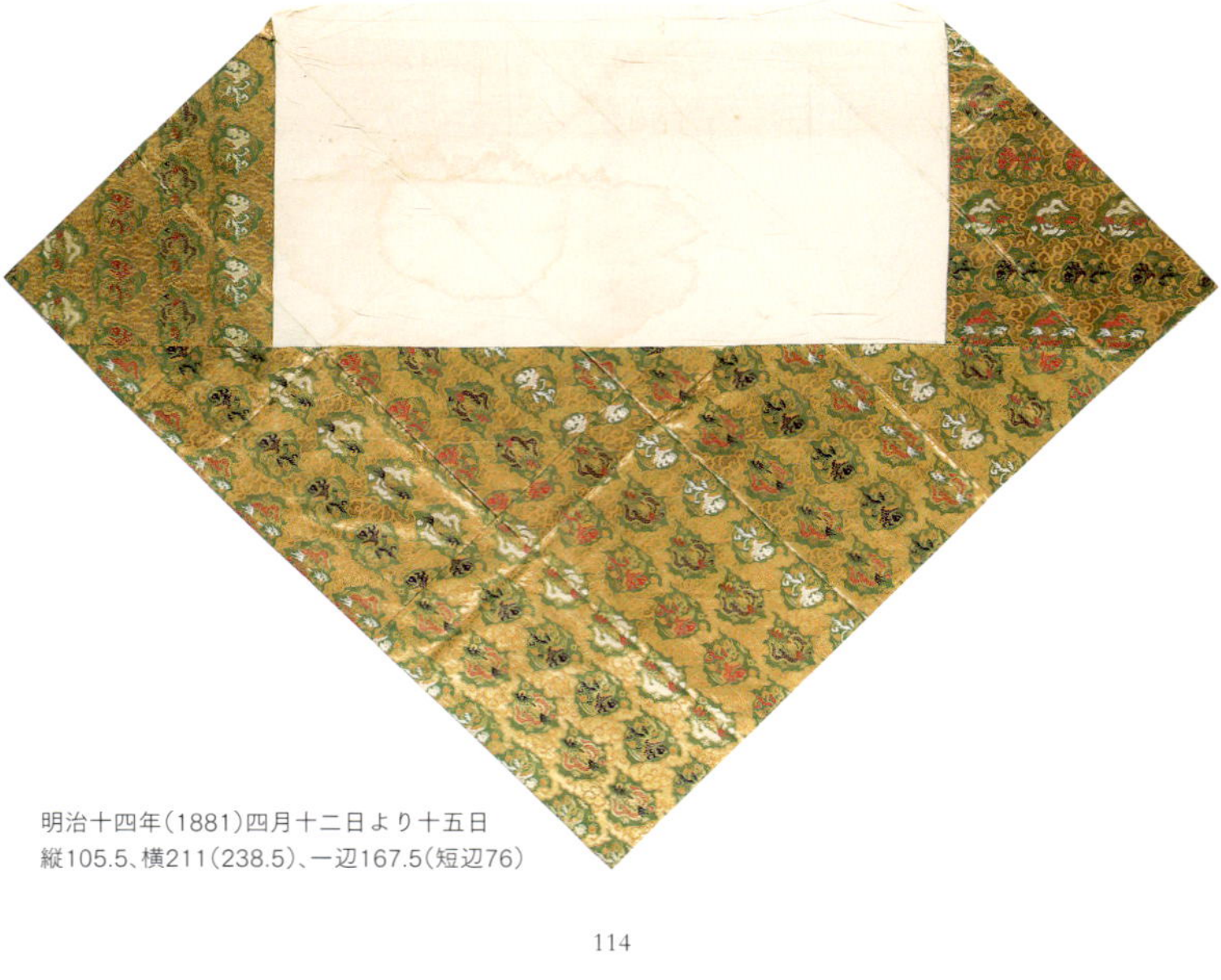

明治十四年（1881）四月十二日より十五日
縦105.5、横211（238.5）、一辺167.5（短辺76）

朱《しゅ》地《ち》色糸《いろいと》雲《くも》中《ちゅう》龍《りゅう》鳳凰《ほうおう》文《もん》金襴《きんらん》

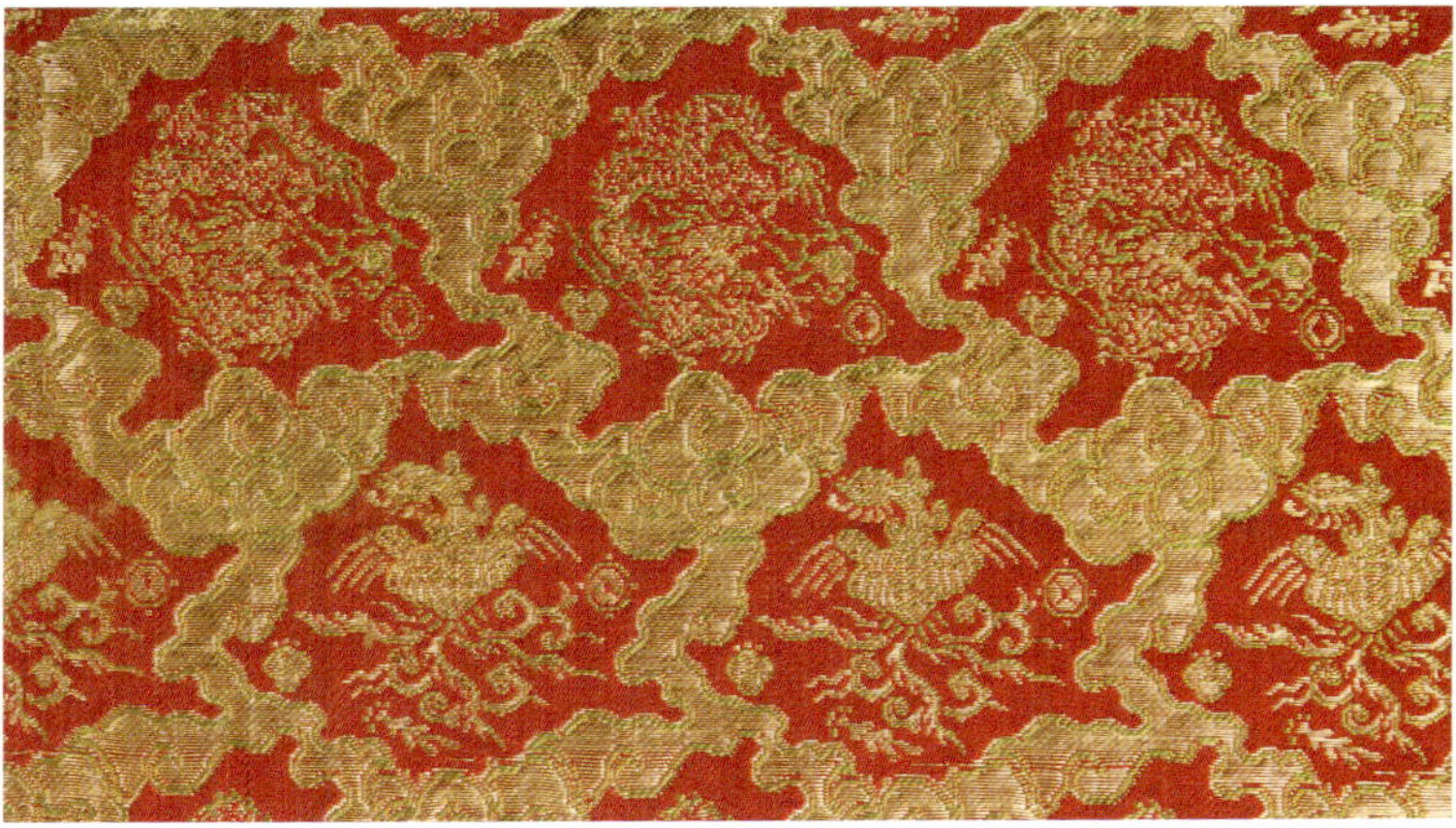

（拡大）

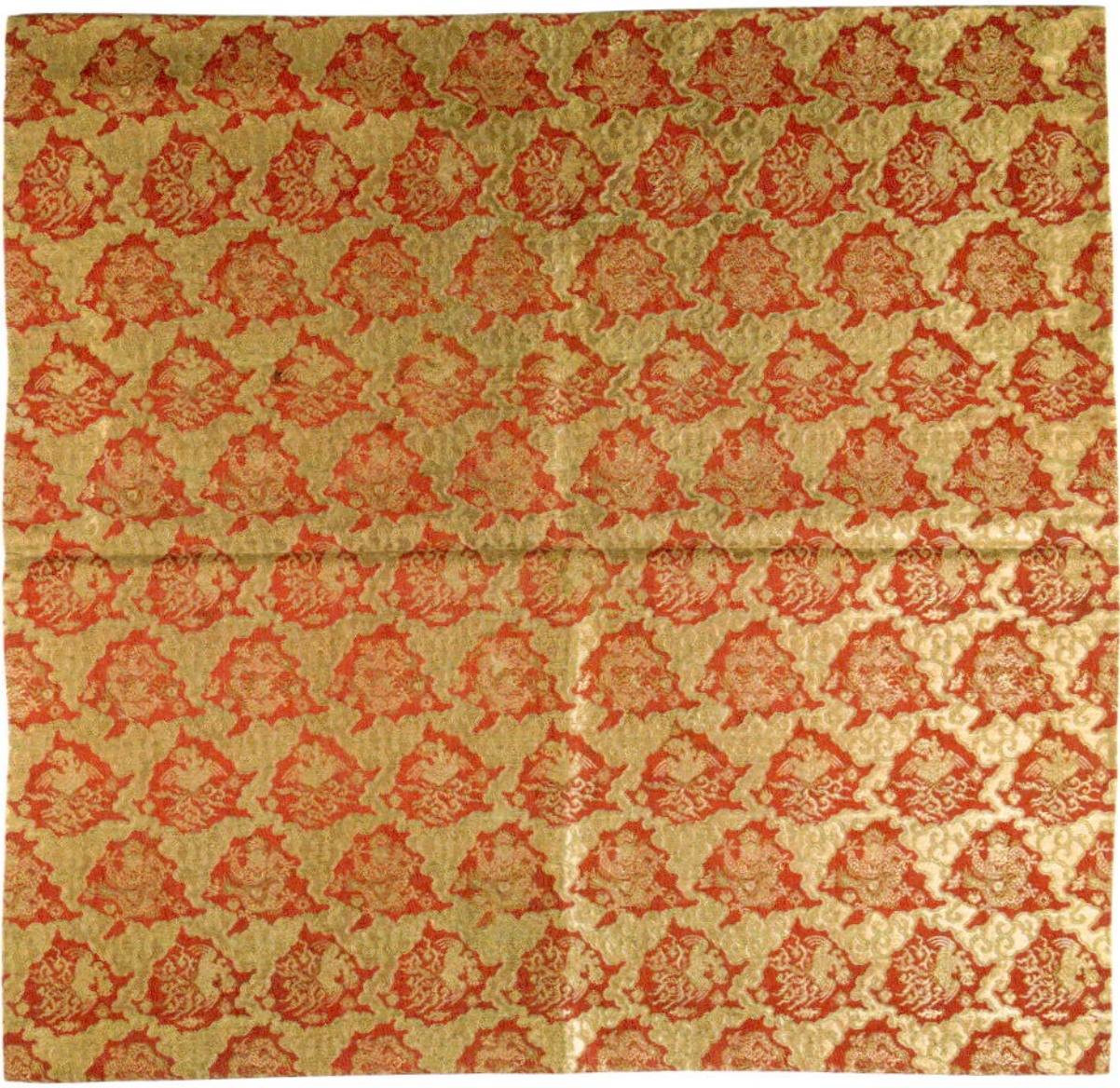

縦61、横62

浅《うすき・あさき》香色《こういろ》地《ぢ》入子《いれ・いりこ》菱《ひしに》色糸《いろいと》雲《くもに》龍丸《りゅうのまる》
向《むかい》鳳凰《ほうおう》丸《のまる》文《もん》金襴《きんらん》

縦44.5、横92、一辺62

紺《こん》地《ぢ》入子《いれ・いりこ》菱《ひしに》色糸《いろいと》雲《くもに》龍《りゅう》鳳凰《ほうおう》文《もん》金襴《きんらん》

縦48、横55

浅葱《あさぎ》地《ち》色糸《いろいと》波《なみに》龍《りゅう》鳳凰《ほうおう》文《もん》金襴《きんらん》

（拡大）

縦91、横325　明治四十三年（1910）四月十四日

# 鳳凰文《ほうおうもん》

古代中国で、黄帝《こうてい》の即位時に「鳳凰」が「梧桐《ごとう》」に集まって「竹」の実を食べたことから、「鳳凰」は「聖天子の出現を待ってこの世に現れる」といわれ、泰平の世にのみ姿を現す瑞獣《ずいじゅう》（瑞鳥《ずいちょう》）のひとつになりました。また、「梧桐にあらざれば栖《す》まず、竹実にあらざれば食わず」といわれ「桐」と「竹」も文様に組み込まれることがあります。

「龍」と対をなす「鳳凰」ですが、仏教では煩悩《ぼんのう》の象徴としての毒蛇を食べる「迦楼羅《かるら》」と関連しています。一方、「孔雀《くじゃく》」も毒蛇を食べることから密教《みっきょう》では「孔《く》雀明王《じゃくみょうおう》」になりましたが、「孔雀」が「打敷の文様」に用いられることは多くありません。

ところで西本願寺の「龍」に対して東本願寺系寺院では「鳳凰」の文様の打敷が好まれたようです。また、「鳳凰」の打敷の地色は「赤」が一般的ですが、これは「鳳凰」の関連で四神《しじん》（後述）の一つである「朱雀《すざく》」は南を護《まも》り、「五色《ごしき》」（後述）の「赤」が配当されたからと考えられます。

赤塩瀬色糸鳳凰文刺繍《あかしおぜにいろいとほうおうもんししゅう》

縦46、横92、一辺65

縦61、横125(139)、一辺97(短辺54)

赤塩瀬色糸鳳凰文《あかしおぜにいろいとほうおうもん》刺繍《ししゅう》

縦32、横64、一辺45.5

赤塩瀬色糸鳳凰文《あかしおぜにいろいとほうおうもん》刺繍《ししゅう》

縦16、横32.5、一辺22.5

金《きん》刺《し》繍《しゅう》地《ぢ》色《いろ》糸《いと》鳳《ほう》凰《おう》文《もん》刺《し》繍《しゅう》

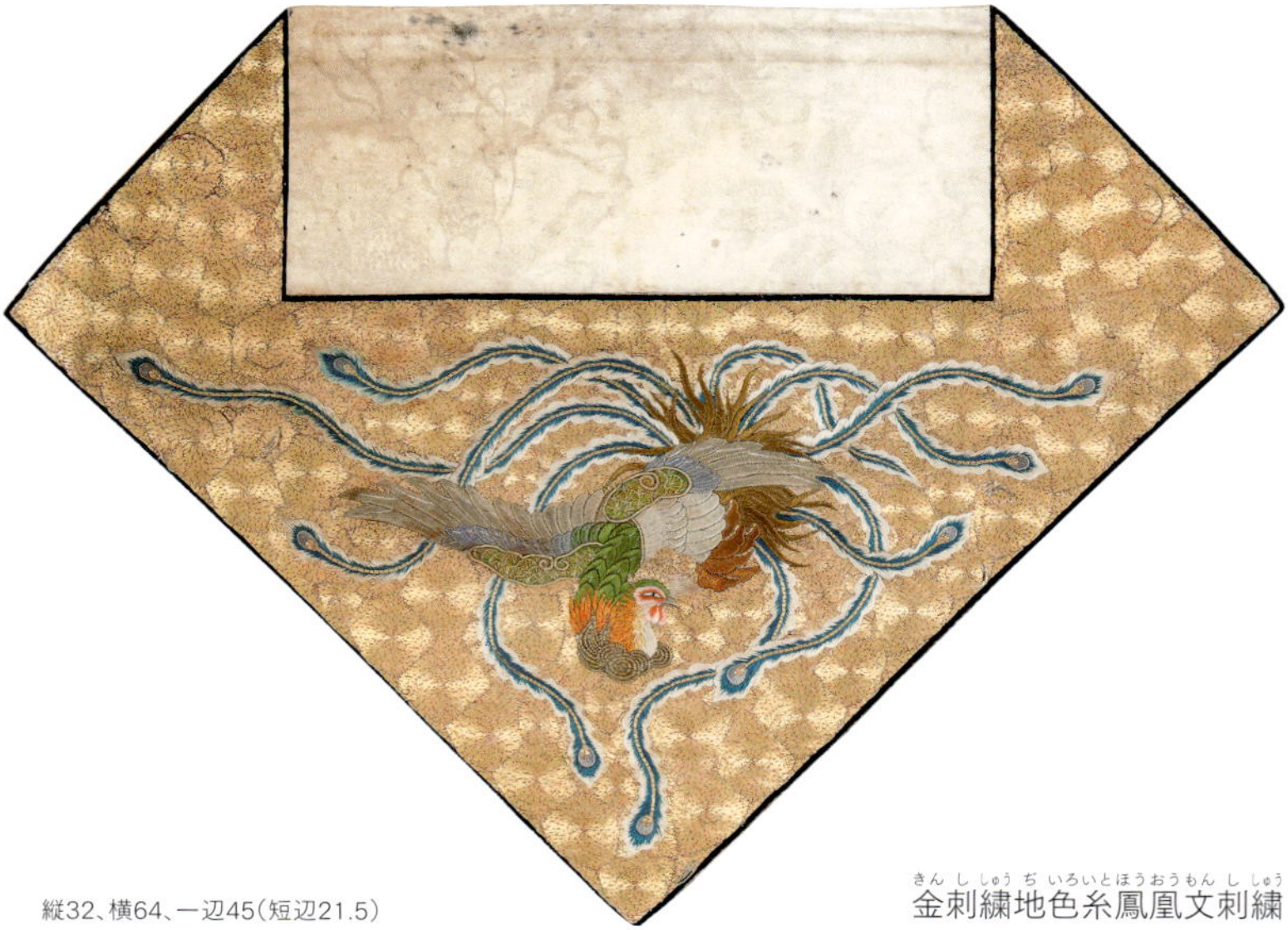

縦32、横64、一辺45(短辺21.5)

金《きん》刺《し》繍《しゅう》地《ぢ》色《いろ》糸《いと》鳳《ほう》凰《おう》文《もん》刺《し》繍《しゅう》

赤《あか》塩《しお》瀬《ぜ》金《きん》枝《えだ》喰《くい》鳳《ほう》凰《おう》文《もん》刺《し》繍《しゅう》

（拡大）

縦54.5、横82（96.5）、一辺65（短辺10.5）

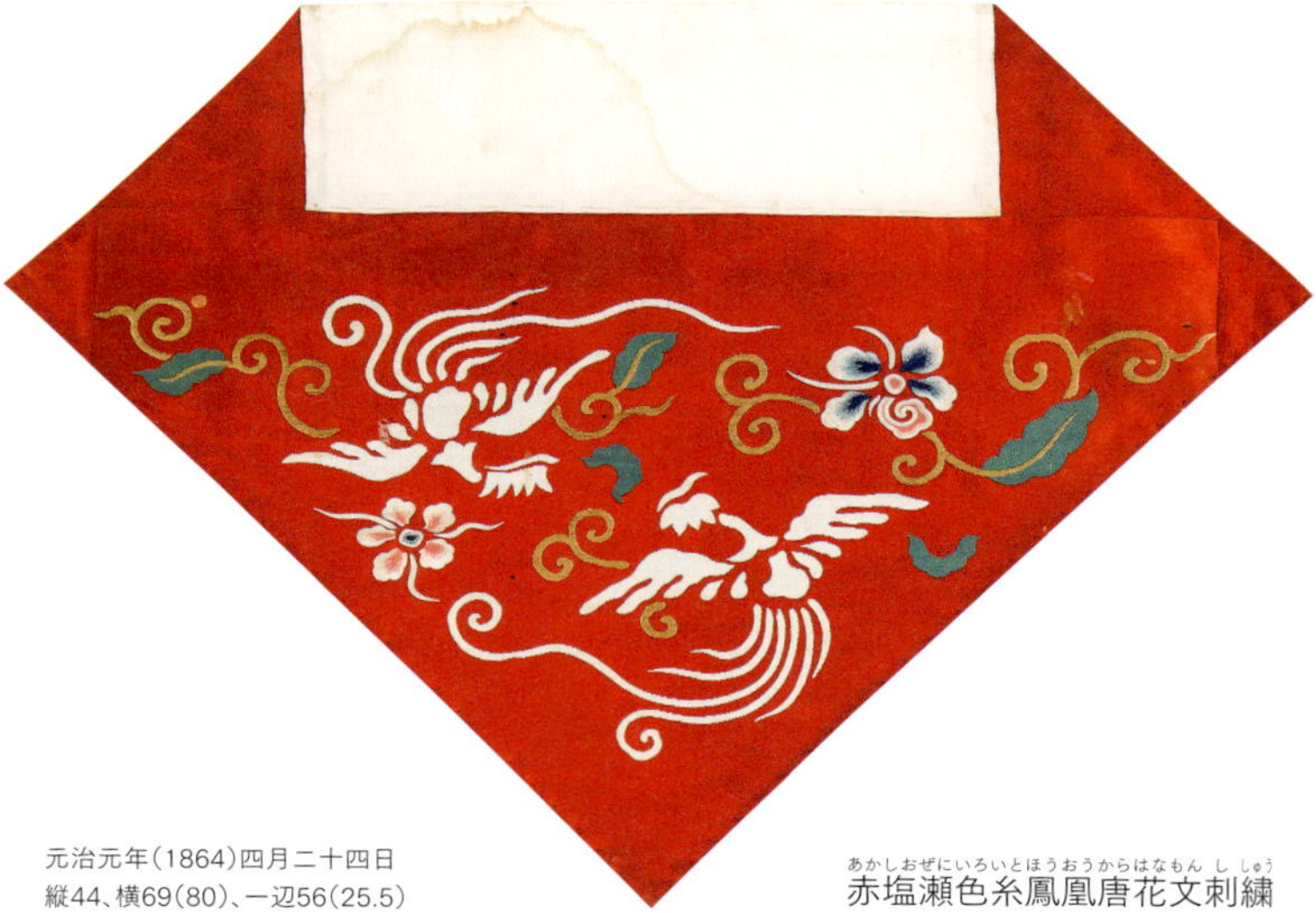

元治元年（1864）四月二十四日
縦44、横69（80）、一辺56（25.5）

赤《あか》塩瀬《しおぜ》色糸《にいろいと》鳳凰《ほうおう》唐花《からはな》文《もん》刺《し》繍《しゅう》

縦50、横83.5（91.5）、一辺65（短辺6）

白《しろ》羅《ら》紗《しゃ》色糸《にいろいと》鳳凰《ほうおう》麒《き》麟《りん》文《もん》刺《し》繍《しゅう》

藍《あい》梅《うめ》立《たて》涌《わく》文《もん》浮《うき》織《おり》色《いろ》糸《いと》鳳《ほう》凰《おう》牡《ぼ》丹《たん》文《もん》刺《し》繍《しゅう》

（拡大）

「梅立涌」は「有職《ゆうそく》の文様」（後述）です。

縦118、横199.5

## 紫《むらさき》地《ぢ》色糸《いろいと》藤《ふじに》鳳凰《ほうおう》文《もん》金襴《きんらん》

（拡大）

縦93、横183、一辺129.5（短辺62）

朱《しゅ》地《ぢ》破《やれ》竹《たけ》垣《かきに》鳳《ほう》凰《おうの》丸《まる》文《もん》金《きん》襴《らん》

横61.5(58)

赤地《あかぢ》小《こ》葵《あおい》色糸《にいろいと》向《むかい》鳳凰《ほうおう》丸《のまる》花《はな》丸《のまる》文《もん》金襴《きんらん》

（拡大）

縦41.5、横83.5、一辺59

# 赤地《あかぢ》横《よこ》唐花《からはな》菱《ひしに》色糸《いろいと》向《むかい》鳳凰《ほうおう》丸《のまる》花丸《はなのまる》文《もん》金襴《きんらん》

（拡大）

縦66、横66

金《きん》地《ち》紫《むらさき》藤《ふじ》襷《たすき》色糸《にいろいと》向《むかい》鳳凰《ほうおう》丸《のまる》文《もん》金襴《きんらん》

縦133、横133

「藤襷文」は「有職《ゆうそく》の文様」(後述)で、地文として好まれました。

金《きん》地《ぢ》紫《むらさき》藤《ふじ》襷《たすき》色糸《にいろいと》向《むかい》鳳凰《ほうおう》丸《のまる》文《もん》金襴《きんらん》

縦70、横141、一辺100(短辺44)

金地《きんち》紫雲襷《むらさきくもたすきに》色糸《いろいと》向鳳凰丸文《むかいほうおうのまるもん》金襴《きんらん》

縦67.5、横67

金地《きんち》紫分銅繋《むらさきふんどうつなぎに》色糸《いろいと》向鳳凰丸文《むかいほうおうのまるもん》金襴《きんらん》

縦66、横67.5

「雲襷文」も「有職《ゆうそく》の文様」(後述)です。

浅《うすき・あさき》 香色《こういろ》地《ち》雲《くも》分銅《ふんどう》繋《つなぎに》色糸《いろいと》向《むかい》鳳凰《ほうおう》丸《のまる》文《もん》金襴《きんらん》

縦133、横135

赤《あか》地《ぢ》網目《あみめに》黄《き》白《しろ》向《むかい》鳳凰《ほうおう》丸《のまる》文《もん》金襴《きんらん》

縦167.5、横167　昭和十八年(1943)十月五日

「網目文」も地文として多用される「有職《ゆうそく》の文様」(後述)です。

縦56、横123、一辺88(短辺23.5)

朱《しゅ》地《ち》網目《あみめに》紫《むらさき》白《しろ》臥蝶《ふせちょう・ふせんちょう》窠《か》中向鳳凰文金襴《ちゅうむかいほうおうもんきんらん》

「有職の文様」である「臥蝶文《ふせちょう・ふせんちょうもん》」ですが、文様を浮織《うきおり》にした綾《あや》織物を「浮線綾《ふせんりょう》」と称したことが起源ともいわれ、平安時代から鎌倉時代にかけて特定の文様を指すようになりました。羽根を広げて臥《ふ》した四羽の「蝶」を図案化し、中央の丸を中心に上下左右に丸く配した文様ですが、「蝶」ではなく「唐花《からはな》」を起源とする説もあります。

縦110、横228、
一辺164(短辺58)

朱《しゅ》地《ち》網目《あみめに》紫《むらさき》白《しろ》臥蝶《ふせちょう・ふせんちょう》窠《か》中向鳳凰文金襴《ちゅうむかいほうおうもんきんらん》

金《きん》地《ち》藍《あい》籠目《かごめ》色糸《いろいと》向《むかい》鳳凰《ほうおう》丸《のまる》花丸《はなのまる》文《もん》唐織《からおり》

（拡大）

「有職《ゆうそく》の文様」（後述）の「籠目」は、地文として多用されます。

縦128.5、横129

紅《くれない》地《ち》籠目《かごめに》色糸《いろいと》鳳凰《ほうおう》花《はな》折《おり》枝《え》文《もん》唐織《からおり》

（拡大）

縦63.5、横65.5

赤《あか》地《ち》分銅《ふんどう》繋《つなぎに》色糸《いろいと》向《むかい》鳳凰《ほうおう》丸《のまる》菊《きく》丸《のまる》牡丹《ぼたん》丸《のまる》文《もん》金襴《きんらん》（拡大）

縦91、横184、一辺130

橙《だいだい》地《ち》色糸《いろいと》雲立涌《くもたてわく》鳳凰《ほうおう》桜《さくら》折《おり》枝《え》文《もん》二《ふた》陪《え》織《おり》

（拡大）

縦30、横67.5　明治四十五年（1912）七月

縦80、横62

朱地《しゅぢ》色糸《いろいと》蜀江《しょっこう》中向《ちゅうむかい》鳳凰丸《ほうおうのまる》唐花文《からはなもん》金襴《きんらん》

赤《あか》地《ぢ》蜀江《しょっこうに》黄《き》白《しろ》向《むかい》鳳凰《ほうおう》丸《のまる》文《もん》金襴《きんらん》

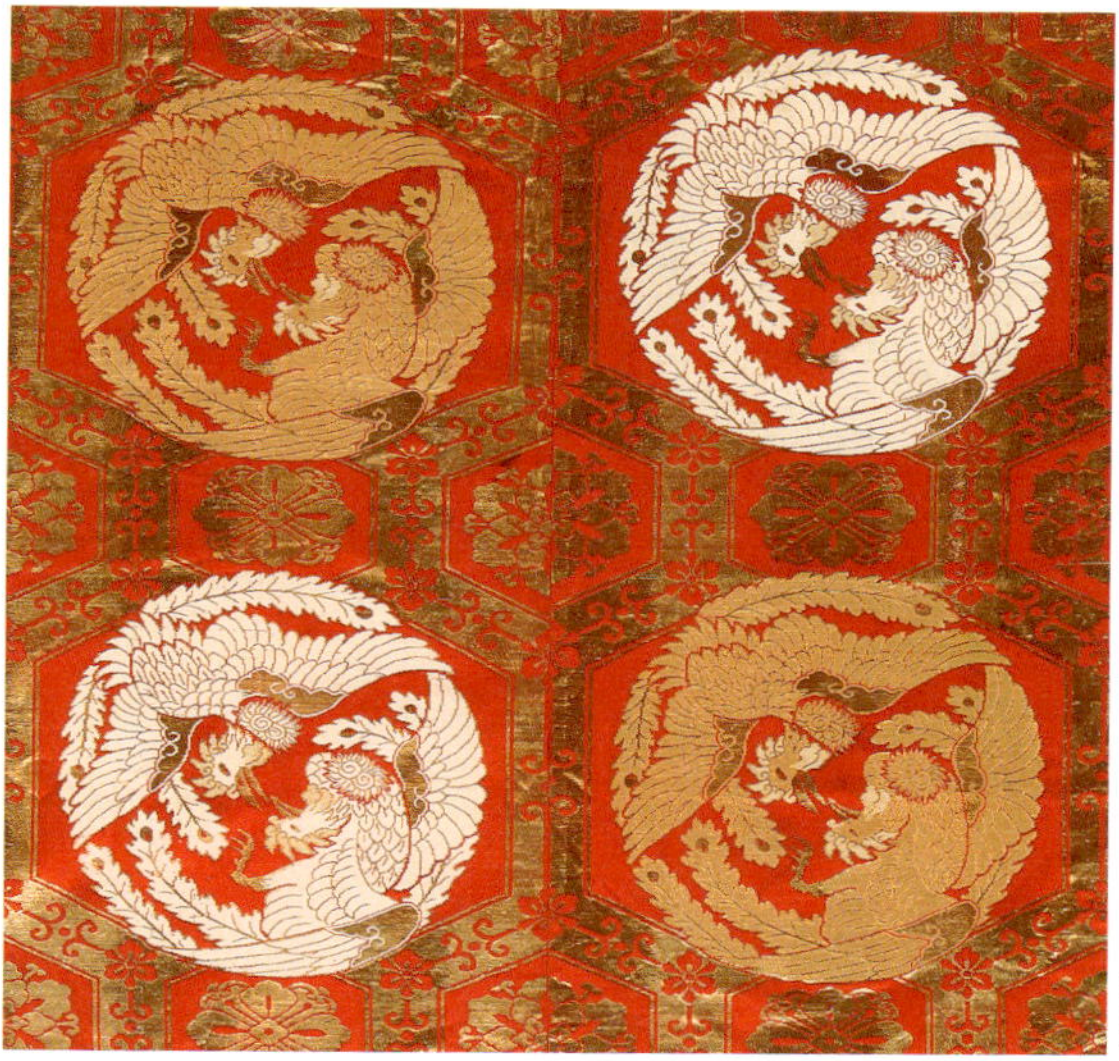

（拡大）

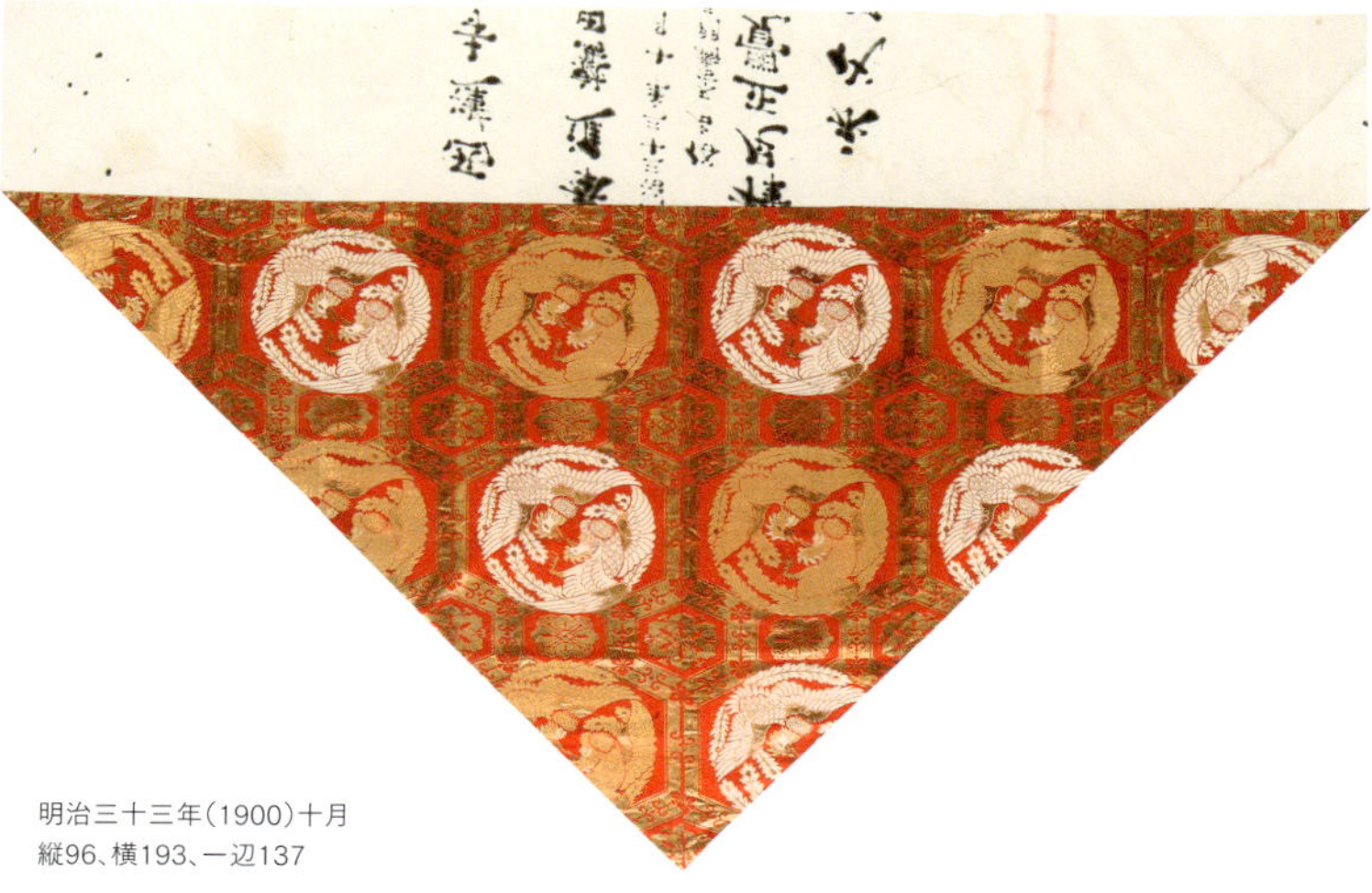

明治三十三年（1900）十月
縦96、横193、一辺137

白《しら》地《ち》破籠目《やれかごめに》色糸《いろいと》鳳凰《ほうおう》菊《きく》牡丹《ぼたん》文《もん》唐織《からおり》

縦67.5(64.5)、横69.5(67)

金朱霰《きんしゅあられ》地《ち》色糸《いろいと》向鳳凰丸《むかいほうおうのまる》菊丸《きくのまる》牡丹丸《ぼたんのまる》文《もん》金襴《きんらん》

縦66.5、横66.5

朱地《しゅぢ》色糸《いろいと》牡丹《ぼたんに》向《むかい》鳳凰《ほうおう》丸文《のまるもん》金襴《きんらん》

明治十年（1877）五月
縦112.5、横234、一辺158（短辺66）

香色《こういろ》地《ぢ》桐《きりに》鳳凰《ほうおう》文《もん》金襴《きんらん》

縦28、横28.5

赤《あか》地《ぢ》色糸《いろいと》桐《きりに》鳳凰《ほうおうの》丸文《まるもん》金襴《きんらん》

（拡大）

縦100、横202（241）、一辺170.5（短辺69）

赤地《あかぢ》色糸《いろいと》桐《きりに》鳳凰《ほうおう》文《もん》金襴《きんらん》

（拡大）

縦134.5、横268、一辺193

舞楽《ぶがく》の「青海波」の袍《ほう・うえのきぬ》は「青(緑)」で「波」を地文とする文紗《もんしゃ》に色糸で「千鳥」が刺繍されていますが、この地文が名称の起源になりました。

安政七年(1860)三月上旬
縦90、横179、一辺126(短辺49)

金朱霰《きんしゅあられ》地《ち》色糸青海《いろいとせいがい》波《は》蜀江向鳳凰丸花丸文金襴《しょっこうむかいほうおうのまるはなのまるもんきんらん》

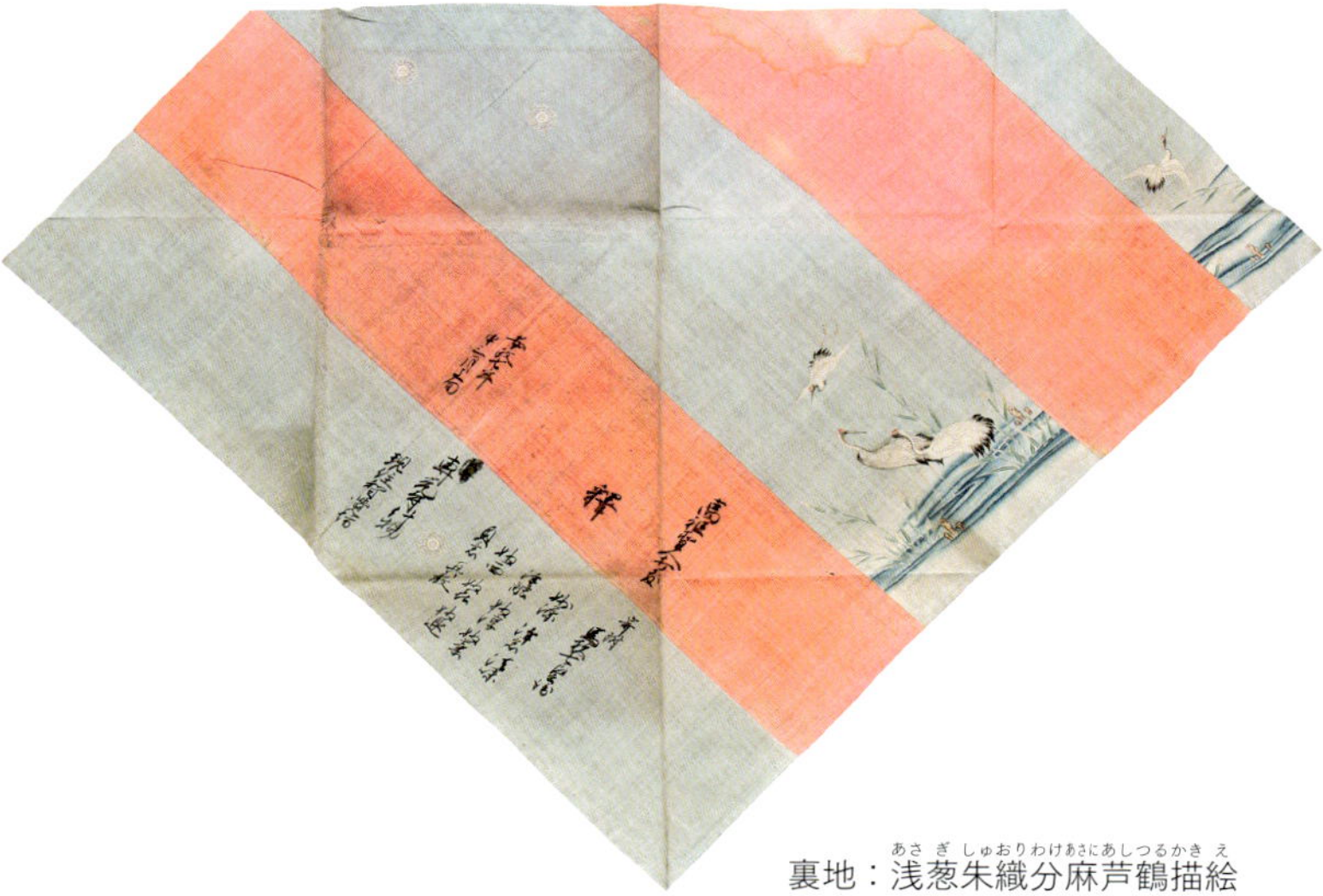

裏地：浅葱《あさぎ》朱《しゅ》織分《おりわけ》麻《あさ》芦《あし》鶴《つる》描《かき》絵《え》

白《しら》地《ぢ》雲《くも》中《ちゅう》鳳《ほう》凰《おう》文《もん》金《きん》襴《らん》

（拡大）

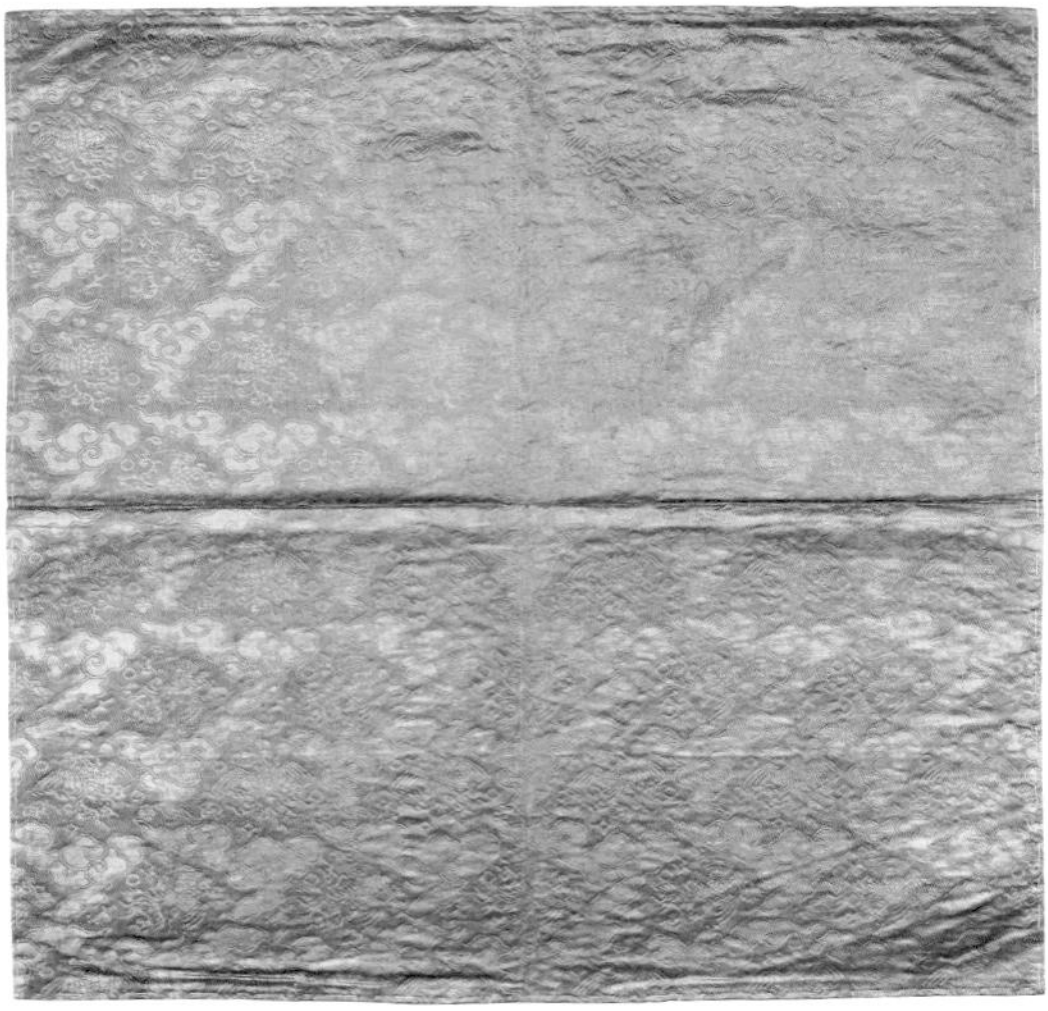

縦66.5、横66.5

赤地《あかち》入子《いれ・いりこ》菱《ひし》色糸《いろいと》雲《くも》向《むかい》鳳凰丸《ほうおうのまる》唐花丸《からはなのまる》文《もん》金襴《きんらん》

（拡大）

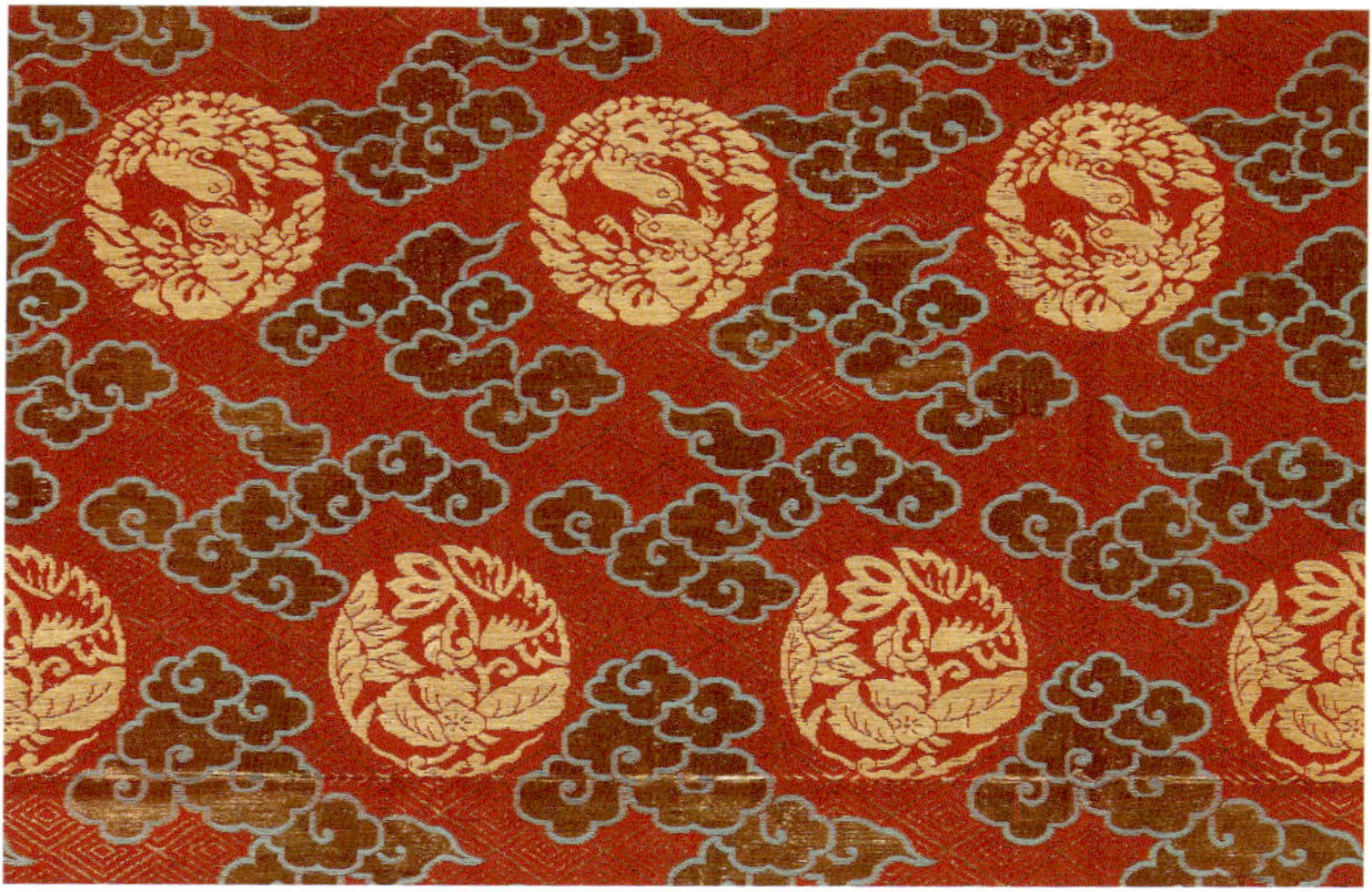

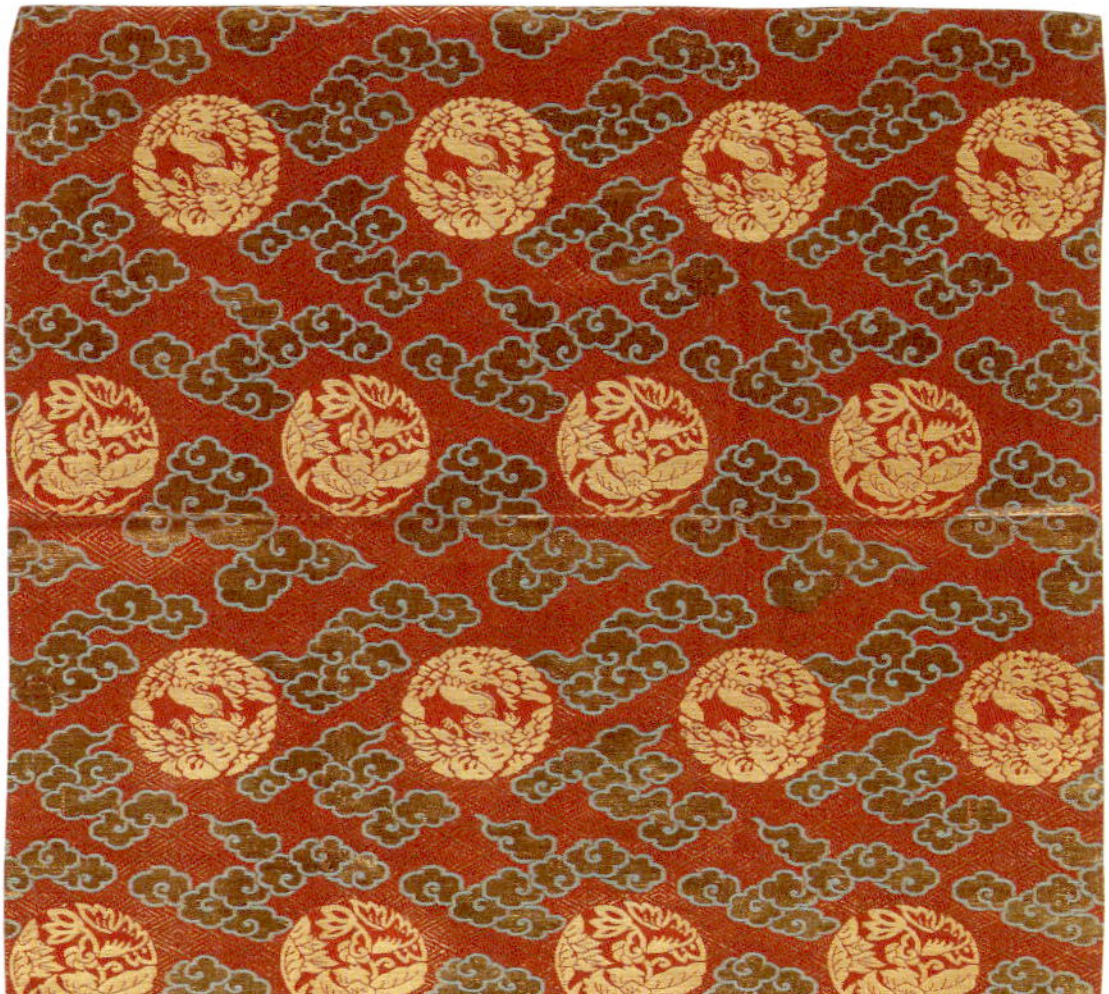

縦66、横63

## 麒《き》麟《りん》文《もん》

「麒麟」は古代中国で「麒麟五霊は王者の嘉瑞」とされました。

王が「仁」のある政治を行う時に出現するといわれる「麒麟」は「鳳凰《ほうおう》」「霊亀《れいき》」「応龍《おうりゅう》」と共に「四霊《しれい》」とされる瑞獣《ずいじゅう》です。また、「四神《しじん》」の「青龍《せいりゅう》」は東、「朱雀《すざく》」は南、「白虎《びゃっこ》」は西、「玄武《げんぶ》」は北、中央は「黄龍《こうりゅう》」が護りますが、中央に「麒麟」が充てられることもあります。

千年を生きる「麒麟」は一日に千里を駆け、歩いた跡は正円で、曲がるときは直角に曲がるといわれています。その性質は温厚で慈愛に溢れ、生きた草を食まず、足元の虫を踏むことさえも避けるほど殺生を嫌うことから仏教では好まれると思いきや、「打敷の文様」に採用されることは稀でした。

白《しら》地《ち》金《きん》雲《くもに》麒《き》麟《りん》文《もん》刺《し》繍《しゅう》

縦19、横37、一辺26

# 獅《し》子《し》文《もん》

「百獣の王」である「獅子」は「文殊菩薩《もんじゅぼさつ》」を乗せることから「知恵（智慧《ちえ》）」を象徴します。また、「獅子吼《ししく》」といわれるように「獅子」が吼《ほ》えることによって、すべての動物が恐れ慄《おのの》いたことより、人々の様々な迷いや煩悩《ぼんのう》を打ち砕いて目を覚まさせるものとされました。

また、「獅子」は「百花《ひゃっか》の長」である「牡丹」と組み合わされることがあります。これは「百獣の王」の唯一の弱点が「獅子身中の虫」で、この「虫」は増殖して「獅子」の皮を食い破り、肉を蝕みます。しかし、この「虫」は「牡丹」の花より滴下する夜露にあたると死ぬため、「獅子」は安住の地である「牡丹」の花の下で休むことから、複合して用いられるようになりました。

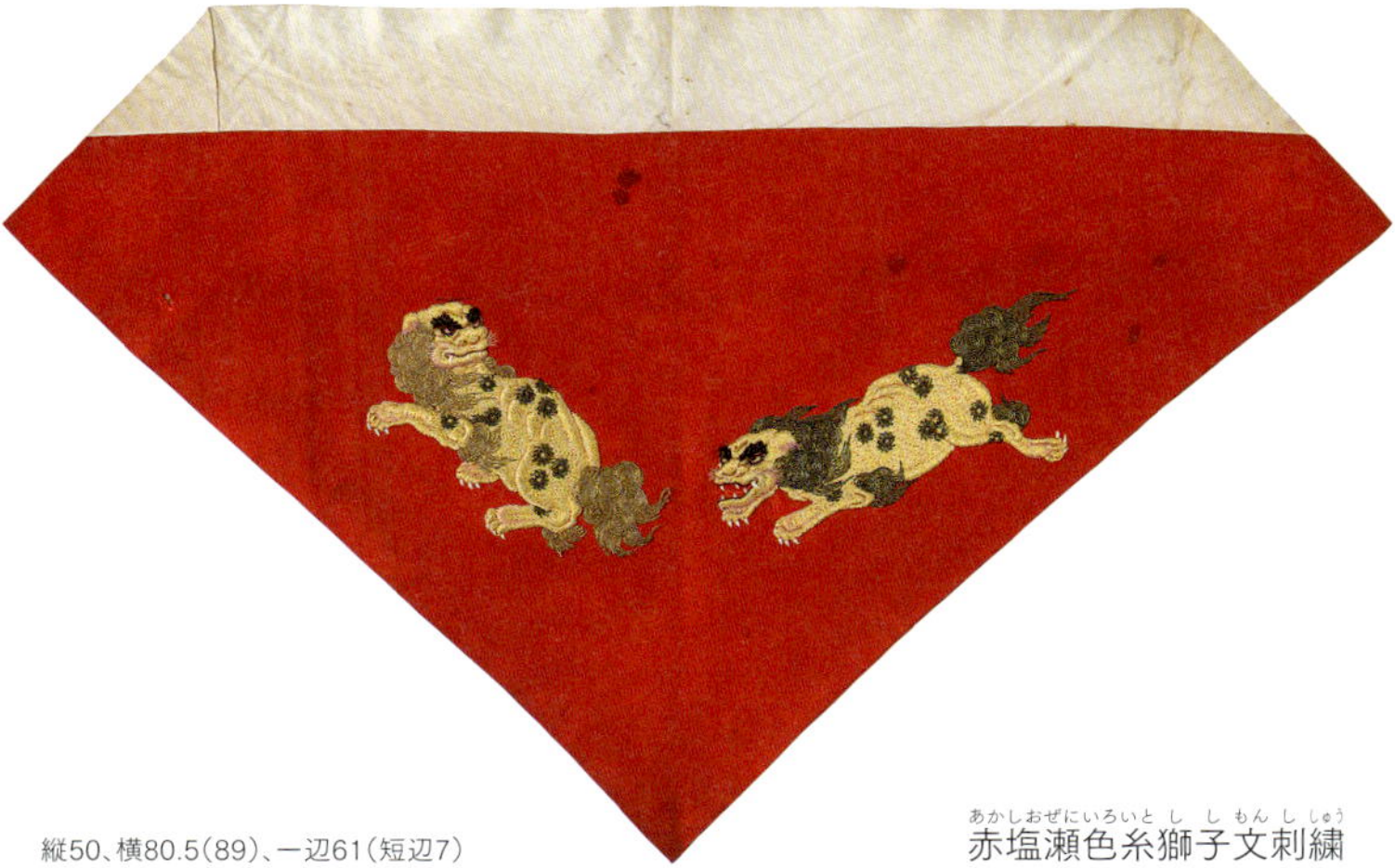

縦50、横80.5（89）、一辺61（短辺7）

赤塩瀬色糸獅子文刺繍《あかしおぜにいろいとししもんししゅう》

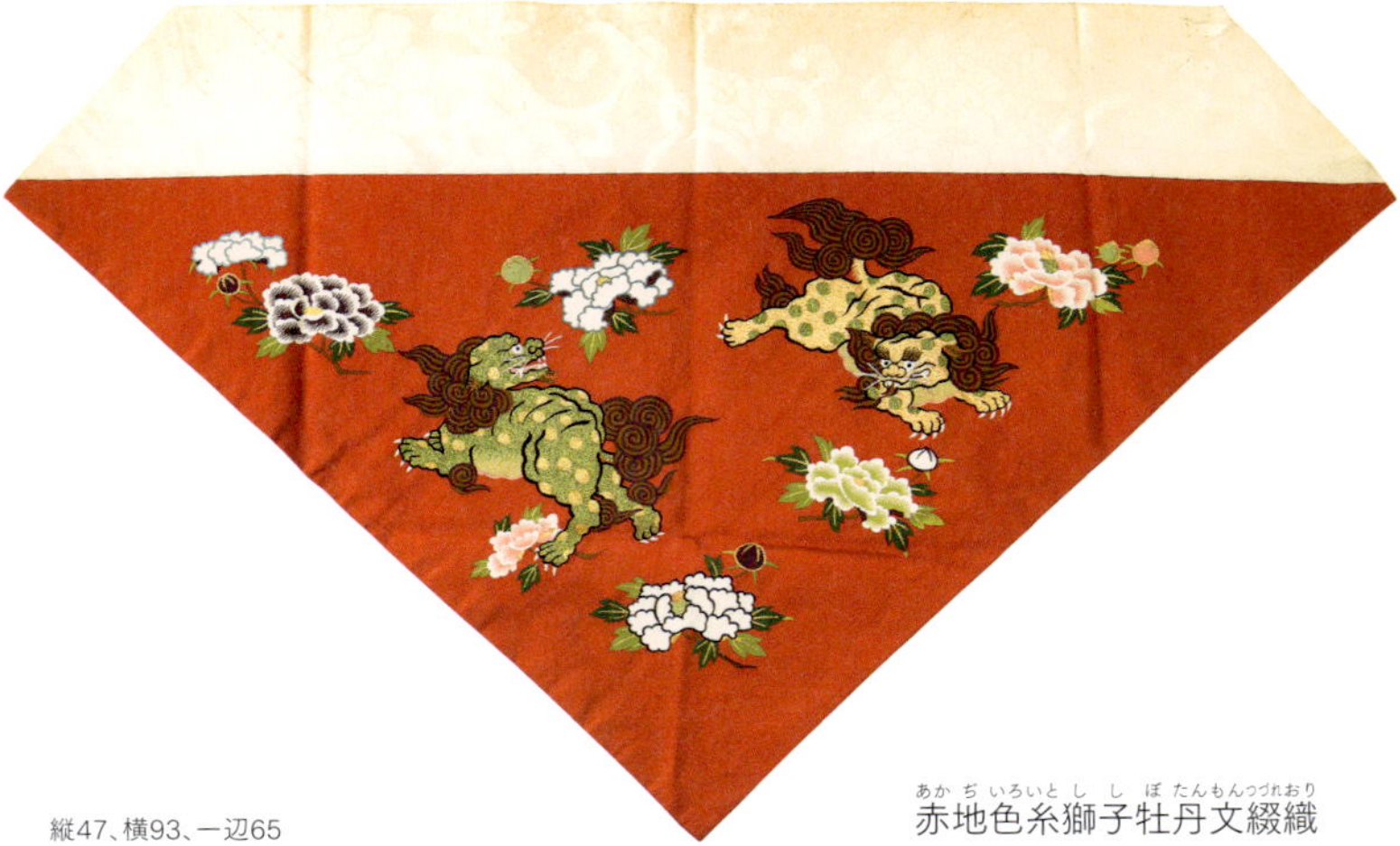

縦47、横93、一辺65

赤《あか》地《ち》色糸《いろいと》獅子《しし》牡丹《ぼたん》文《もん》綴織《つづれおり》

縦22、横42.5、一辺30（短辺2）

金《きん》地《ち》色糸《いろいと》獅子《しし》牡丹《ぼたん》文《もん》金襴《きんらん》

朱《しゅ》地《ぢ》色糸《いろいと》獅子《しし》牡丹《ぼたん》文《もん》錦《にしき》

縦65、横66　文政四年（1821）十月

（拡大）

浅葱《あさぎ》地《ぢ》色糸《いろいと》藤立涌《ふじたてわく》中《ちゅう》獅子《しし》牡丹《ぼたん》文《もん》金襴《きんらん》

縦75、横184

## 紺地《こんぢ》色糸《いろいと》獅子《しし》牡丹文《ぼたんもん》錦《にしき》

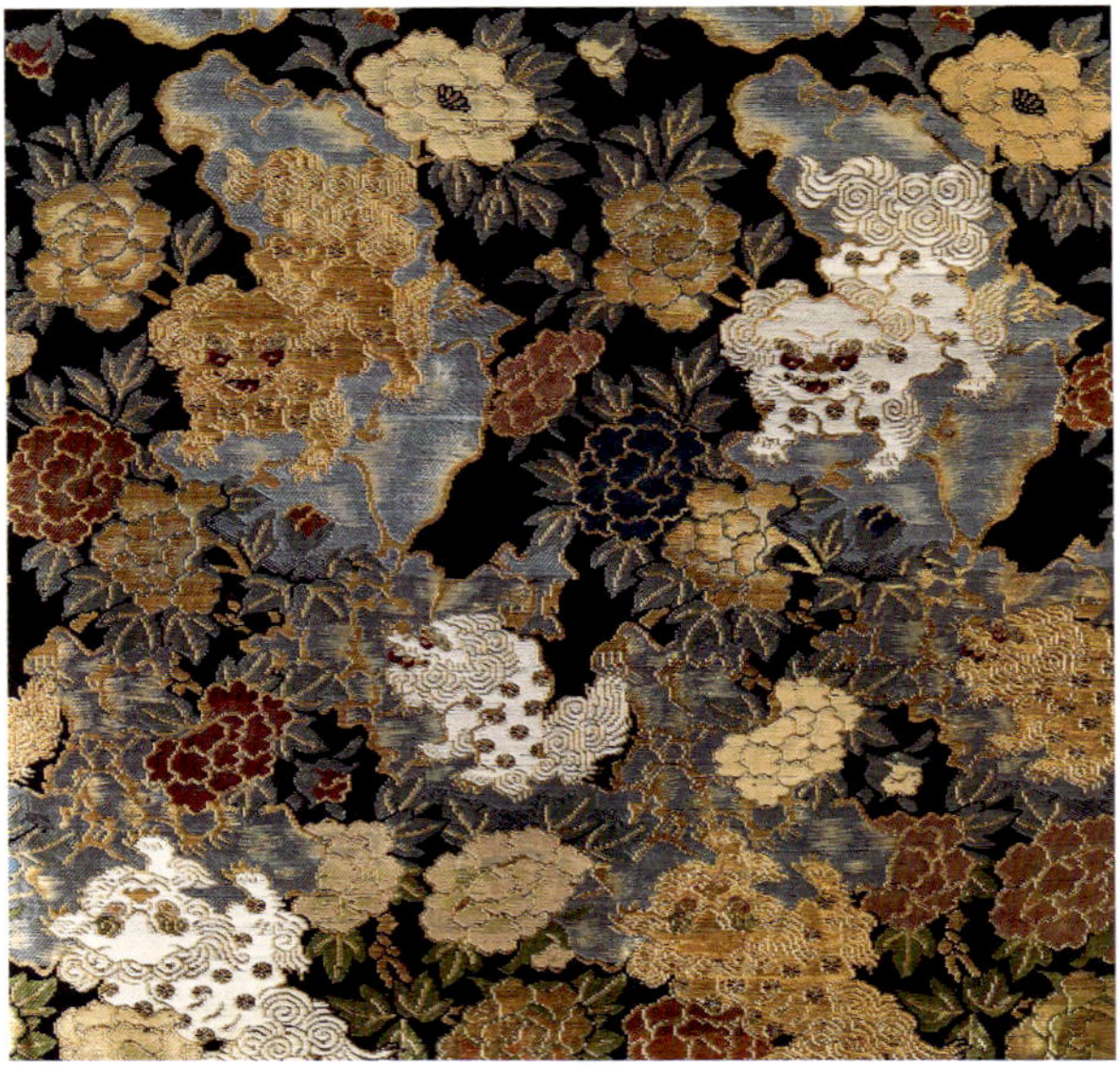

（拡大）

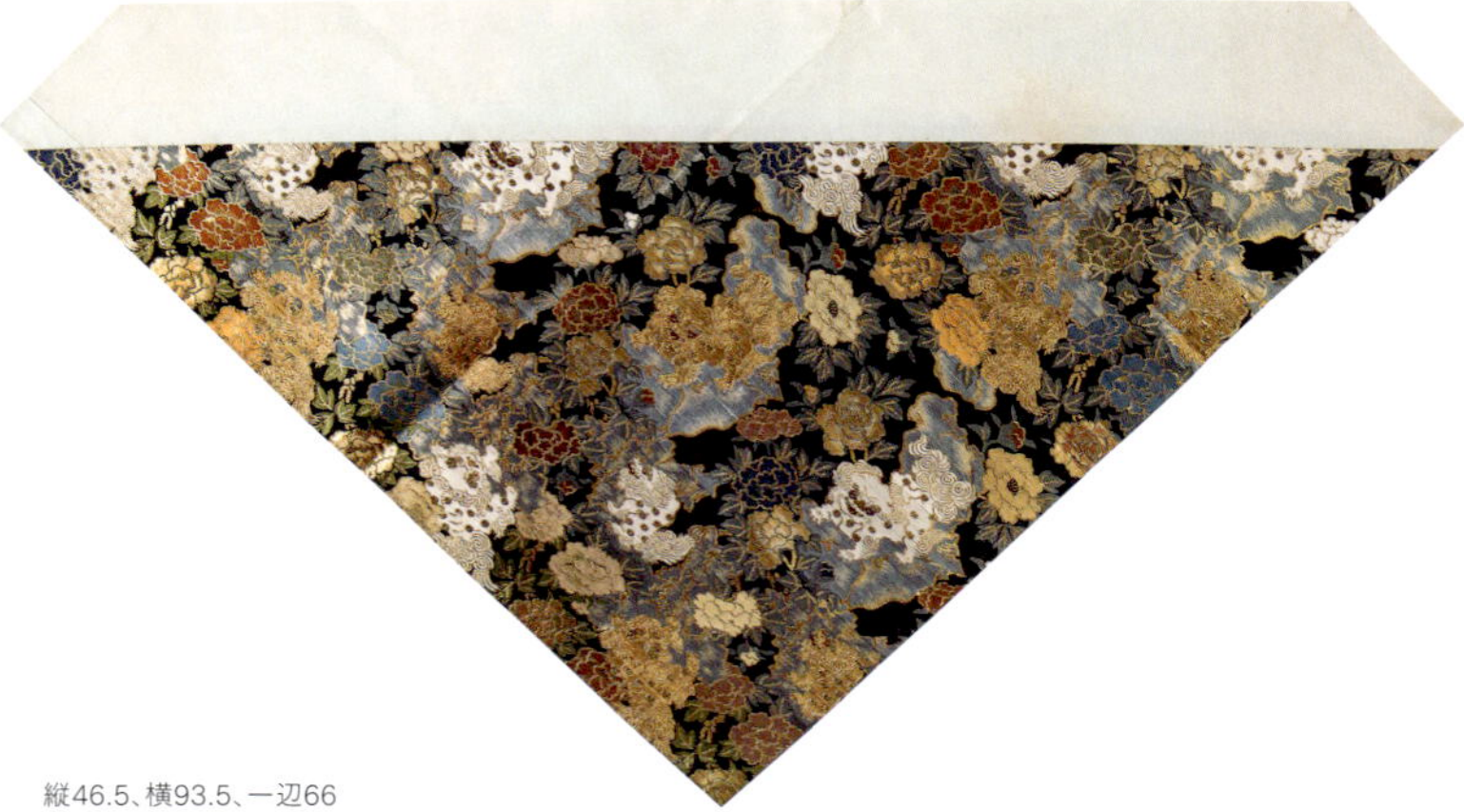

縦46.5、横93.5、一辺66

金《きん》地《ぢ》色《いろ》糸《いと》波《なみに》獅《し》子《し》牡《ぼ》丹《たん》文《もん》金《きん》襴《らん》／金《きん》地《ち》色《いろ》糸《いと》蓮《はす》文《もん》金《きん》襴《らん》

縦68、横67.5

朱《しゅ》地《ぢ》色《いろ》糸《いと》波《なみに》獅《し》子《し》牡《ぼ》丹《たん》文《もん》綴織《つづれおり》／朱《しゅ》地《ち》色《いろ》糸《いと》瑞《ずい》雲《うんに》蓮《はす》文《もん》綴織《つづれおり》

縦69.5、横68

黒《くろ》地《ぢ》色糸《いろいと》獅子《しし》牡丹《ぼたん》唐草《からくさ》文《もん》金襴《きんらん》

（拡大）

縦60（58）、横60（58）

紺《こん》地《ぢ》桐《きり》唐草《からくさに》獅《し》子《し》牡《ぼ》丹丸《たんのまる》文《もん》金襴《きんらん》

横68.5(65.5)

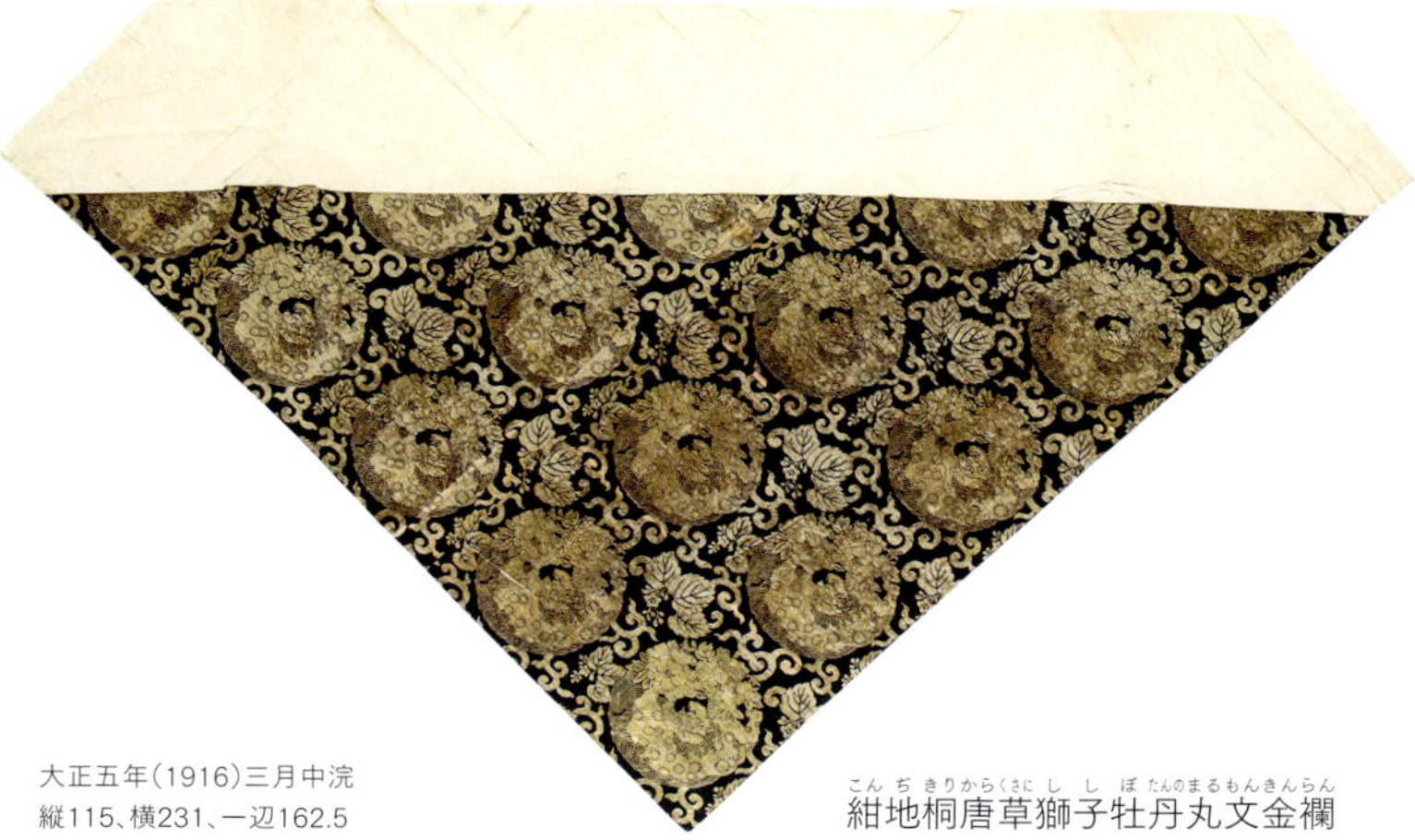

大正五年(1916)三月中浣
縦115、横231、一辺162.5

紺《こん》地《ち》桐《きり》唐草《からくさに》獅《し》子《し》牡《ぼ》丹丸《たんのまる》文《もん》金襴《きんらん》

## 萌葱《もえぎ》地《ぢ》色糸《いろいと》七宝《しっぽう》繋《つなぎ》中向《ちゅうむかい》獅子《しし》文《もん》金襴《きんらん》

（拡大）

縦115、横230（254）、一辺179（短辺32）

紺《こん》地《ぢ》色糸《いろいと》獅子《しし》牡丹《ぼたん》向鶴《むかいつる》菱《ひし》花菱《はなひし》文《もん》金襴《きんらん》

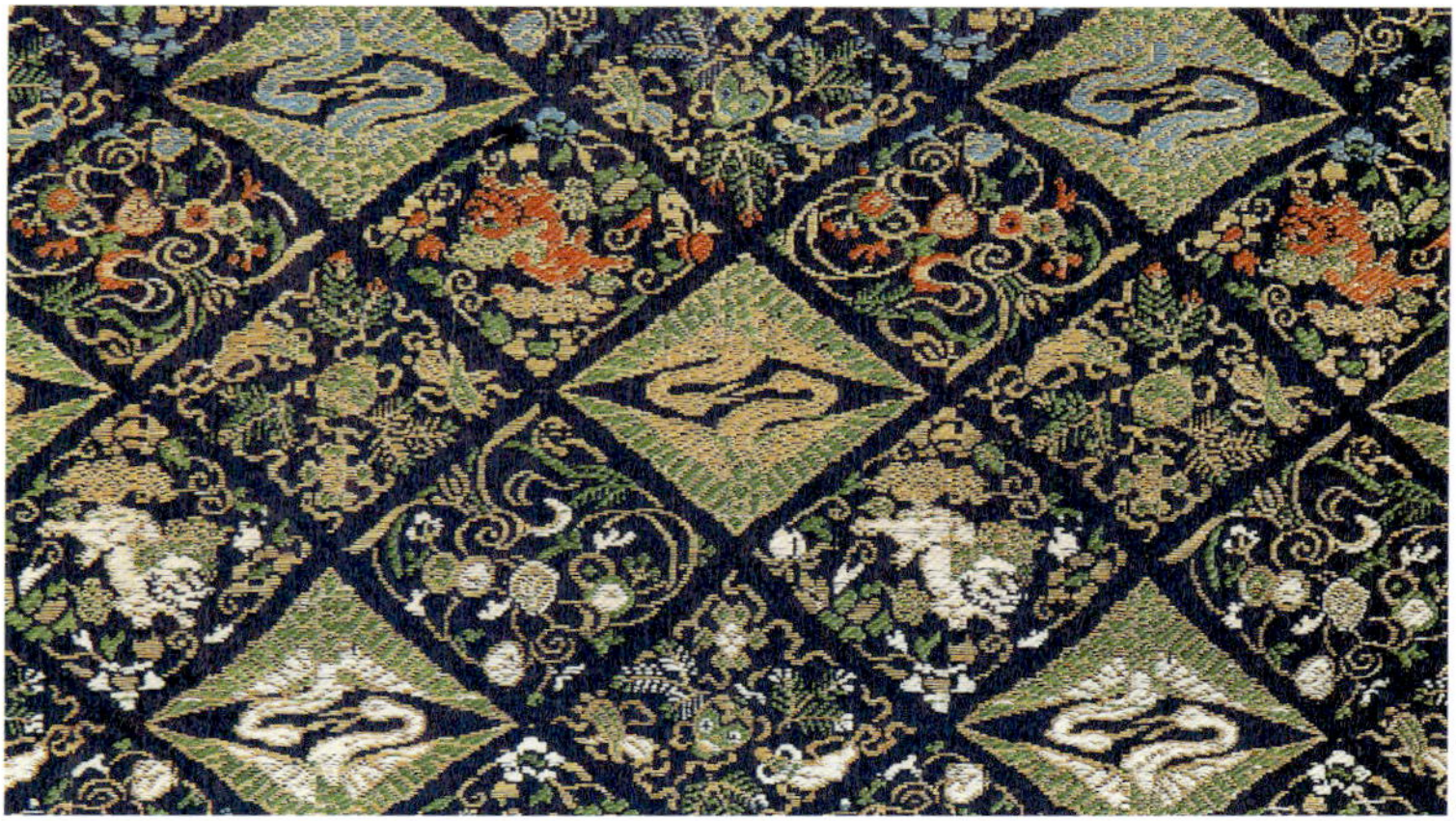

（拡大）

縦66.5(64.5)、横66.5(64.5)

# 鶴文《つるもん》

「無量寿《むりょうじゅ》」として長寿の象徴である「鶴」ですが、釈迦(紀元前四六三頃〜紀元前三八三頃など諸説)の入滅を悲しんで枯れ果てて白くなった沙羅双樹《さらそうじゅ》の木々が、白鶴が群れを成して留まっているかのように見えたことから「鶴林《かくりん》」といわれました。また、「掃《は》き溜《だ》めに鶴」といわれるように、現世の「穢土《えど》」の中で清らかに生きていく姿も象徴しています。

一方、打敷では単独で用いられる鶴の文様の地色は「赤」が多く、正月などのおめでたい時に用いられることが多いようです。もっとも「赤」を「紅白」の関連ではなく、異界《いかい》に通じる色とすると(後述)宗教的になります。

「瑞雲《ずいうん》」と組み合わされることも多い「雲《うん》鶴《かく》」は「有職《ゆうそく》」では高貴な文様とされました。また「鶴」は衣裳や調度などにも広く用いられ、松の枝などを咥《くわ》えた「松喰鶴《まつくいつる》」や「枝喰鶴」も好まれました。また、長寿を表す「鶴亀」の「亀」を「亀甲」で表して地文として「鶴」が組み合わされることもあります。

赤塩瀬《あかしおぜに》色糸《いろいと》鶴文《つるもん》刺繍《ししゅう》

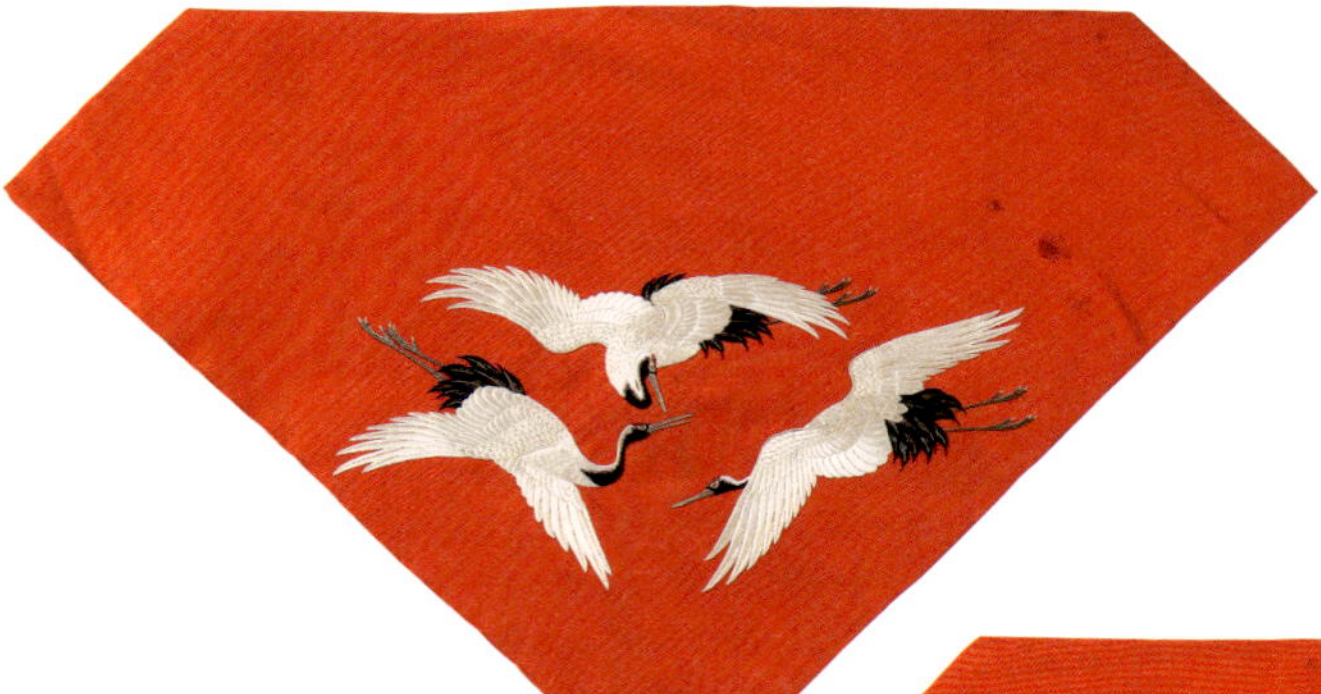

縦44、横50.5(69)、一辺49(短辺14)

縦24、横17(32)、一辺23(短辺11)

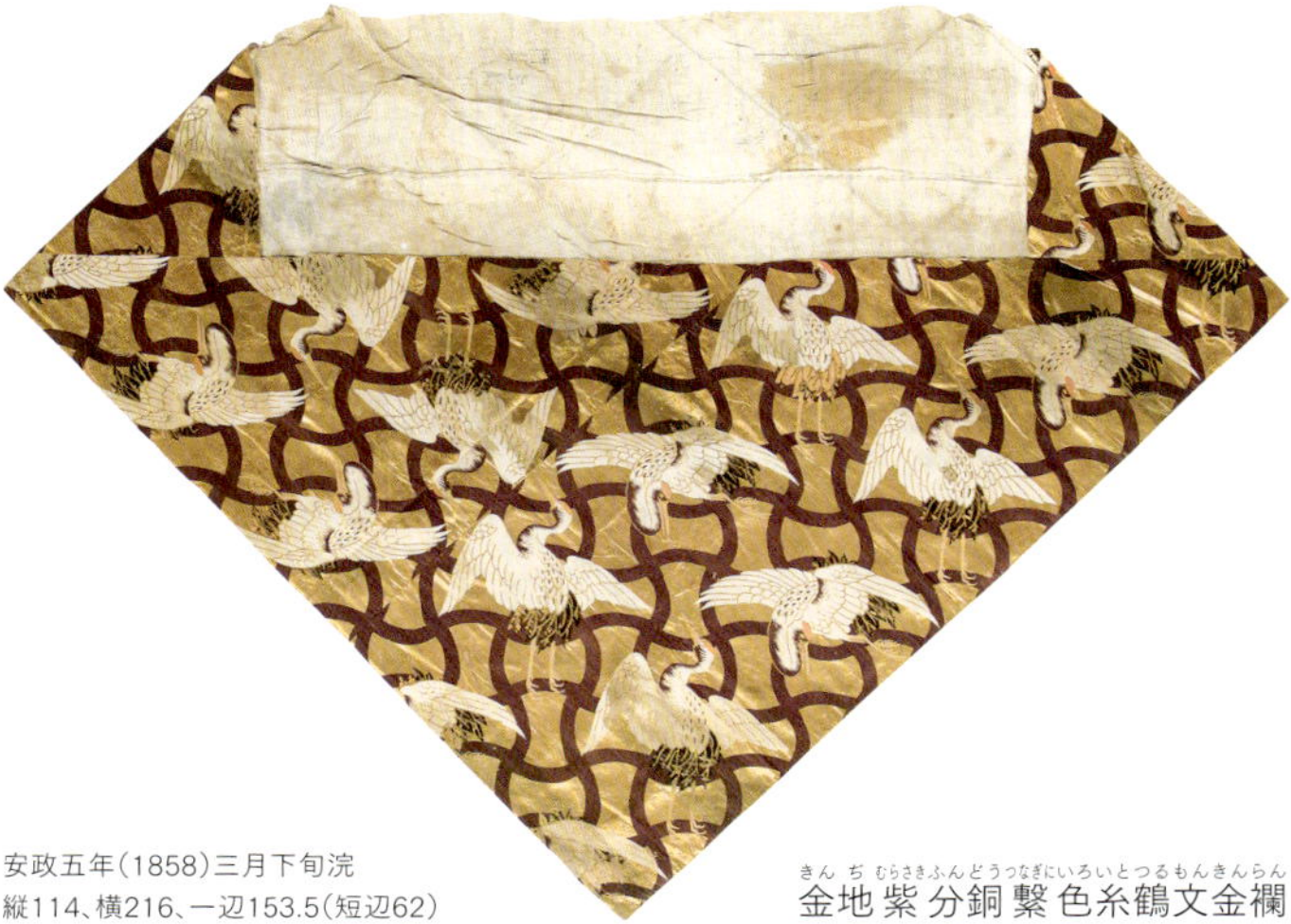

安政五年（1858）三月下旬浣
縦114、横216、一辺153.5（短辺62）

金《きん》地《ぢ》紫《むらさき》分銅《ふんどう》繋《つなぎに》色糸《いろいと》鶴《つる》文《もん》金襴《きんらん》

浅《うすき・あさき》香色《こういろ》地《ぢ》色糸《いろいと》雲《くもに》鶴《つる》文《もん》金襴《きんらん》

縦59、横66　明治二十三年（1890）四月二十六日

# 朱《しゅ》地《ち》色糸《いろいと》雲襷《くもたすき》中鶴《ちゅうつる》文《もん》金襴《きんらん》

（拡大）

縦67.5、横67.5

青《あお》(緑《みどり》)地《ち》雲鶴《くもにつる》文《もん》金襴《きんらん》

縦34.5、横34.5

(拡大)

浅葱《あさぎ》地《ち》色糸《いろいと》波鶴《なみにつる》文《もん》金襴《きんらん》

縦89、横287

# 鳥《とり》文《もん》

極楽には多くの「鳥」がいるとされています。「鳳凰《ほうおう》」の可能性があるものもありますが、それ以外で写実的なものを「鳥」に分類しました。

萌葱《もえぎ》繻子《しゅす》に色糸《いろいと》花鳥文《はなとりもん》刺繍《ししゅう》

縦106、横216.5、一辺151（短辺51）

鈍色《にびいろ》地《ち》色糸《いろいと》椿《つばき》に鳥文《とりもん》綴織《つづれおり》

縦40、横79.5、一辺57

縦57、横59(85.5)、一辺61.5(短辺20.5)

## 橙《だいだい》塩瀬《しおぜに》色糸《いろいと》枝鳥文《えだとりもん》刺《し》繍《しゅう》

## 黒麻《くろあさに》色糸《いろいと》松《まつ》網《あ》干《ぼしに》鵜《う》文《もん》描絵《かきえに》刺《し》繍《しゅう》

縦134、横122.5

# 植物文

## 蓮文《はすもん》

蓮は仏教を象徴します。蓮は泥の中から生まれますが、泥に染まることなく美しく清らかに咲くことから、仏法では智慧《ちえ》や慈悲《じひ》を表します。釈迦（紀元前四六三頃～紀元前三八三頃など諸説）が霊鷲山《りょうじゅせん》での説法時に蓮を掲げてその茎を捻ったのを摩訶迦葉《まかかしょう》（釈迦の十大弟子の一人で頭陀《ずだ》第一とされた。頭陀は衣食住などの煩悩を払い去って仏道を求めること）だけがその意味を理解して微笑んだ「拈華微笑《ねんげみしょう》」の故事もあり、禅宗では「以心伝心《いしんでんしん》」「不立文字《ふりゅうもんじ》」などに繋がっていきます。また、仲間と行動と運命を共にし、死後には極楽浄土《ごくらくじょうど》で同じ蓮の花の上に生まれ変わる「一蓮托生《いちれんたくしょう》」は浄土系の教えが基になっています。そして仏像の台座《だいざ》は蓮華をかたどった蓮華座が多いことなど、蓮と仏教は深く繋がっています。また、仏の来迎《らいごう》時に「散華《さんげ》」として花をまくことがあったそうですが、現在でも法要の場を清めるために行います。本来は生花でしたが、紙製の蓮華になり、正倉院にも紙製の蓮華が残っているようです。

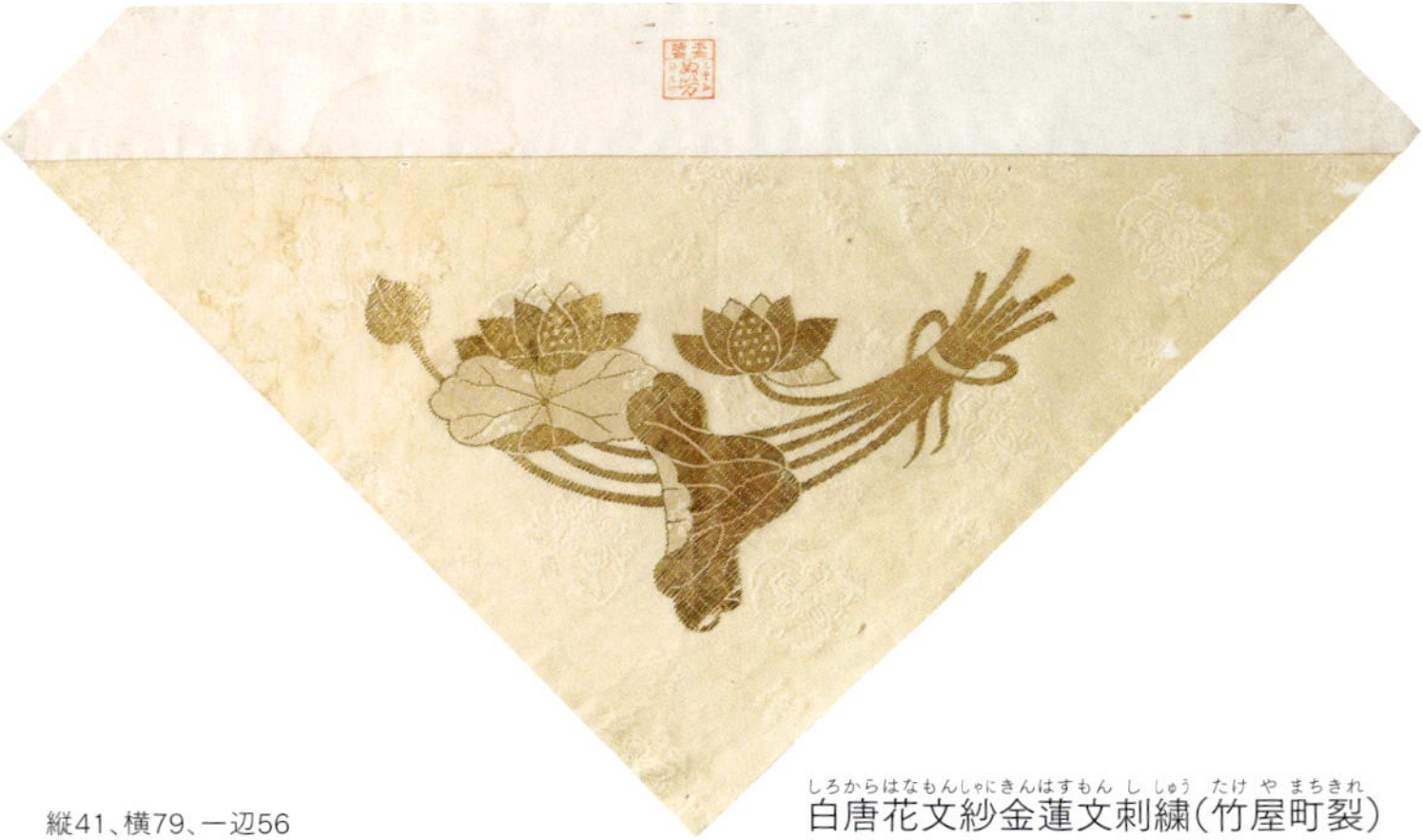

縦41、横79、一辺56

白唐花文紗金蓮文《しろからはなもんしゃにきんはすもん》刺《し》繡《しゅう》（竹《たけ》屋《や》町裂《まちきれ》）

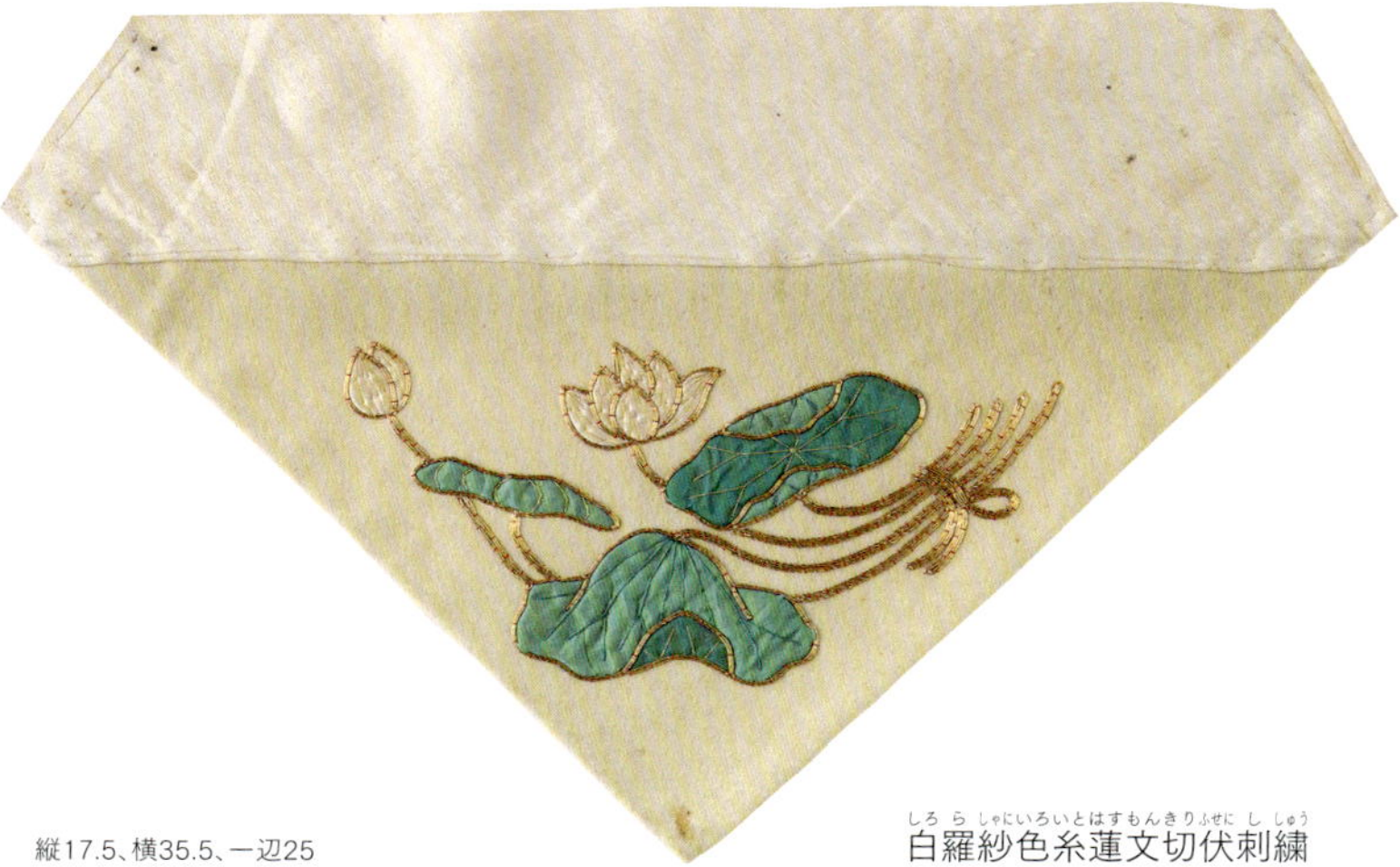

縦17.5、横35.5、一辺25

白《しろ》羅《ら》紗《しゃに》色《いろ》糸《いと》蓮《はす》文《もん》切《きり》伏《ふせに》刺《し》繍《しゅう》

縦41.5、横84、一辺59

白《しろ》絽《ろに》色《いろ》糸《いと》蓮《はす》文《もん》刺《し》繍《しゅう》

# 朱地檜垣色糸蓮丸文金襴《しゅちひがきにいろいとはすのまるもんきんらん》

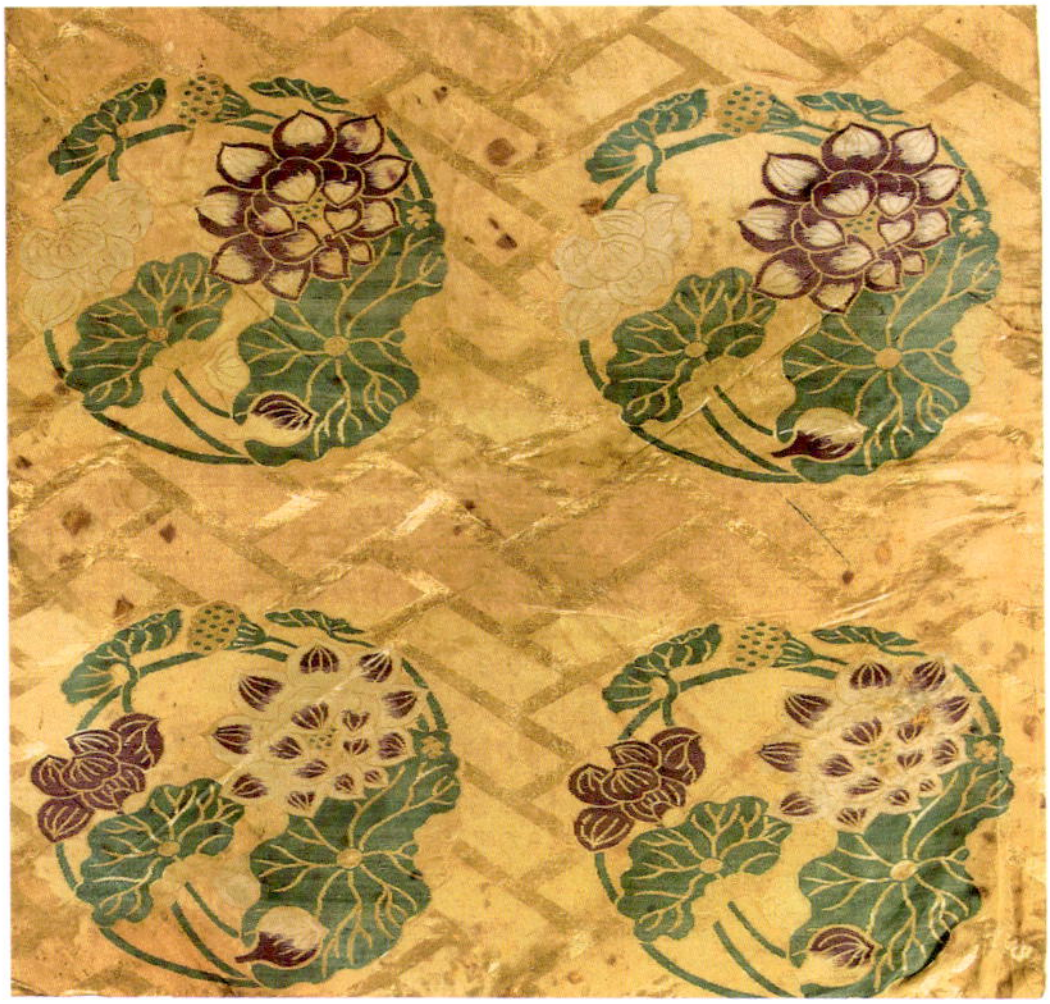

（拡大）

縦89.5、横177.5、一辺123

## 白地《しらぢ》蓮《はす》唐草《からくさ》文《もん》金襴《きんらん》

縦54.5、横106（121.5）、一辺76（短辺42.5）

## 紺地《こんぢ》蓮《はす》唐草《からくさ》文《もん》金襴《きんらん》

縦38.5、横73、一辺51.5

白《しら》地《ぢ》蓮《れん》華《げ》唐草《からくさ》文《もん》金襴《きんらん》

（拡大）

縦90.5、横186、一辺133（短辺43）

縦25、横18(33.5)、一辺24(短辺11)

赤《あか》地《ぢ》色糸《いろいと》蓮《はす》唐草《からくさ》文《もん》金襴《きんらん》

縦20.5、横42.5、一辺29

香色《こういろ》地《ぢ》雲《くもに》色糸《いろいと》蓮華《れんげ》文《もん》金襴《きんらん》

赤地《あかぢ》黄《き》白《しろ》蓮華《れんげ》唐草《からくさ》文《もん》金襴《きんらん》

（拡大）

縦69、横139、一辺99(短辺42.5)

浅葱《あさぎ》地《ち》雲《くもに》色糸《いろいと》蓮華《れんげ》文《もん》金襴《きんらん》

（拡大）

縦87.5、横269.5　明治四十三年（1910）四月

浅葱《あさぎ》地《ち》色糸《いろいと》蓮《はす》文《もん》金襴《きんらん》

縦89.5、横164.5

橙《だいだい》地《ち》白蓮《しろはす》文《もん》金襴《きんらん》

縦89.5、横130.5

郵便はがき

料金受取人払郵便

中京局
承　認

4398

差出有効期限
平成31年 9月
9日まで有効

604-8790

777

（受取人）

京都市中京区堀川通三条下ル
橋浦町217番地2

光村推古書院

愛読者係 行

| | |
|---|---|
| ご住所 | 都道府県 |
| | |
| ふりがな | |
| お名前 | 男・女　年齢　　才 |
| お電話（　　　）　　－ | |

◆ご職業
01:会社員　02:会社役員　03:公務員　04:自営業　05:自由業
06:教師　07:主婦　08:無職　09:その他（　　　）
10:学生（a·大学生　b·専門学校生　c·高校生　d·中学生　e·その他）

◆ご購読の新聞　◆ご購読の雑誌

推古洞のご案内

QRコードを携帯電話で読み込んで、表示されたメールアドレスに空メールを送信して下さい。会員登録いただくと当社の新刊情報などを配信します。

愛読者カード

# 佛教の文様

●本書をどこでお知りになりましたか（○をつけて下さい）。

01:新聞　02:雑誌　03:書店店頭　04:DM　05:友人･知人　06:その他（　　　　）

＜お買いあげ店名＞（　　　　市区町村　　　　）

●ご購入いただいた理由

01:打敷に興味がある　02:文様に興味がある　03:デザインの参考に

04:表紙に惹かれて　05:その他（　　　　）

●次の項目について点数を付けて下さい。

☆テーマ　1.悪い　2.少し悪い　3.普通　4.良い　5.とても良い

☆表　紙　1.悪い　2.少し悪い　3.普通　4.良い　5.とても良い

☆価　格　1.高い　2.少し高い　3.普通　4.少し安い　5.安い

☆内　容　1.悪い　2.少し悪い　3.普通　4.良い　5.とても良い

（内容で特に良かったものに○、悪かったものに×をつけて下さい。）

01:写真　02:文章　03:情報　04:レイアウト　05:その他（　　　　）

●本書についてのご感想・ご要望

■注文欄

本のご注文はこのハガキをご利用下さい。代引にて発送します。

※商品合計1,500円未満の場合、手数料･送料あわせて530円、
　商品合計1,500円以上の場合、手数料･送料あわせて230円を申し受けます。

| | | | |
|---|---|---|---|
| 有職の文様 | 著／池　修 | 本体 2,000円＋税 | 冊 |
| 古型絵図　麗 | 編／五代　田畑喜八 | 本体 2,000円＋税 | 冊 |
| 古型絵図　華 | 編／五代　田畑喜八 | 本体 2,000円＋税 | 冊 |
| よみがえる天平文様 | 著／藤野千代 | 本体 2,500円＋税 | 冊 |
| 御所の器 | 編／池　修 | 本体 3,800円＋税 | 冊 |
| | | | 冊 |

■当社出荷後、利用者の都合による返品および交換はできないものとします。ただし、商品が注文の内容と異なっている場合や、配送中の破損･汚損が発生した場合は、正当な商品に交換します。

## 金《きん》刺《し》繍《しゅう》地《ち》色糸《いろいと》蓮《はす》文《もん》刺《し》繍《しゅう》

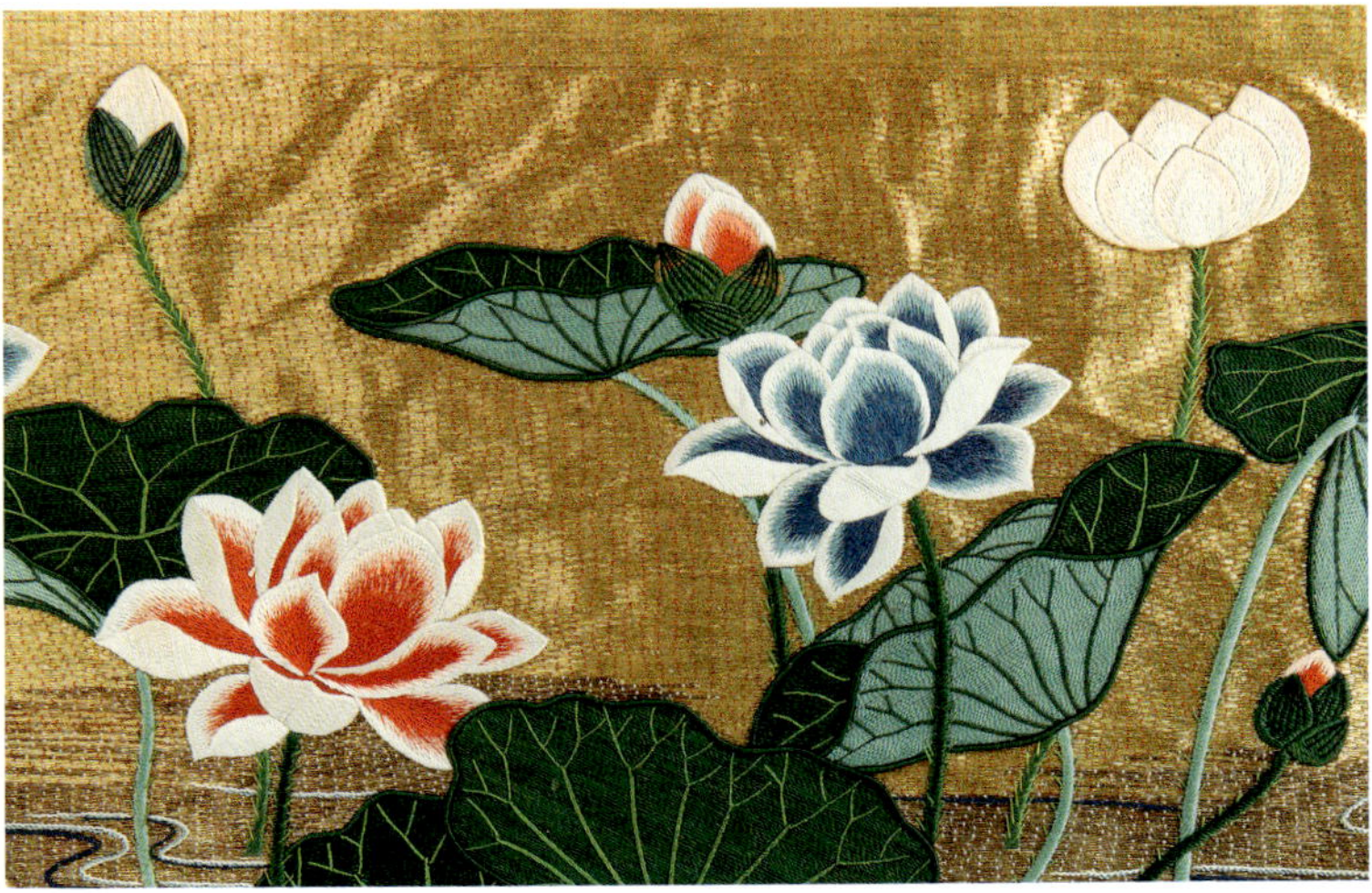

（拡大）

縦46、横93、一辺64（短辺21）

※この打敷の下絵はp.101にあります。

# 菊文《きくもん》

仏教とは直接関連ないと思われる「菊」ですが、皇室の「菊御紋《きくのごもん》」の影響もあり、打敷では好まれました。また、和歌に詠まれたり、「襲色《かさねのいろ》目《め》」にも複数の名目で採用されるなど、日本人には馴染《なじ》みの深い花です。「菊」は「有職《ゆうそく》の文様」（後述）と併用されることもあり、多用されました。

金地《きんぢ》色糸《いろいと》菊文《きくもん》金襴《きんらん》

（拡大）

縦64、横103.5　明治十六年（1883）

金《きん》地《ぢ》色《いろ》糸《いと》菊《きく》文《もん》金《きん》襴《らん》

（拡大）

明治三十八年（1905）
縦60.5、横118（144）、一辺112（短辺50）

# 赤地《あかぢ》雲《くもに》色糸《いろいと》蓮華《れんげ》菊文《きくもん》金襴《きんらん》

（拡大）

縦92、横184、一辺128.5

## 黒《くろ》地《ち》色糸《いろいと》宝尽《たからつくし》 に菊《きく》折枝《おりえ》文錦《もんにしき》

（拡大）

縦68、横65.5

明治三十一年(1898)三月二十九日
縦67、横132.5、一辺88(短辺15)

赤《あか》地《ち》色糸《いろいと》菊《きく》牡丹《ぼたん》文《もん》金襴《きんらん》

横70.5(67.5)

朱《しゅ》地《ち》色糸《いろいと》菊《きく》折枝《おりえ》牡丹《ぼたん》折枝《おりえ》文《もん》錦《にしき》

# 紺《こん》地《ち》色糸《いろいと》雲《くもに》菊《きく》牡丹《ぼたん》文《もん》金襴《きんらん》

（拡大）

縦86.5、横170、一辺123（短辺62）

紺地《こんぢ》色糸《いろいと》菊《きく》牡丹《ぼたん》唐草文《からくさもん》錦《にしき》

横70.5(66)

赤地《あかぢ》檜垣《ひがき》に色糸《いろいと》菊《きく》牡丹《ぼたん》の丸文《まるもん》金襴《きんらん》

縦60、横121.5(125)、一辺88.5(短辺34)

縹《はなだ》地《ぢ》色糸《いろいと》分銅《ふんどう》繋《つなぎに》菊文《きくもん》刺繍《ししゅう》

（拡大）

縦178、横149

## 金《きん》地《ぢ》色糸《いろいと》松皮菱《まつかわひし》中菊《ちゅうきく》蝶《ちょう》雲文《くももん》金襴《きんらん》

（拡大）

縦91、横175、一辺127

# 朱《しゅ》地《ぢ》色糸雲菊丸文《いろいとくもにきくのまるもん》金襴《きんらん》

（拡大）

縦115、横232、一辺165（短辺59）

## 赤《あか》地《ぢ》蜀江《しょっこうに》金《きん》白《しろ》菊《きく》文《もん》金襴《きんらん》

（拡大）

明治四十二年（1909）四月
縦91.5、横183、一辺130（短辺61.5）

## 赤地《あかぢ》破籠目《やれかごめに》色糸《いろいと》菊《きく》文《もん》金襴《きんらん》

（拡大）

明治四十二年（1909）四月
縦91.5、横184、一辺127.5（短辺62）

# 桐文《きりもん》

「鳳凰《ほうおう》」と複合されて用いられることが多く、単独の時には背景に「鳳凰」の存在を認識します。

赤塩瀬金桐文刺繍《あかしおぜにきんきりもんししゅう》

縦21、横41.5、一辺30

紺《こん》地入子《ぢいれ・いりこ》菱色糸《ひしにいろいと》桐文《きりもん》錦《にしき》

縦65(62.5)、横65(61.5)

白《しら》地《ぢ》桐唐草文金襴《きりからくさもんきんらん》

縦46.5、横92、一辺65.5

紺《こん》地《ぢ》桐唐草文金襴《きりからくさもんきんらん》

縦45.5、横93.5、一辺65.5

# 牡丹文《ぼたんもん》

「百花《ひゃっか》の長」とされる「牡丹」は「富貴花《ふうきか》」ともいわれ、権力者に好まれました。

また、「近衛《このえ》牡丹紋《ぼたん》」を用いる東本願寺では定紋に関連した「牡丹」の文様を好んだようです。

赤塩瀬色糸牡丹文《あかしおぜにいろいとぼたんもん》
刺繍《ししゅう》

縦17、横31、一辺22.5

赤塩瀬色糸牡丹折《あかしおぜにいろいとぼたんおり》
枝文刺繍《えもんししゅう》

縦14、横28.5、一辺19.5

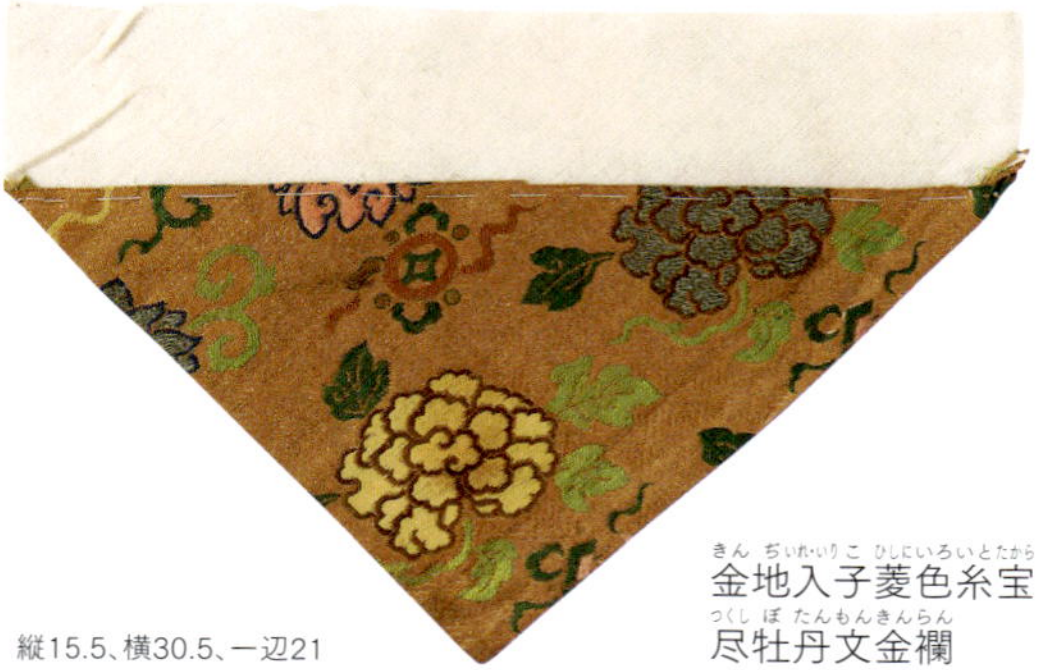

金地入子菱色糸宝《きんぢいれこひしにいろいとたから》
尽牡丹文金襴《つくしぼたんもんきんらん》

縦15.5、横30.5、一辺21

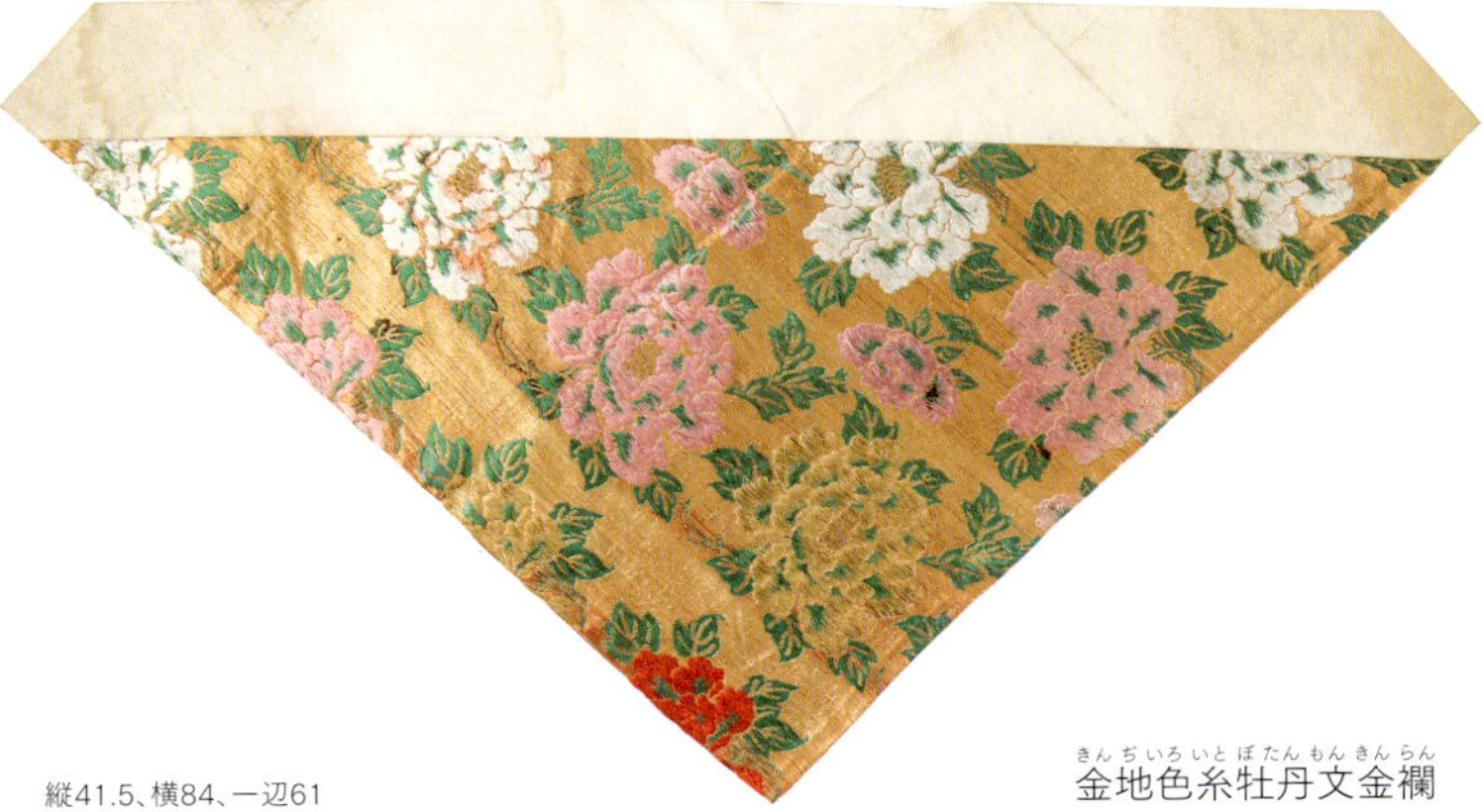

縦41.5、横84、一辺61

金地色糸牡丹文金襴《きんちいろいとぼたんもんきんらん》

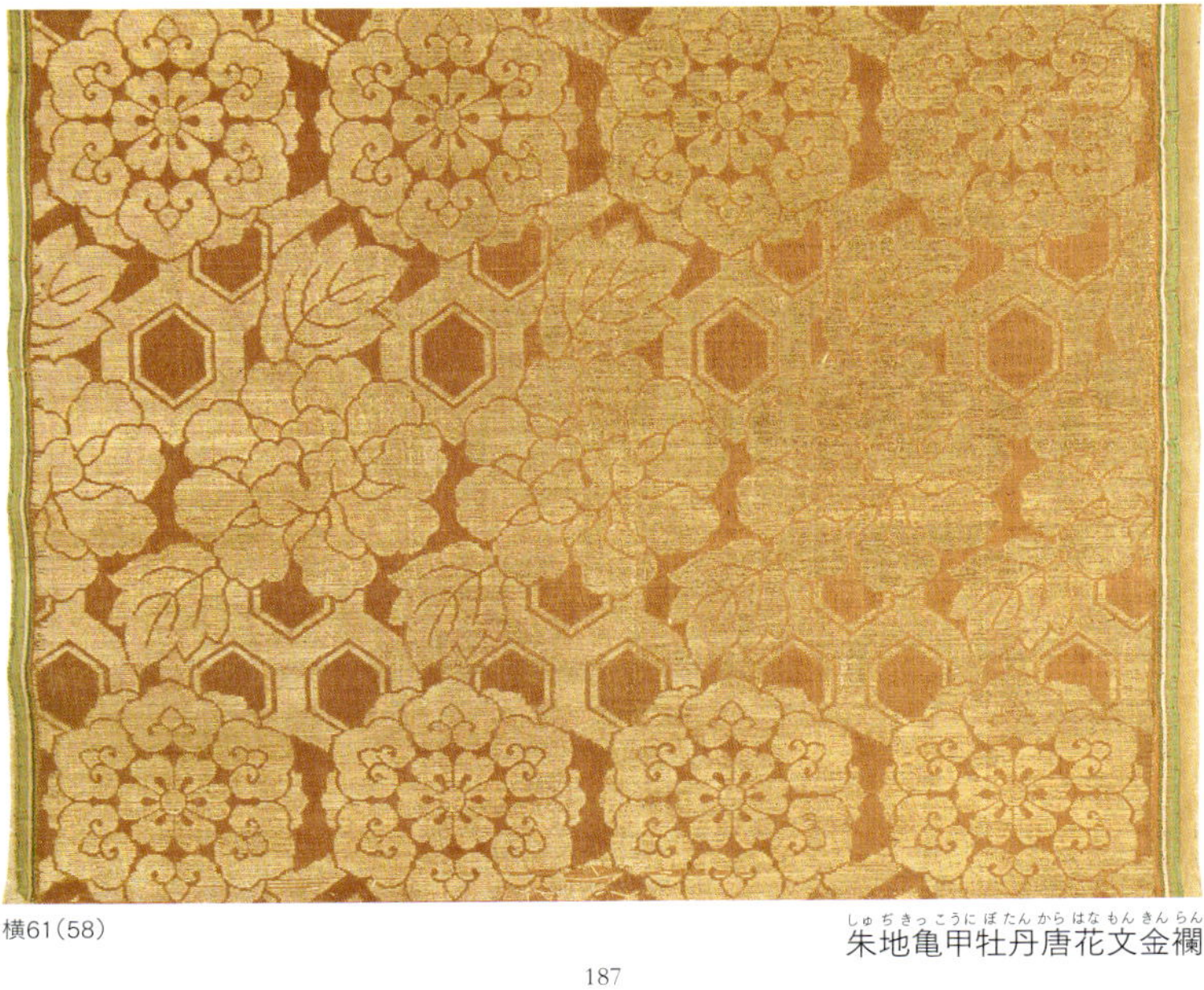

横61（58）

朱地亀甲牡丹唐花文金襴《しゅちきっこうにぼたんからはなもんきんらん》

赤《あか》地《ぢ》小《こ》葵色《あおいにいろ》糸《いと》牡《ぼ》丹《たん》折《おり》枝《え》文《もん》金《きん》襴《らん》

（拡大）

縦112、横228（253）、一辺178.5（短辺71.5）

赤《あか》地《ぢ》色《いろ》糸《いと》檜《ひ》垣《がきに》牡《ぼ》丹《たん》文《もん》金《きん》襴《らん》

（拡大）

縦90、横184、一辺127

青《あお》(緑《みどり》)地《ぢ》二重《ふたえ》蔓《つる》牡丹《ぼたん》唐草《からくさ》文《もん》金襴《きんらん》

縦66、横91.5

縦24、横47、一辺33

白《しら》地《ち》二重《ふたえ》蔓《つる》牡丹《ぼたん》唐草《からくさ》文《もん》金襴《きんらん》

赤《あか》地《ぢ》二重《ふたえ》蔓《つる》牡丹《ぼたん》唐草《からくさ》文《もん》金襴《きんらん》

（拡大）

縦115、横132.5　明治四十五年（1912）四月

# 白《しら》地《ぢ》入子《いれ・いりこ》菱《ひし》二重《にふたえ》蔓《つる》牡丹《ぼたん》唐草《からくさ》文《もん》金襴《きんらん》

（拡大）

縦70（68）、横70（66）

## 紺《こん》地《ぢ》入子《いれ・いりこ》菱《ひし》二重《ふたえ》蔓《つる》牡丹《ぼたん》唐草《からくさ》文《もん》金襴《きんらん》

（拡大）

縦77.5（75.5）、横70（67.5）

青《あお》(緑《みどり》)地《ぢ》一重《ひとえ》蔓《つる》牡丹《ぼたん》唐草《からくさ》文《もん》金襴《きんらん》

横62(58.5)

朱《しゅ》地《ぢ》一重《ひとえ》蔓《つる》牡丹《ぼたん》唐草《からくさ》文《もん》金襴《きんらん》

横59(56.5)

青《あお》(緑《みどり》)地《ち》一重《ひとえ》蔓《つる》牡丹《ぼたん》唐草《からくさ》文《もん》金襴《きんらん》

縦133、横212

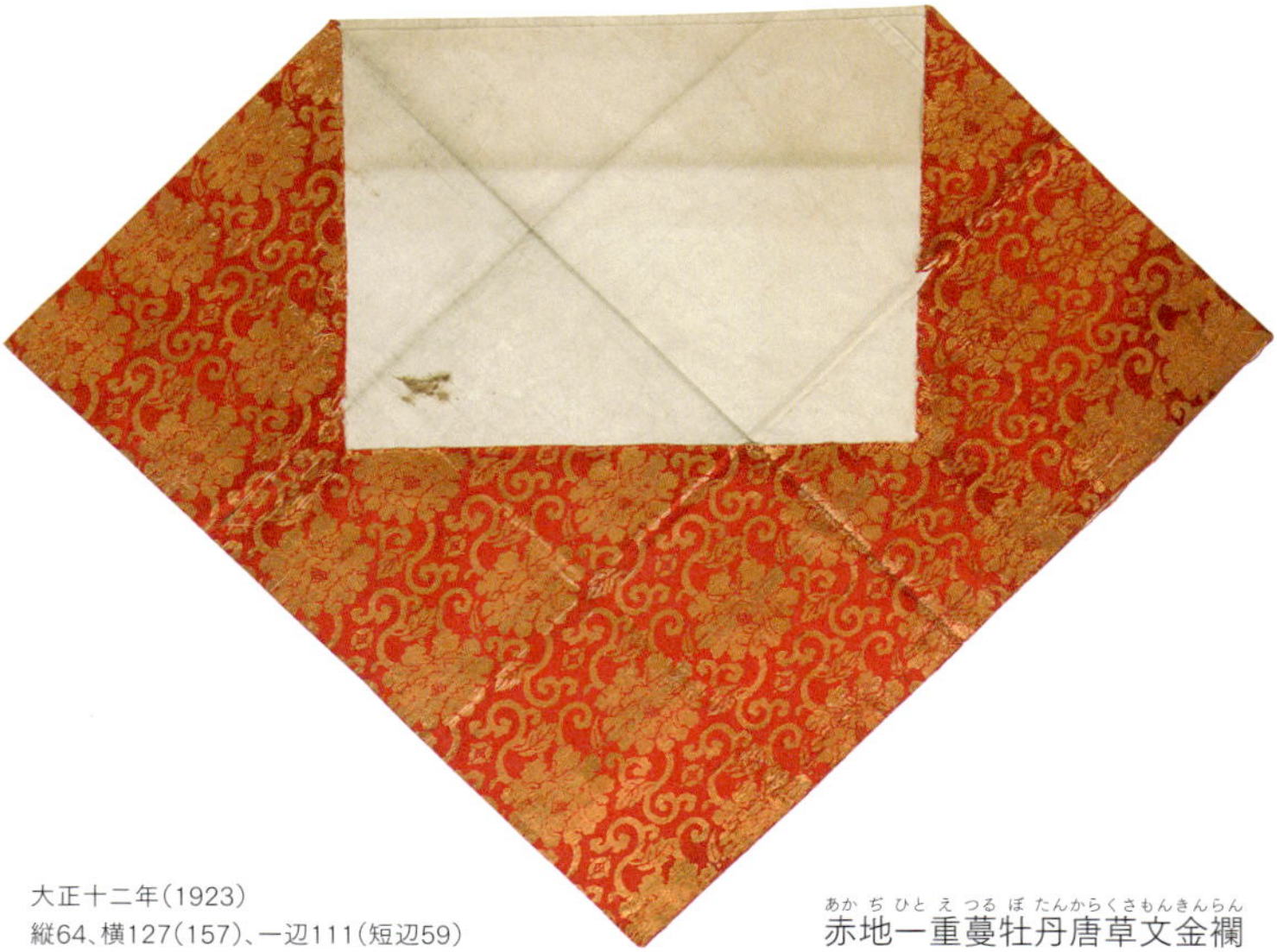

大正十二年(1923)
縦64、横127(157)、一辺111(短辺59)

赤《あか》地《ち》一《ひと》重《え》蔓《つる》牡《ぼ》丹《たん》唐《から》草《くさ》文《もん》金《きん》襴《らん》

横60.5(57.5)

朱《しゅ》地《ち》一《ひと》重《え》蔓《つる》牡《ぼ》丹《たん》唐《から》草《くさ》文《もん》金《きん》襴《らん》

黒《くろ》地《ぢ》一重《ひとえ》蔓《つる》牡丹《ぼたん》唐草《からくさ》文《もん》金襴《きんらん》

（拡大）

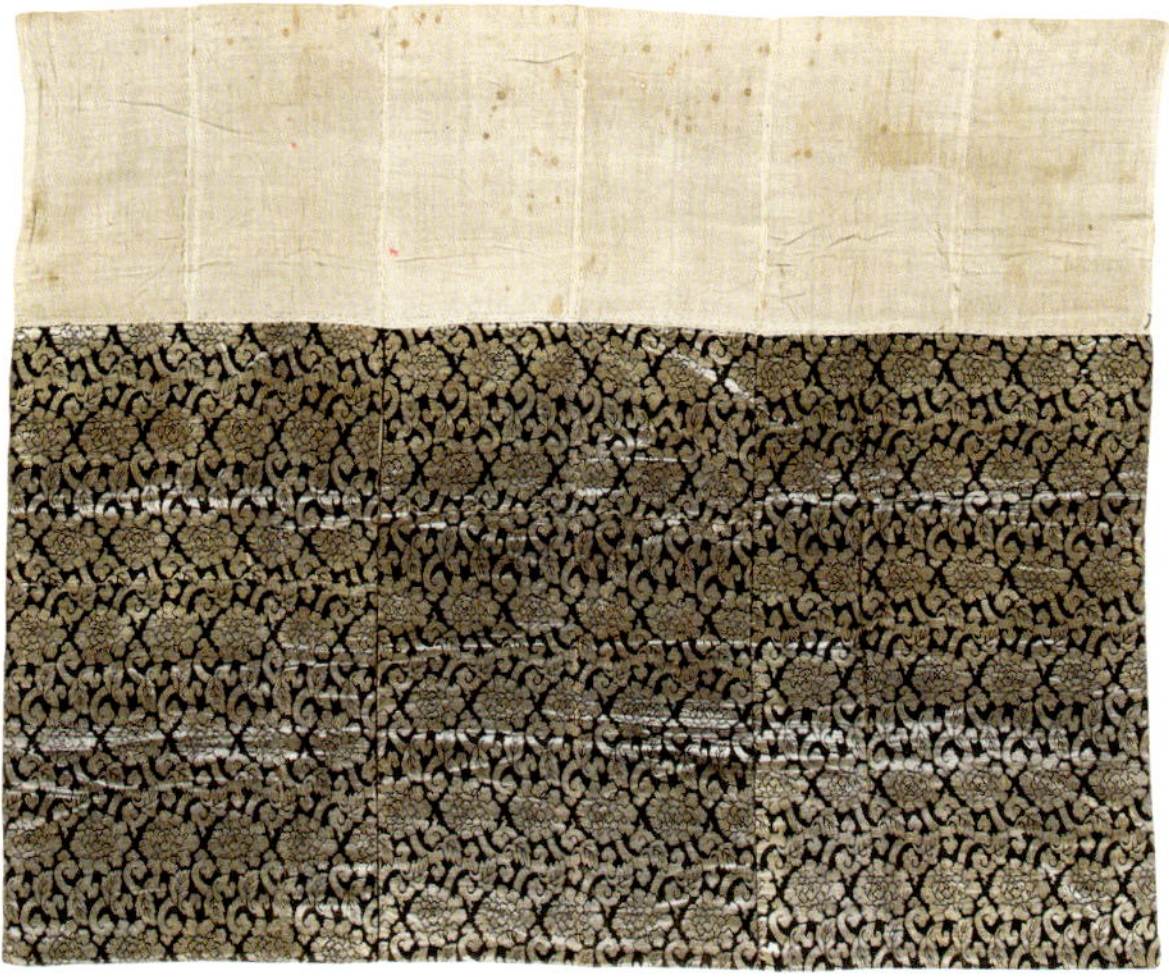

縦94、横167　文化七年（1810）三月吉日

（拡大）

「鏡《かがみ》仕《し》立《たて》」になっています。

外：縦134、横130
内：縦67.5、横67.5

外：紺《こん》地《ち》赤《あか》二《ふた》重《え》蔓《つる》牡丹《ぼたん》唐草《からくさ》文《もん》緞子《どんす》
内：黄《き》一《ひと》重《え》蔓《つる》牡丹《ぼたん》唐草《からくさ》文《もん》緞子《どんす》

# 浅《うすき・あさき》香《こう》色《いろ》地《ぢ》二重《ふたえ》蔓《つる》牡丹《ぼたん》唐草《からくさ》文《もん》金襴《きんらん》

（拡大）

縦71（69）、横70（67.5）

## 金地《きんち》色糸《いろいと》牡丹《ぼたん》唐草《からくさ》文《もん》金襴《きんらん》

（拡大）

縦66.5、横67

朱地《しゅぢ》色糸《いろいと》牡丹《ぼたん》唐草《からくさ》文《もん》金襴《きんらん》

（拡大）

縦41、横83.5、一辺59

## 朱《しゅ》地《ち》色糸《いろいと》牡丹《ぼたん》唐草《からくさ》文《もん》金襴《きんらん》

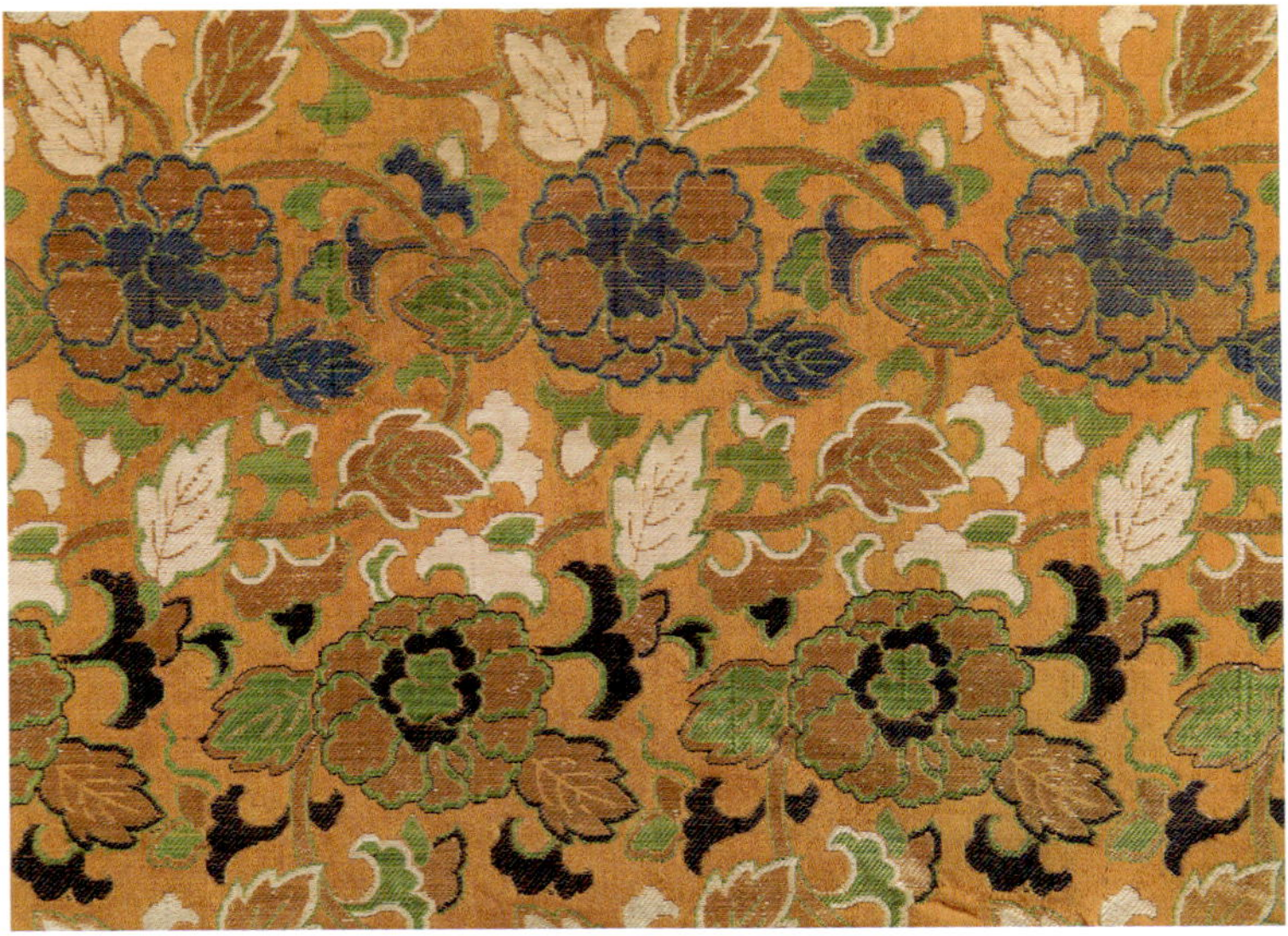

（拡大）

文政十年（1827）二月
縦44、横90、一辺62.5

## 赤《あか》地《ぢ》籬《まがき》色糸《いろいと》牡丹《ぼたん》文《もん》金襴《きんらん》

明治三十三年（1900）三月
縦68、横122（128）、一辺90（短辺49）

## 朱《しゅ》地《ぢ》籬《まがき》色糸《いろいと》牡丹《ぼたん》文《もん》金襴《きんらん》

明治十年（1877）五月
縦72、横145、一辺97（短辺45）

## 赤《あか》地《ぢ》色糸《いろいと》菊《きくに》牡丹《ぼたん》文《もん》金襴《きんらん》

大正二年(1913)四月二十日
縦91、横186、一辺131.5(短辺62)

## 赤《あか》地《ぢ》雲《くもに》金《きん》白《しろ》牡丹《ぼたん》文《もん》金襴《きんらん》

大正十一年(1922)四月六日
縦115、横233、一辺166(短辺59)

赤地《あかぢ》七宝繋《しっぽうつなぎ》金白《きんしろ》三向《みつむかい》牡丹《ぼたん》文《もん》金襴《きんらん》

縦163.5、横130.5

金地《きんぢ》色糸《いろいと》牡丹《ぼたん》文《もん》金襴《きんらん》

安政三年(1856)二月
縦93.5、横188、一辺135(短辺63)

# 白麻《しろあさに》色糸《いろいと》波《なみに》牡丹《ぼたん》文《もん》描絵《かきえに》刺繍《ししゅう》

（拡大）

裏地

（拡大）

縦80、横161

## 白縮緬《しろちりめんに》色糸《いろいと》籬《まがきに》牡丹文《ぼたんもん》刺繍《ししゅう》

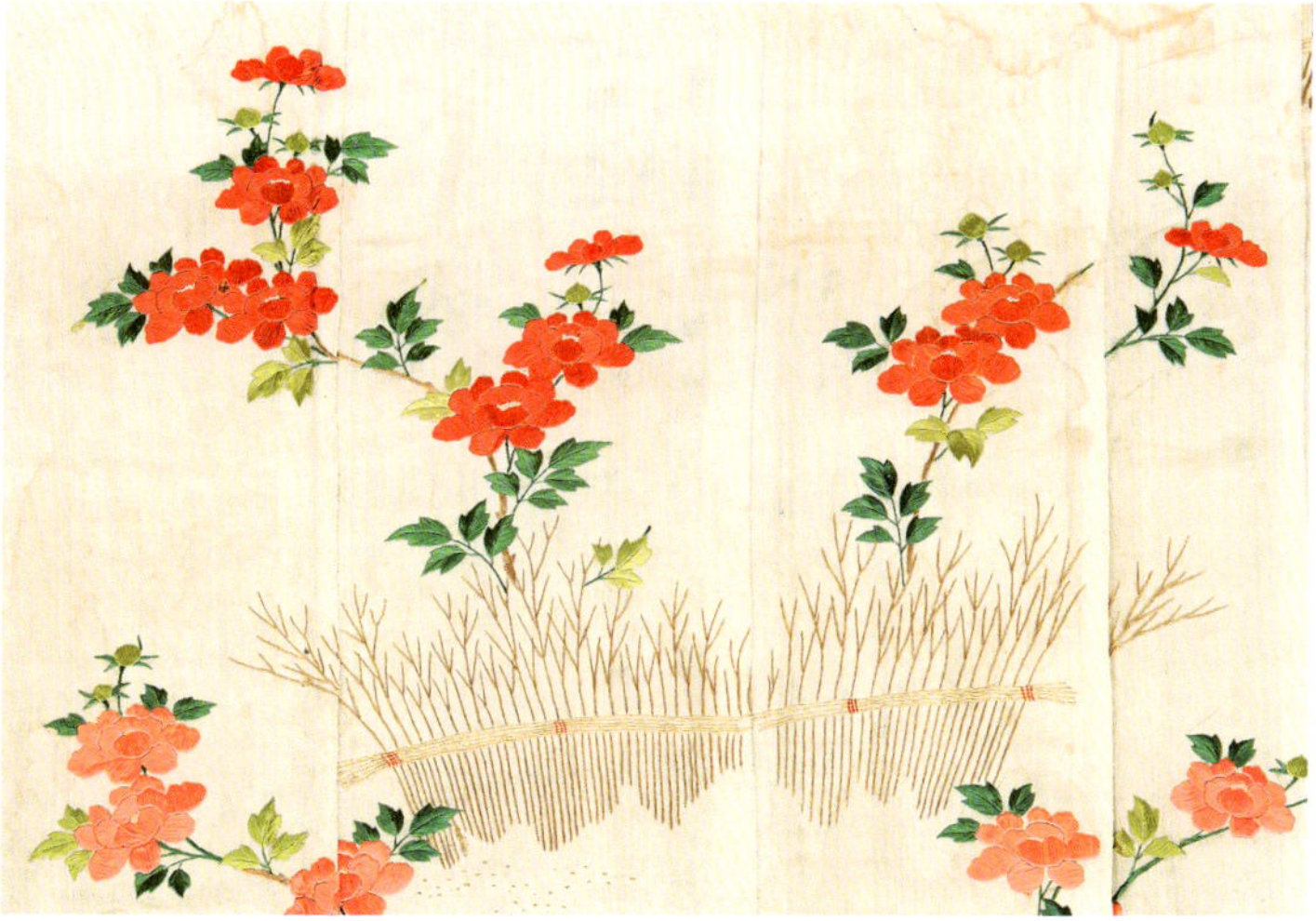

（拡大）

縦84.5、横171

# 撫子文《なでしこもん》

『万葉集』を始め、和歌にも詠まれ、「襲色目《かさねのいろめ》」として装束《しょうぞく》にも用いられた「撫子」は公家の好みでした。

その後、江戸時代には一般にも盛んに鑑賞され、打敷の文様にも取り入れられました。

（拡大）

金地《きんち》色糸《いろいと》撫子《なでしこ》襷文《たすきもん》金襴《きんらん》

縦46、横89.5、一辺64

縦31.5、横62.5、一辺45.5

金《きん》地《ち》色糸《いろいと》撫子《なでしこ》襷《たすき》文《もん》金襴《きんらん》

縦43、横86.5、一辺61

金《きん》地《ち》色糸《いろいと》撫子《なでしこ》襷《たすき》文《もん》金襴《きんらん》

縦67.5、横139、一辺95.5

金《きん》地《ち》色糸《いろいと》撫子《なでしこ》襷《たすき》文《もん》金襴《きんらん》

明治十二年(1879)三月
縦42、横87.5、一辺60.5

金《きん》地《ち》色糸《いろいと》撫子《なでしこ》襷《たすき》文《もん》金襴《きんらん》

縦24.5、横50、一辺34

紫《むらさき》地《ち》色糸《いろいと》撫《なでし》子《こ》襷《たすき》文《もん》金襴《きんらん》

大正三年(1914)四月五日
縦117、横236(302)、一辺212.5(短辺46)

紺《こん》地《ち》籠目《かごめ》色糸《いろいと》撫《なでし》子《こ》文《もん》金襴《きんらん》

# 紫陽花文《あじさいもん》

日本が原種とされる「紫陽花」は和歌にも詠まれ『万葉集』にも掲載されていますが、「仏教の文様」に採用されることは稀でした。

縦66.5、横66

金地《きんぢ》白籠目《しろかごめ》色糸《いろいと》紫陽花文《あじさいもん》金襴《きんらん》／
金地《きんぢ》色糸《いろいと》花文《はなもん》金襴《きんらん》

# 菖蒲文《あやめもん》

「襲色目《かさねのいろめ》」にもある「菖蒲」は古来、日本人に好まれましたが、仏教で用いられることは多くはありませんでした。

白《しろ》羽二重《はぶたえ》色糸《いろいと》菖蒲鳥文《あやめにとりもん》刺繍《ししゅう》

縦45、横35

白紗《しろしゃ》色糸《いろいと》菖蒲蓮文《あやめにはすもん》刺繍《ししゅう》

縦47、横91.5、一辺66

# 葵文《あおいもん》

賀茂社《かもしゃ》との縁が深い「葵」ですが、徳川家の「三葉《みつば》葵《あおい》紋」との関連もうかがわせます。

萌葱《もえ》地《ぎぢ》檜垣《ひがき》二葉《ふたば》葵文《あおいもん》金襴《きんらん》

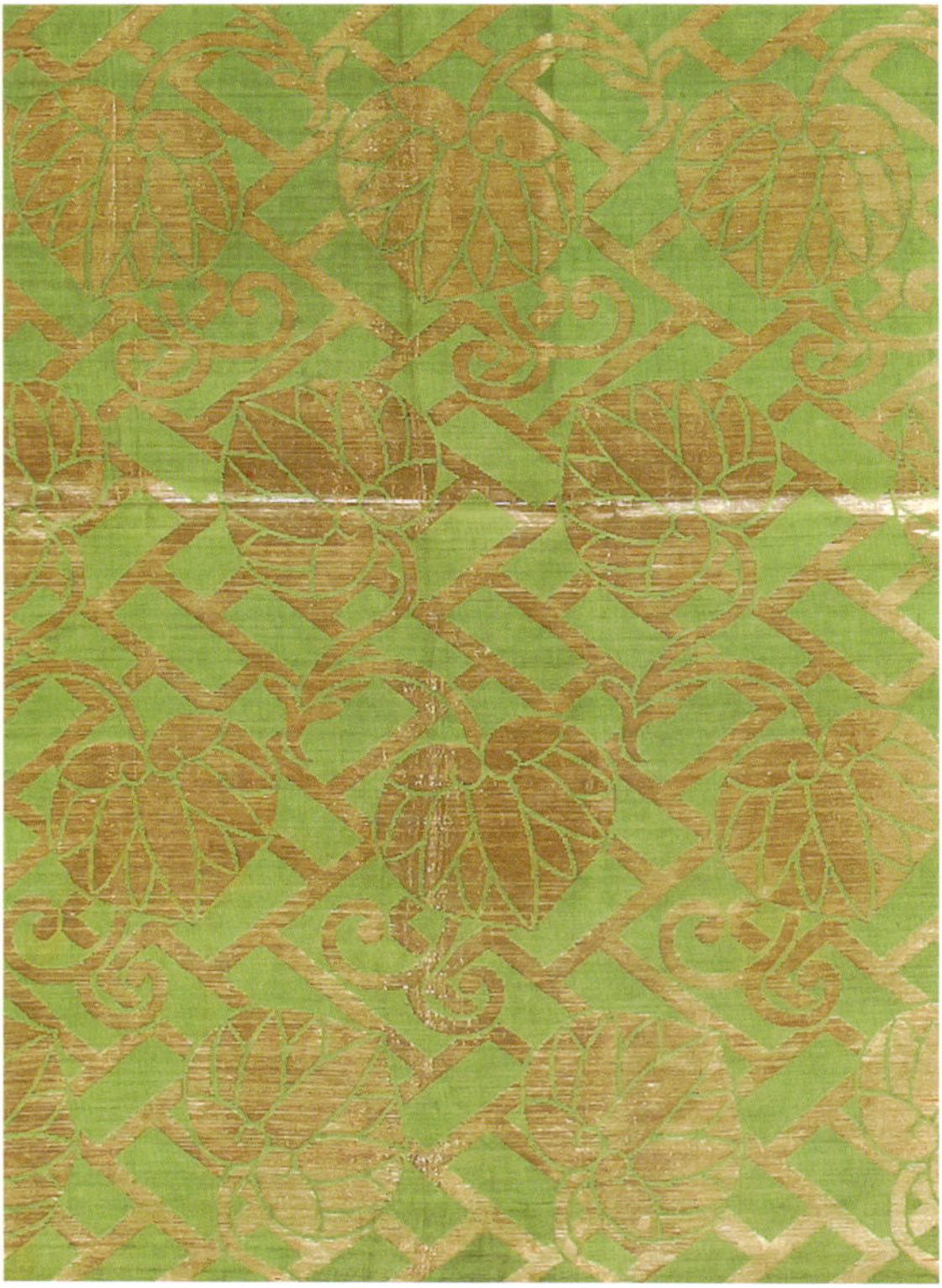

（拡大）

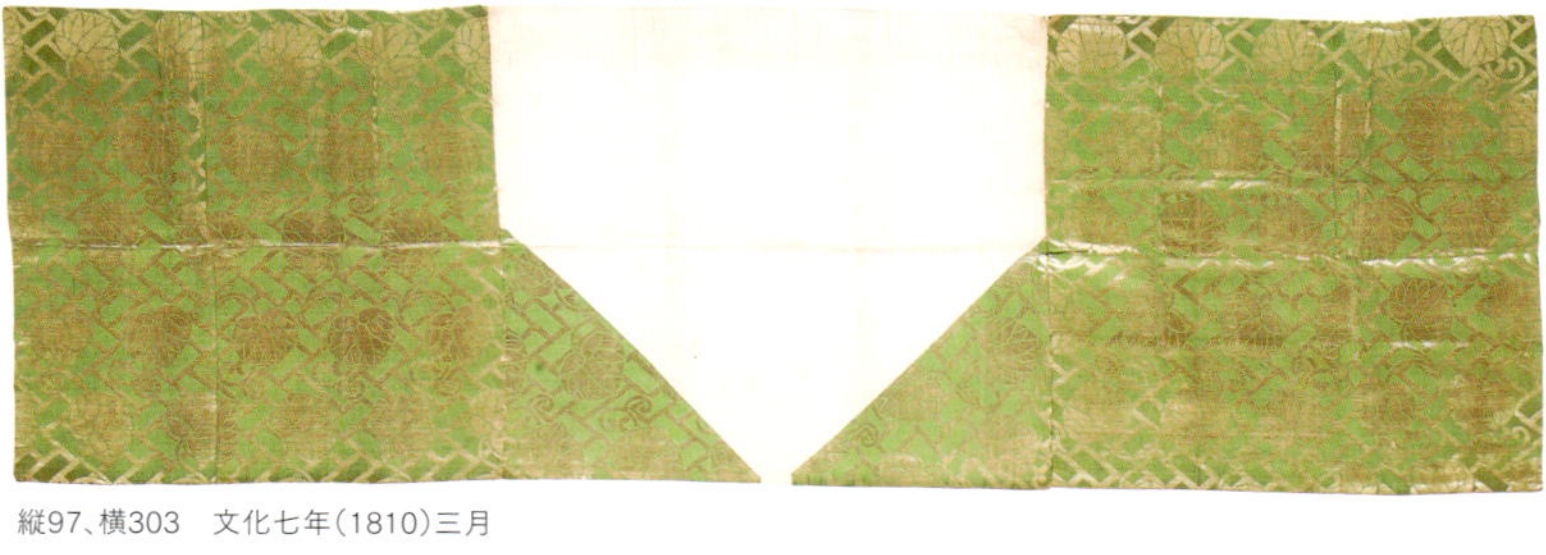

縦97、横303　文化七年（1810）三月

朱《しゅ》地《ち》色糸《いろいと》葵《あおい》唐草《からくさ》文《もん》錦《にしき》

縦58.5、横59

縦65、横127、一辺90.5

朱《しゅ》地《ち》色糸《いろいと》葵《あおい》唐草《からくさ》文《もん》錦《にしき》

# 花文《はなもん》

種類を特定できませんが自然の草花の風情があるものと、複数の草花で構成された文様をまとめました。

縦66.5、横65.5　明治十八年(1885)五月

赤地《あかぢ》色糸《いろいと》花蔓文《はなつるもん》金襴《きんらん》

浅《うすき・あさき》香色《こういろ》地《ぢ》色糸《いろいと》花蔓文《はなつるもん》錦《にしき》

横69(67)

萌葱《もえぎ》地《ち》色糸《いろいと》菊丸《きくのまる》牡丹丸《ぼたんのまる》花丸《はなのまる》文錦《もんにしき》

縦68、横67

藍《あい》地《ち》色糸《いろいと》花丸《はなのまる》文錦《もんにしき》

横70.5（67.5）

金《きん》地《ち》紫《むらさき》檜垣《ひがきに》色糸《いろいと》花丸文《はなのまるもん》金襴《きんらん》

（拡大）

大正五年（1916）九月
縦44.5、横90.5、一辺63.5

赤地破籠目色糸花丸文金襴《あかぢやれかごめにいろいとはなのまるもんきんらん》

（拡大）

縦70、横113

浅《うすき・あさき》　香色《こういろ》地《ち》色糸《いろいと》分銅《ふんどう》繋《つなぎ》花丸文《はなのまるもん》錦《にしき》

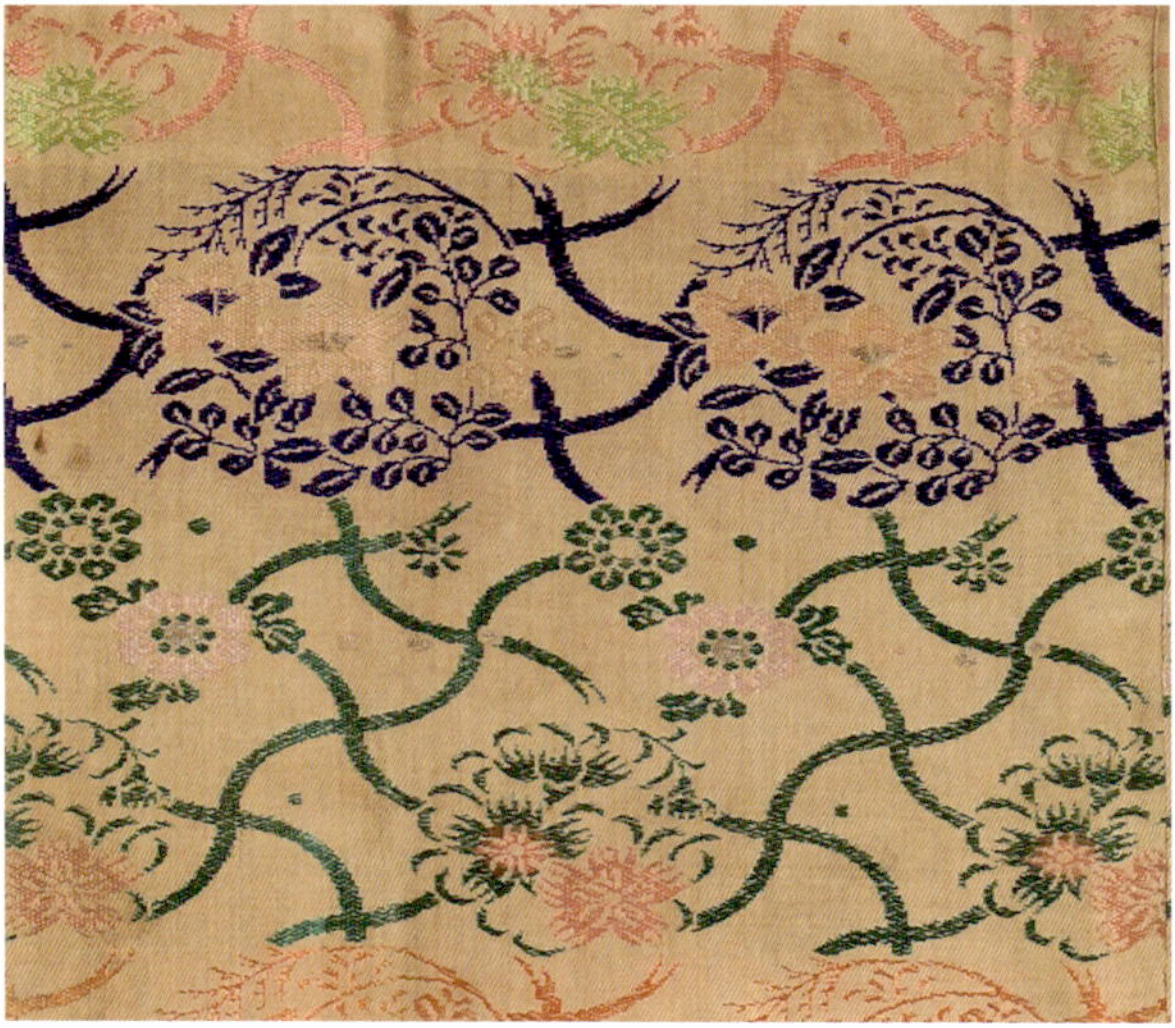

（拡大）

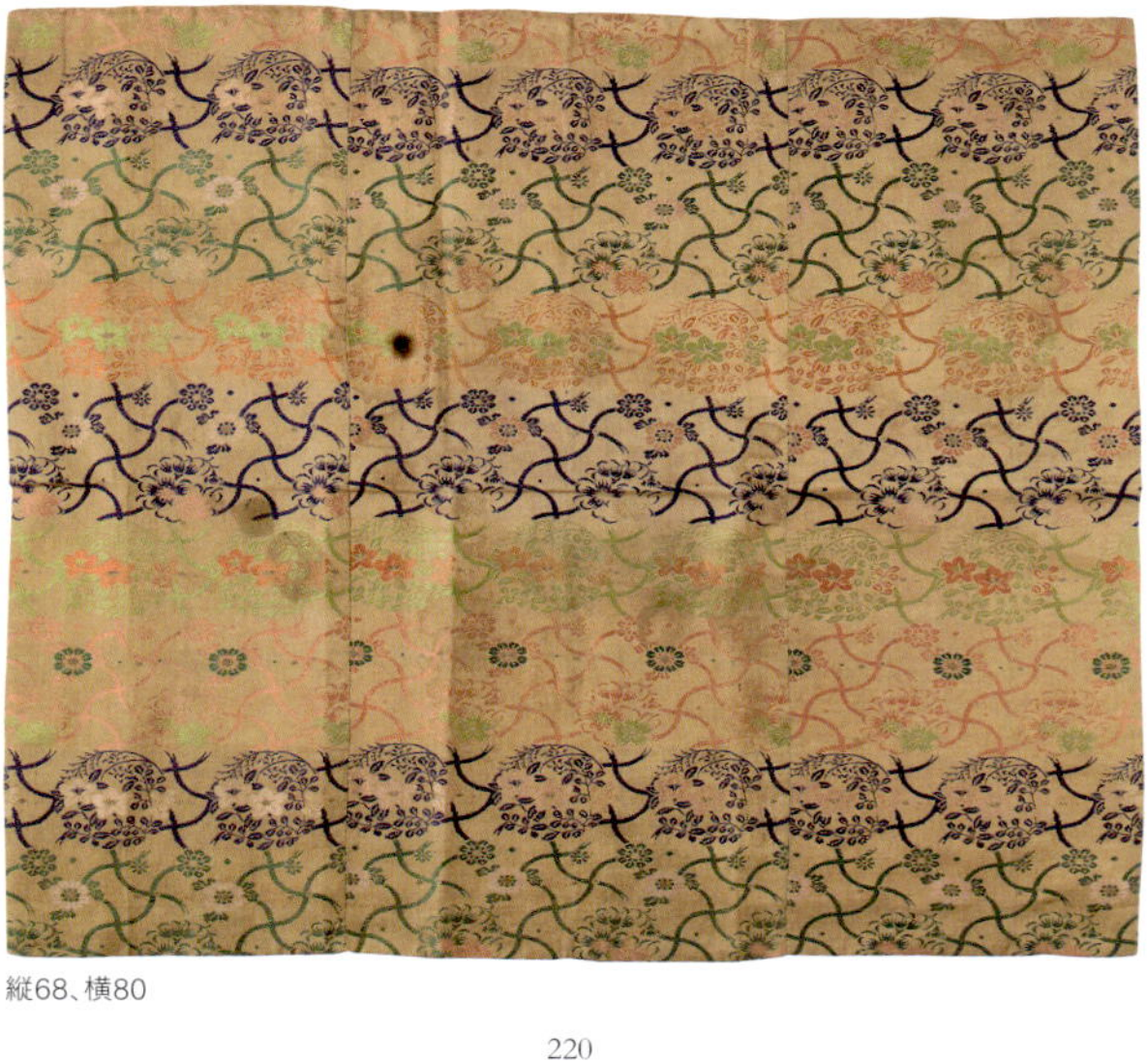

縦68、横80

金《きん》地《ぢ》雲《くも》中《ちゅう》色《いろ》糸《いと》花《はな》文《もん》金襴《きんらん》

（拡大）

明治四十二年（1909）四月
縦78、横155、一辺110

金《きん》朱《しゅ》霰《あられ》地《ち》色糸《いろいと》牡丹《ぼたん》菊《きく》秋草《あきくさ》文《もん》金襴《きんらん》

縦66.5、横67.5

裏地：白《しろ》竹《たけ》襷《たすき》中《ちゅう》鶴《つる》松《まつ》梅《うめ》文《もん》綸子《りんず》

金朱霞地色糸牡丹菊秋草文金襴《きんしゅあられぢいろいとぼたんきくあきくさもんきんらん》

（拡大）

縦89、横182、一辺131.5（短辺57）

# 白麻色糸《しろあさにいろいと》撫子《なでしこ》青梅《あおうめ》折枝《おりえ》小葵文《こあおいもん》刺繍《ししゅう》

（拡大）

縦82、横281.5　明治二十五年（1892）七月

白《しろ》紗《さ》綾《や》形《がた》文《もん》綸子《りんずに》色糸《いろいと》御所車《ごしょぐるまに》藤《ふじ》牡丹《ぼたん》文《もん》描絵《かきえに》刺繍《ししゅう》

（拡大）

縦160、横152

# 花籠文《はなかごもん》

「花籠」は仙女《せんにょ》を指すともいわれています。

赤《あか》羅《ら》紗《しゃ》色《いろ》糸《いと》花籠文《はなかごもん》刺《し》繍《しゅう》

縦46、横96、一辺66.5

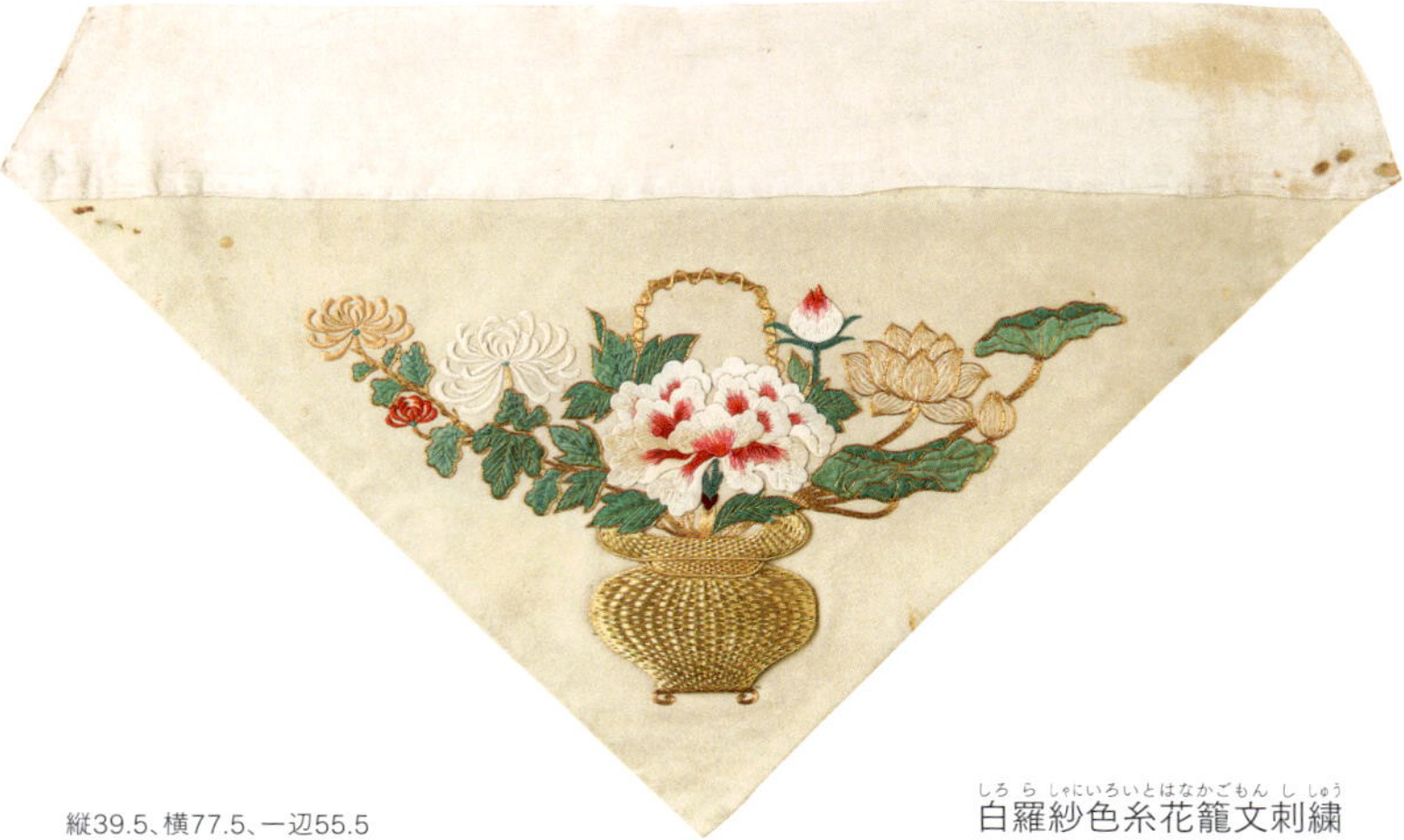

白《しろ》羅《ら》紗《しゃ》色《いろ》糸《いと》花籠文《はなかごもん》刺《し》繍《しゅう》

縦39.5、横77.5、一辺55.5

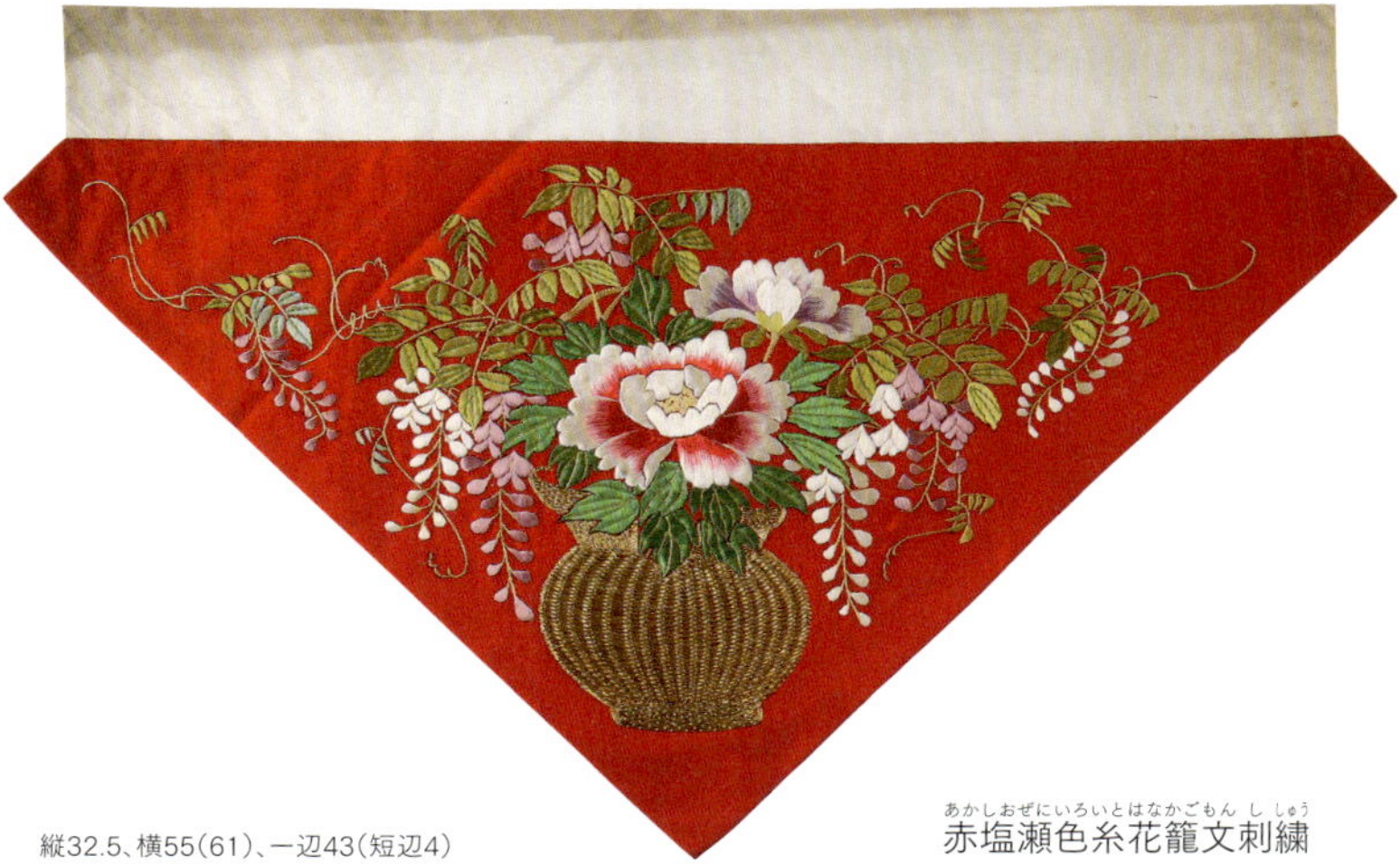

縦32.5、横55(61)、一辺43(短辺4)

赤《あか》塩瀬《しおぜに》色糸《いろいと》花籠文《はなかごもん》刺繍《ししゅう》

縦67.5、横135、一辺93

赤《あか》地《ち》色糸《いろいと》花籠文《はなかごもん》金襴《きんらん》

# 唐花文《からはなもん》

図案化された華麗な「花」で、中国の唐（六一八〜九〇七）の時代に流行し、日本にも伝えられました。その後、種類を特定できない異国的な花を「唐花」として一括するようになりました。

朱地唐花文金襴《しゅちからはなもんきんらん》

横35

朱地唐花文金襴《しゅちからはなもんきんらん》

横60.5（57.5）

金《きん》地《ぢ》紫《むらさき》桐《きり》唐草《からくさに》色糸《いろいと》唐花《からはな》龍《りゅうの》丸《まる》文《もん》金襴《きんらん》

縦68(64.5)、横69.5(66.5)

朱《しゅ》地《ぢ》色糸《いろいと》蜀江《しょっこう》中《ちゅう》唐花《からはな》文《もん》金襴《きんらん》

縦45.5、横95.5、一辺64

# 紺地《こんぢ》色糸《いろいと》宝尽《たからつくしに》 唐花文《からはなもん》金襴《きんらん》

（拡大）

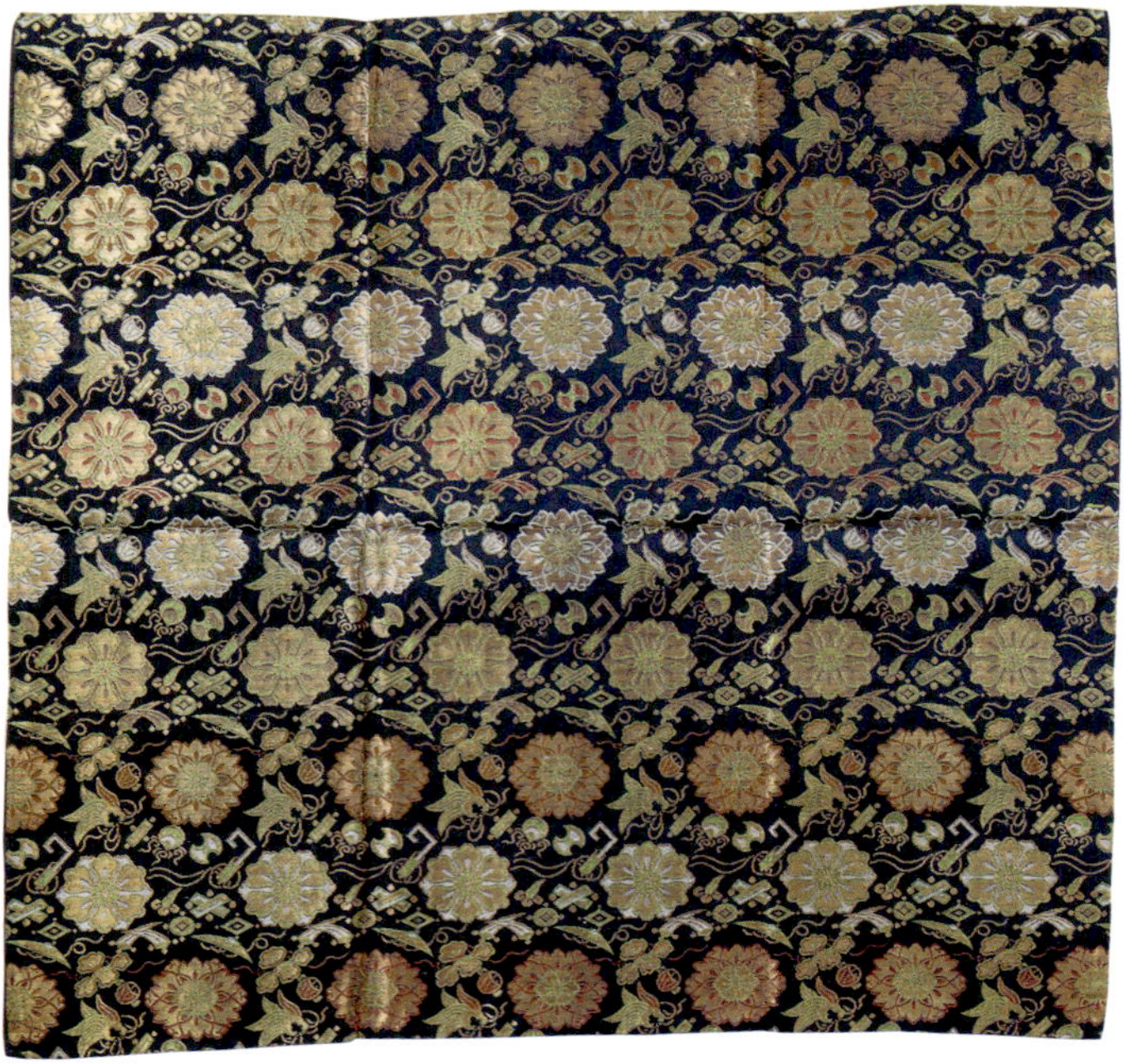

縦65.5、横68

紺《こん》地《ち》色《いろ》糸《いと》唐《から》花《はな》文《もん》錦《にしき》

（拡大）

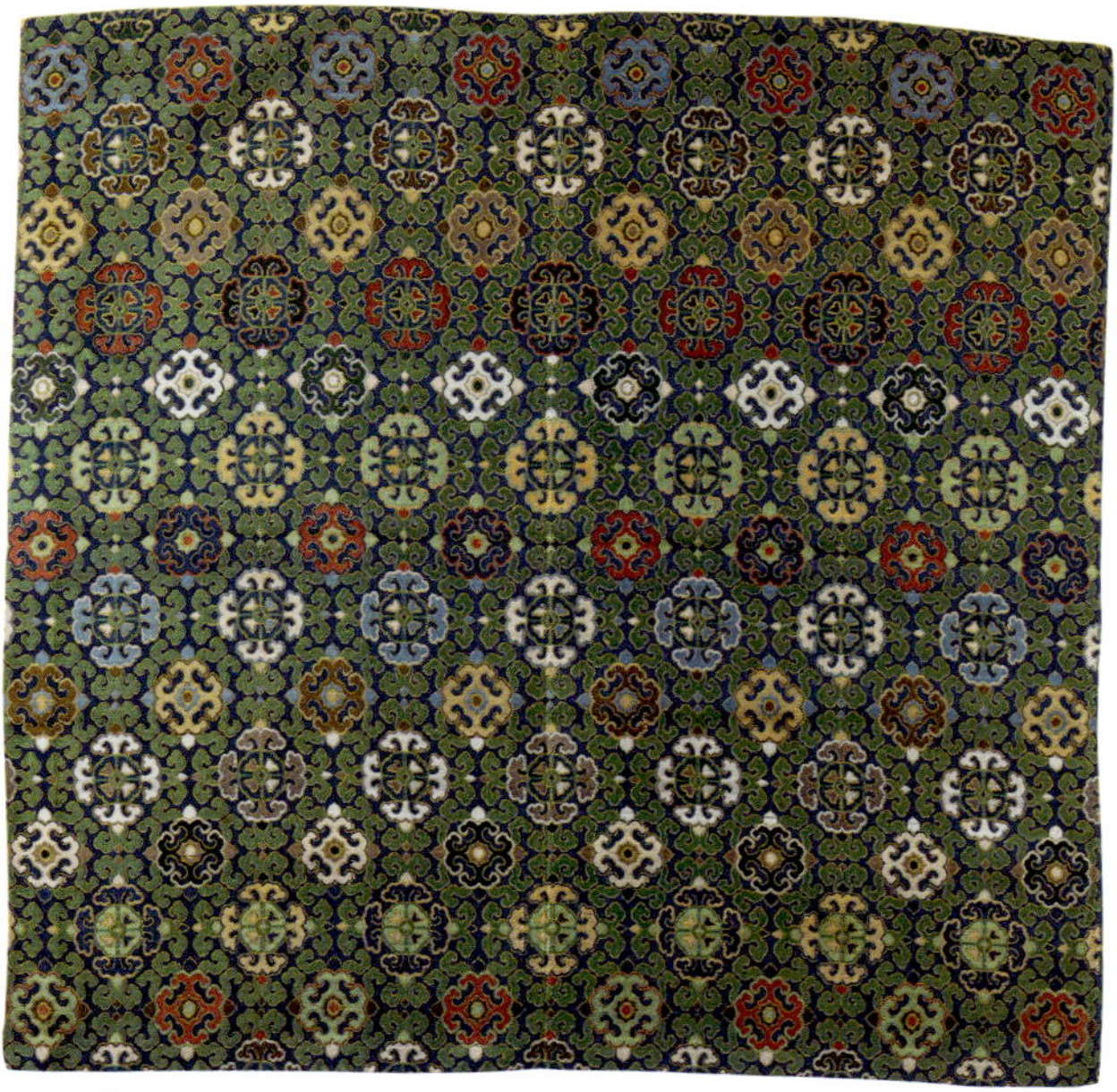

縦64.5、横65

青《あお》(緑《みどり》)唐花文緞子《からはなもんどんす》

(拡大)

横長ですが水引ではなく裏に打敷と墨書されています。

縦116、横579　享和二年(1802)十二月

青《あお》(緑《みどり》)地色糸唐花文金襴《ちいろいとからはなもんきんらん》

縦67.5、横83

## 朱《しゅ》地《ぢ》色《いろ》糸《いと》唐《から》花《はな》文《もん》銀《ぎん》襴《らん》

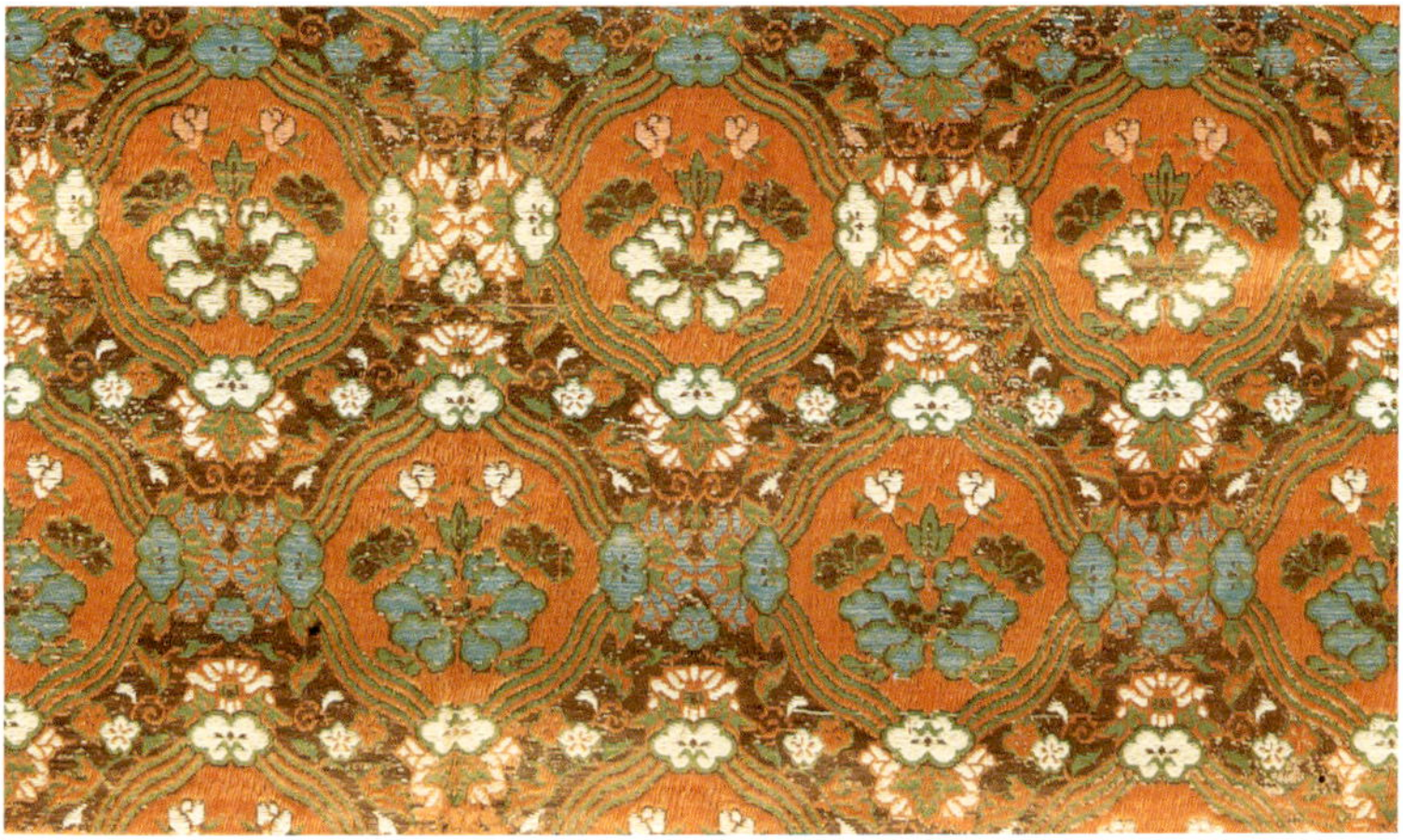

（拡大）

縦66.5、横66

## 白《しら》地《ち》色糸《いろいと》唐花《からはな》金《きん》梅鉢《うめばち》紋《もん》錦《にしき》

（拡大）

縦66.5、横67

赤地《あかぢ》色糸《いろいと》宝尽《たからつくし》唐花《からはな》唐草《からくさ》文《もん》錦《にしき》（蝦夷《えぞ》錦《にしき》〈朝鮮《ちょうせん》錦《にしき》とも〉）

（拡大）

縦70.5、横66

# 朱《しゅ》地《ち》入子《いれ・いりこ》菱《ひし》色糸《にいろいと》宝尽《たからづくし》唐花《からはな》唐草文《からくさもん》金襴《きんらん》

（拡大）

縦66、横66

白地《しらぢ》入子《いれ・いりこ》菱《ひしに》色糸《いろいと》宝尽《たからつくし》唐花《からはな》唐草《からくさ》文《もん》金襴《きんらん》

（拡大）

縦66、横66.5

橙《だいだい》地《ち》雲襷色糸宝尽中唐花文金襴《くもたすきにいろいとたからつくしちゅうからはなもんきんらん》

縦55、横56

縦56、横113、一辺81（短辺38）

橙《だいだい》地《ち》雲襷色糸宝尽中唐花文金襴《くもたすきにいろいとたからつくしちゅうからはなもんきんらん》

## 赤《あか》地《ち》唐花《からはな》唐草《からくさ》文《もん》金襴《きんらん》

（拡大）

縦156.5、横201.5

青《あお》（緑《みどり》）地《ぢ》色糸《いろいと》唐花文《からはなもん》錦《にしき》

（拡大）

縦40、横82.5、一辺59

赤《あか》地《ぢ》色糸《いろいと》唐花《からはな》文《もん》金襴《きんらん》

（拡大）

縦45、横52（71.5）、一辺50（短辺13）

横61.5(59.5)

紺《こん》地《ち》色糸花菱唐花文錦《いろいとはなひしにからはなもんにしき》

紺地《こんち》色糸《いろいと》松皮菱《まつかわひし》中《ちゅう》花《はな》唐花《からはな》文《もん》錦《にしき》

縦60.5（58.5）、横60（57.5）

紺地《こんち》色糸《いろいと》立涌《たてわく》中《ちゅう》唐花《からはな》文《もん》錦《にしき》

横53.5（51）

黒《くろ》地《ち》亀甲《きっこう》中《ちゅう》唐花文《からはなもん》金襴《きんらん》

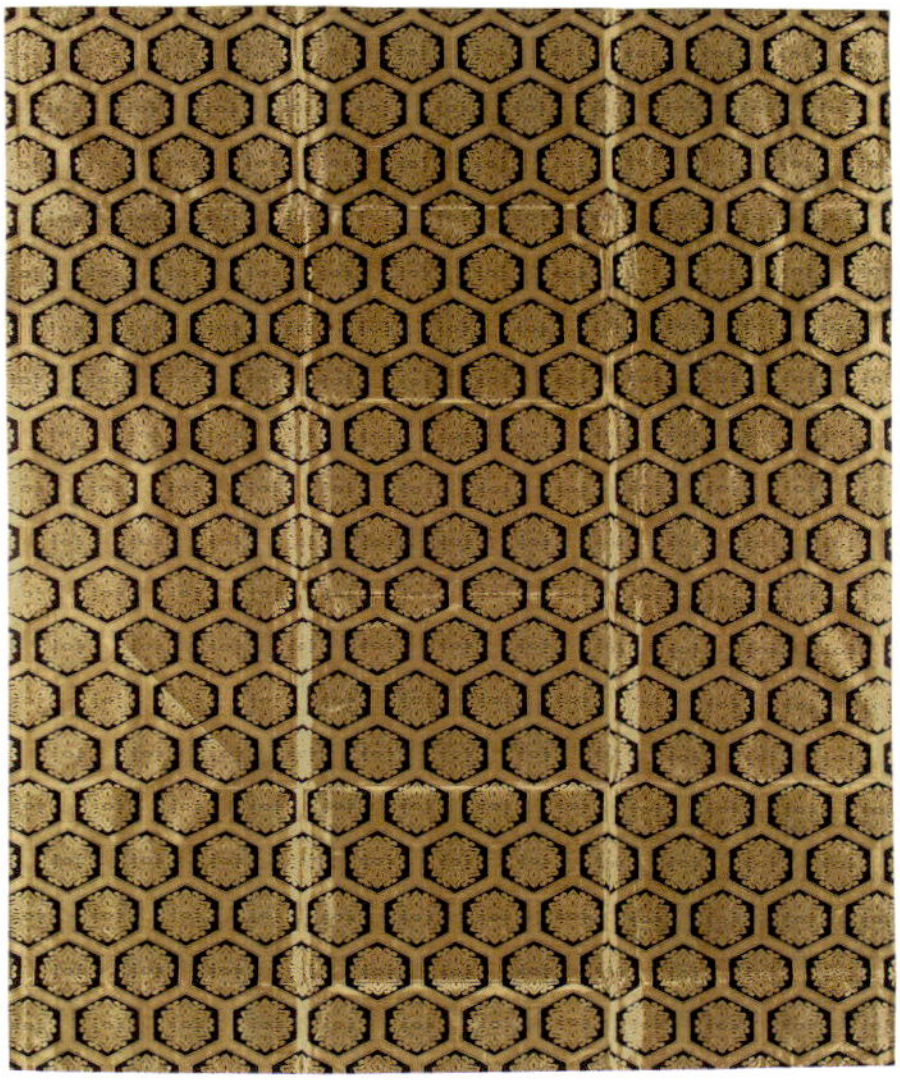

縦241、横195　大正十四年(1925)七月

縦78、横156、一辺108.5

青《あお》(緑《みどり》)地《ち》亀甲《きっこう》花菱《はなひし》色糸《いろいと》唐花文《からはなもん》金襴《きんらん》

「毘沙門亀甲文」は仏法を守護する四天王の一尊である毘沙門天の鎧の文様に由来しています。

赤《あか》地《ぢ》色糸《いろいと》毘沙門亀甲唐花文金襴《びしゃもんきっこうにからはなもんきんらん》

縦53、横107、一辺75.5

青《あお》(緑《みどり》)地《ぢ》毘沙門亀甲赤白唐花文金襴《びしゃもんきっこうにあかしろからはなもんきんらん》

縦95、横190(204)、一辺140(短辺64)

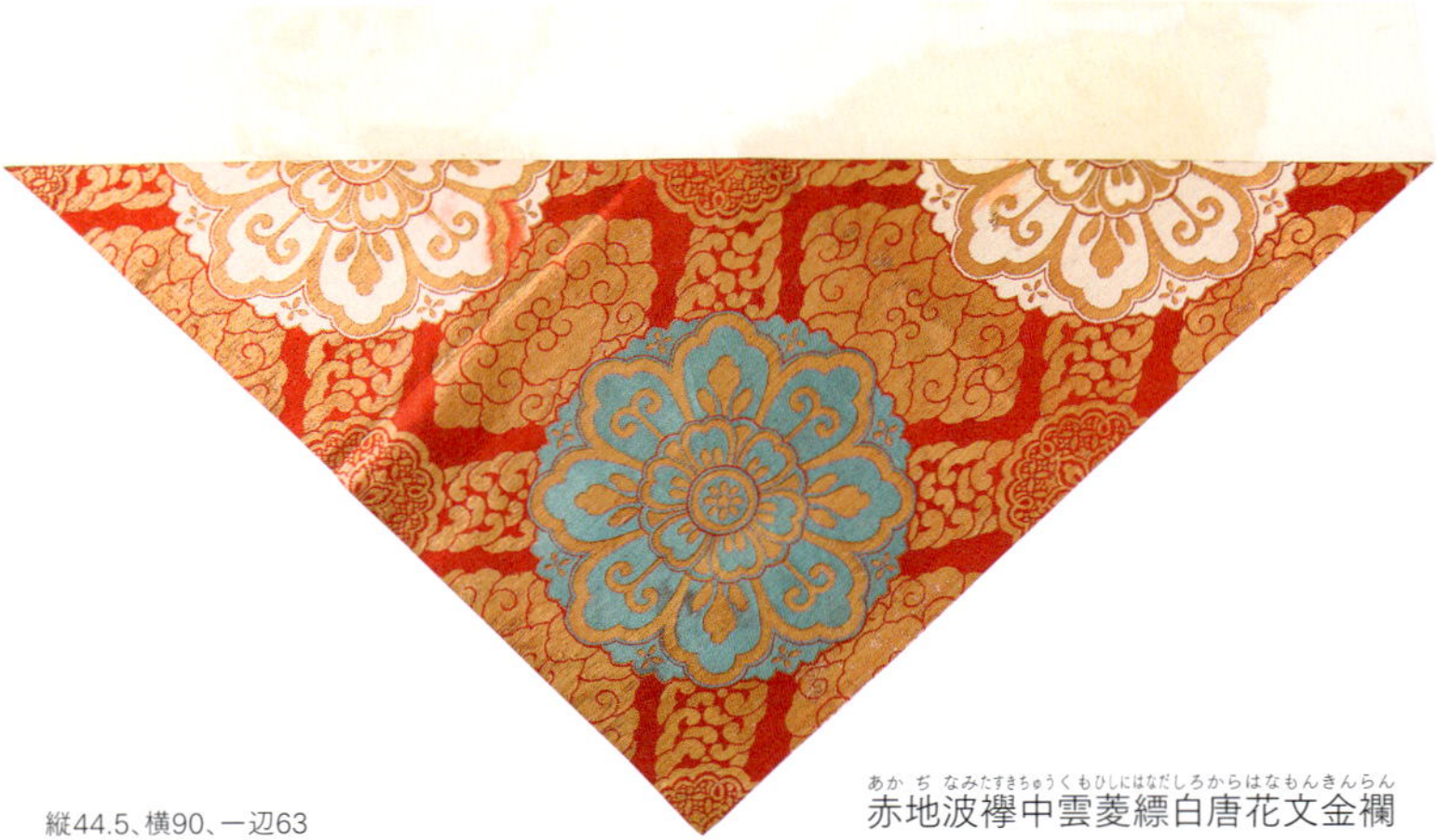

縦44.5、横90、一辺63

赤《あか》地《ぢ》波《なみ》襷《たすき》中《ちゅう》雲《くも》菱《ひしに》縹《はなだ》白《しろ》唐《から》花《はな》文《もん》金《きん》襴《らん》

縦90、横183(211.5)、一辺149(短辺29)

赤《あか》地《ぢ》波《なみ》襷《たすき》中《ちゅう》雲《くも》菱《ひしに》青《あお》(緑《みどり》)白《しろ》唐《から》花《はな》文《もん》金《きん》襴《らん》

## 朱《しゅ》地《ぢ》波襷《なみたすき》中《ちゅう》雲菱《くもひしに》縹《はなだ》白《しろ》唐花《からはな》文《もん》金襴《きんらん》

縦91、横185、一辺129

## 朱《しゅ》地《ち》色糸《いろいと》波襷《なみたすき》中《ちゅう》雲菱《くもひしに》唐花《からはな》文《もん》金襴《きんらん》

縦119.5、横251.5、一辺176（短辺63）

赤《あか》地《ぢ》色糸《いろいと》藤襷《ふじたすき》中《ちゅう》雲菱《くもひしに》唐花《からはな》文《もん》金襴《きんらん》

明治三十一年（1898）五月
縦84、横173、一辺121
赤《あか》地《ぢ》藤襷《ふじたすき》中《ちゅう》雲菱《くもひしに》縹《はなだ》白《しろ》唐花《からはな》文《もん》金襴《きんらん》

明治二十年（1887）一月六日
縦89.5、横183、一辺125

金《きん》地《ち》紫《むらさき》藤《ふじ》襷《たすき》赤《あか》白《しろ》唐《から》花《はな》文《もん》金《きん》襴《らん》

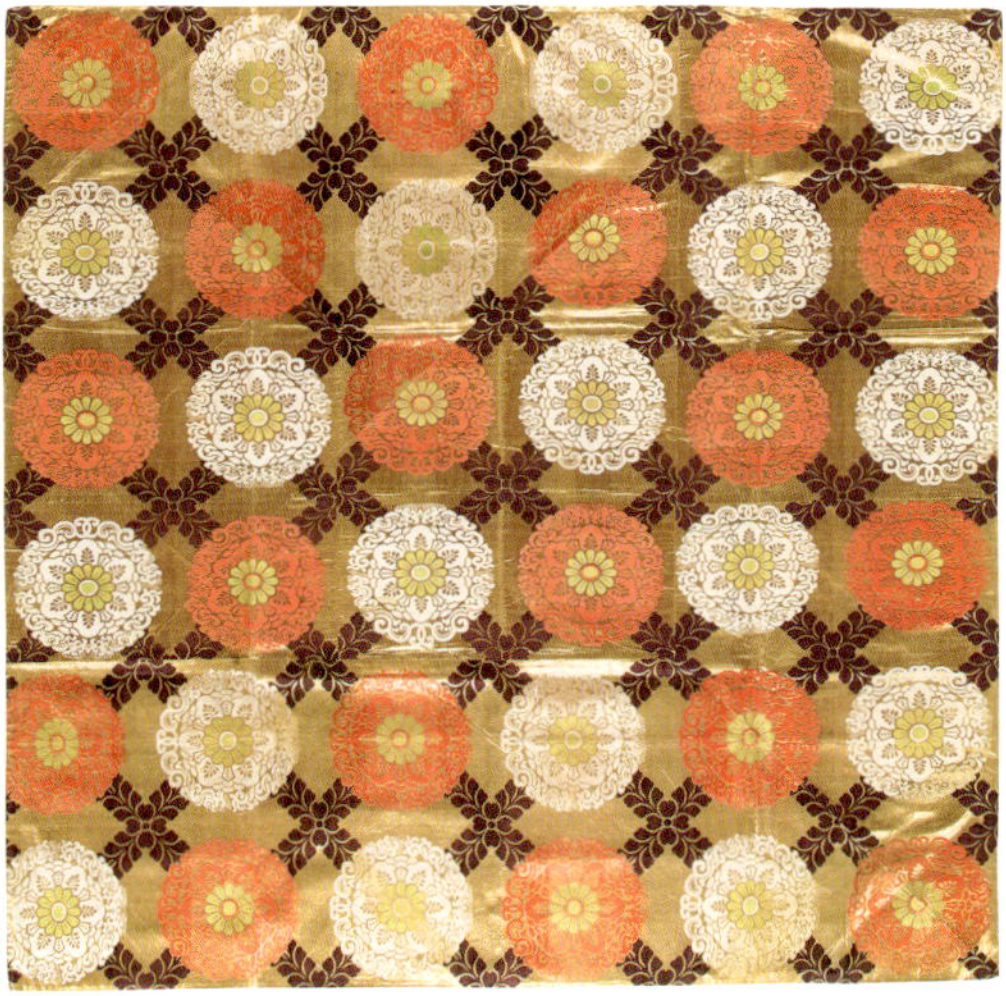

縦202、横199　萬延元年（1860）

朱《しゅ》地《ぢ》桐《きり》襷《たすき》紫《むらさき》白《しろ》唐《から》花《はな》文《もん》金《きん》襴《らん》

縦91、横185、一辺124.5

## 赤地《あかぢ》蜀江《しょっこうに》縹白《はなだしろ》唐花文《からはなもん》金襴《きんらん》

大正元年（1912）九月
縦91、横183、一辺129

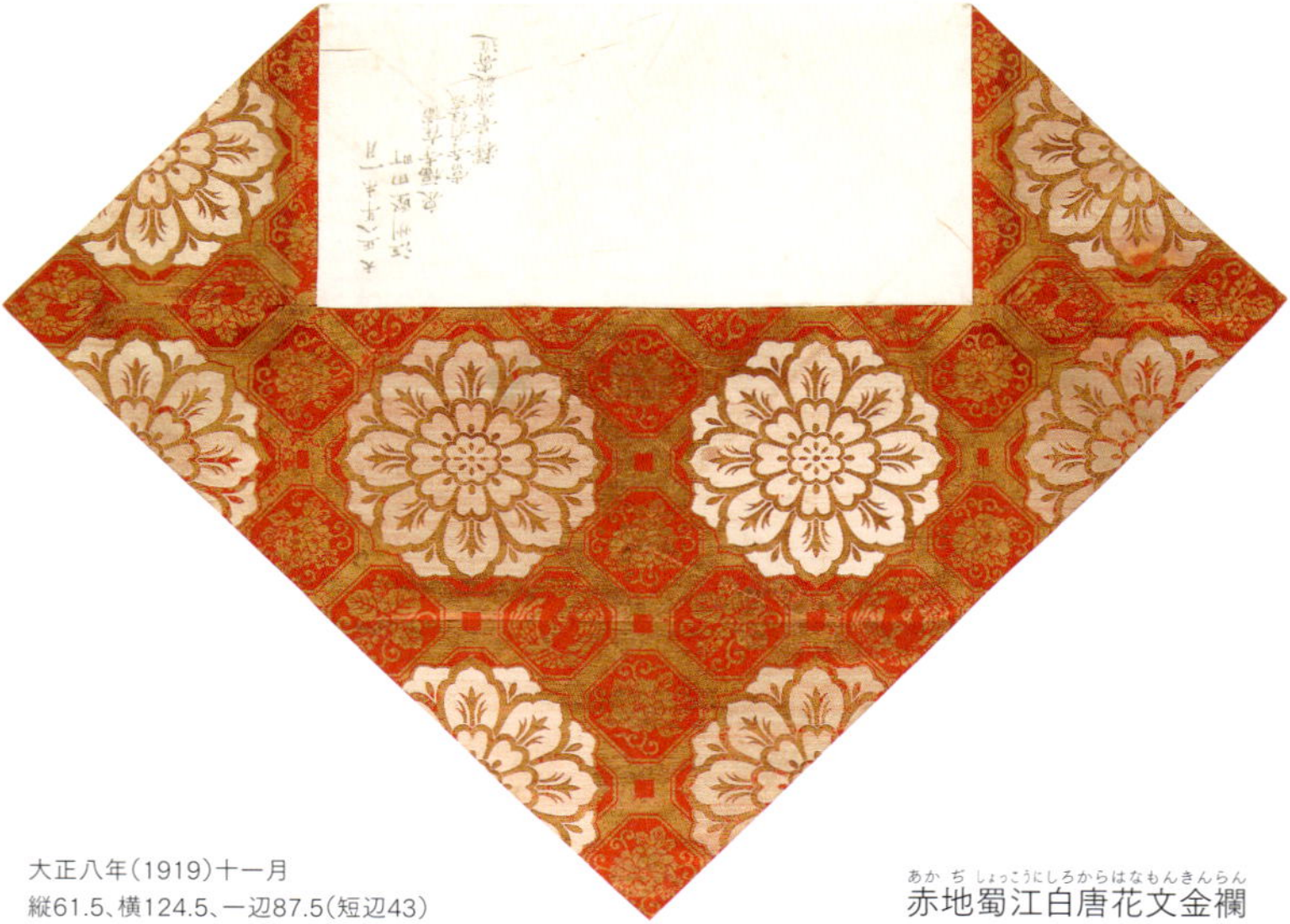

大正八年（1919）十一月
縦61.5、横124.5、一辺87.5（短辺43）

## 赤地《あかぢ》蜀江《しょっこうに》白《しろ》唐花文《からはなもん》金襴《きんらん》

赤《あか》地《ぢ》蜀江《しょっこうに》縹《はなだ》白《しろ》唐花《からはな》文《もん》金襴《きんらん》

（拡大）

汚れより三角に掛けていたことが分かります。

縦125、横130　明治三十一年（1898）三月二十五日至二十七日

# 宝相華文《ほうそうげもん》

空想の花である「宝相華」は、中国の唐代（六一八～九〇七）に、豊麗《ほうれい》な唐草《からくさ》文様に含まれる「花」が仏教でも用いられたものとされています。日本へは天平時代に伝えられ、多くは繧繝《うんげん・うげん》彩色されました。その後一旦廃れましたが、明治時代になり、正倉院御物の修理に関連して再び注目され、「仏教の文様」として復活しました。その種類は多岐にわたります。

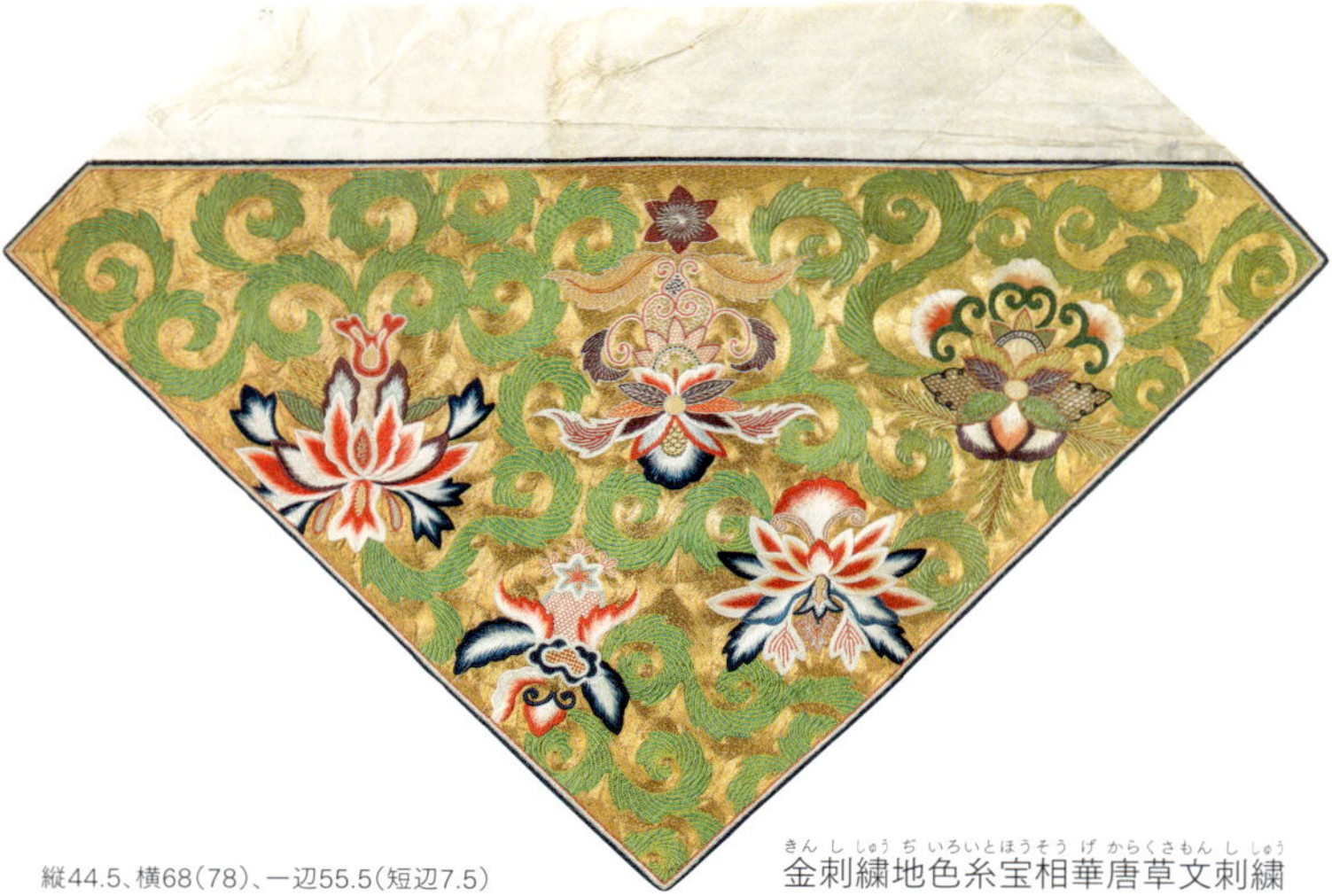

縦44.5、横68（78）、一辺55.5（短辺7.5）

金刺繍地色糸宝相華唐草文刺繍《きんししゅうぢいろいとほうそうげからくさもんししゅう》

赤《あか》地《ち》色糸《いろいと》宝相華《ほうそうげ》文錦《もんにしき》

（拡大）

縦73、横66.5

# 有職文

## 小《こ》葵《あおい》文《もん》

銭葵《ぜにあおい》、あるいは架空の花の繁茂した様子を象ったものとされています。文様の変遷はありますが、鎌倉時代以降に今日の形になりました。天皇を始めとする皇族や公家の装束などに用いられたことから、高貴な文様とされました。他の文様と組み合わせることもあり、多用されました。

(拡大)

香色《こういろ》地《ち》小《こ》葵文《あおいもん》金襴《きんらん》

縦45、横111、一辺72.5

縦32.5、横49.5、一辺35

青《あお》(緑《みどり》)地《ぢ》紫《むらさき》藤《ふじ》立涌《たてわくに》小《こ》葵《あおい》文《もん》金襴《きんらん》

(拡大)

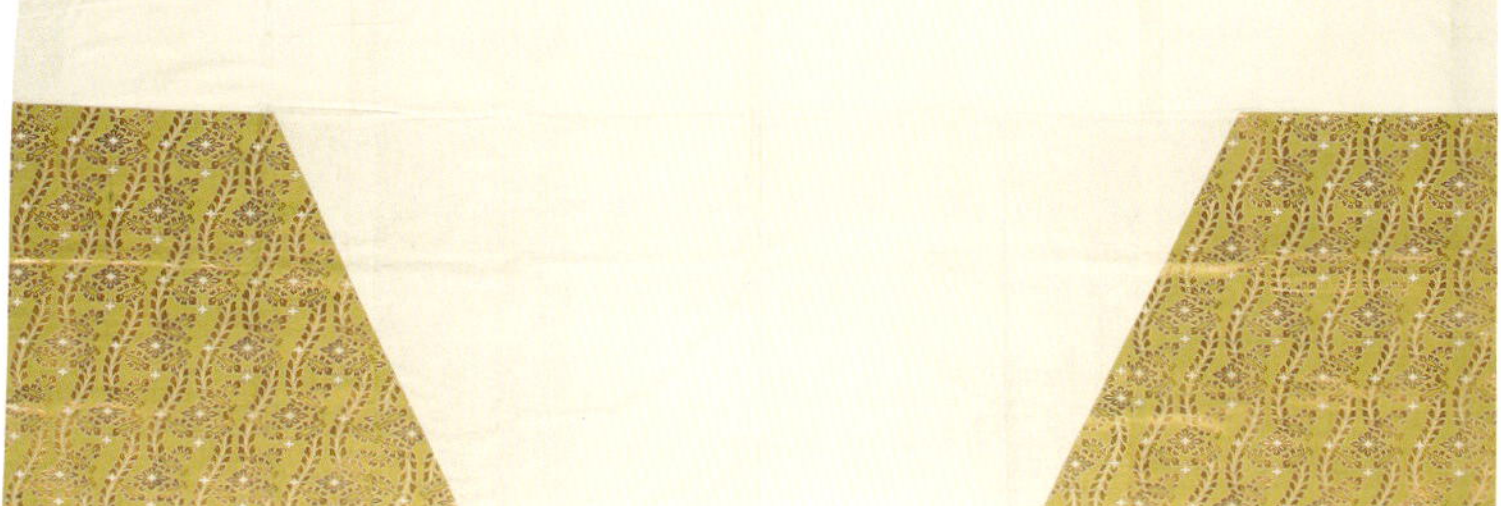

縦79.5、横273

萌葱《もえぎ》地《ぢ》色糸《いろいと》藤《ふじ》立涌《たてわくに》小《こ》葵《あおい》文《もん》金襴《きんらん》

# 轡唐草文《くつわからくさもん》

蔓草が繁茂した様子を象《かたど》ったとされる連続文様です。公家の束帯《そくたい》や衣冠《いかん》の袍《うえのきぬ・ほう》の文様でした。

浅葱《あさぎ》地《ち》轡唐草文《くつわからくさもん》金襴《きんらん》

（拡大）

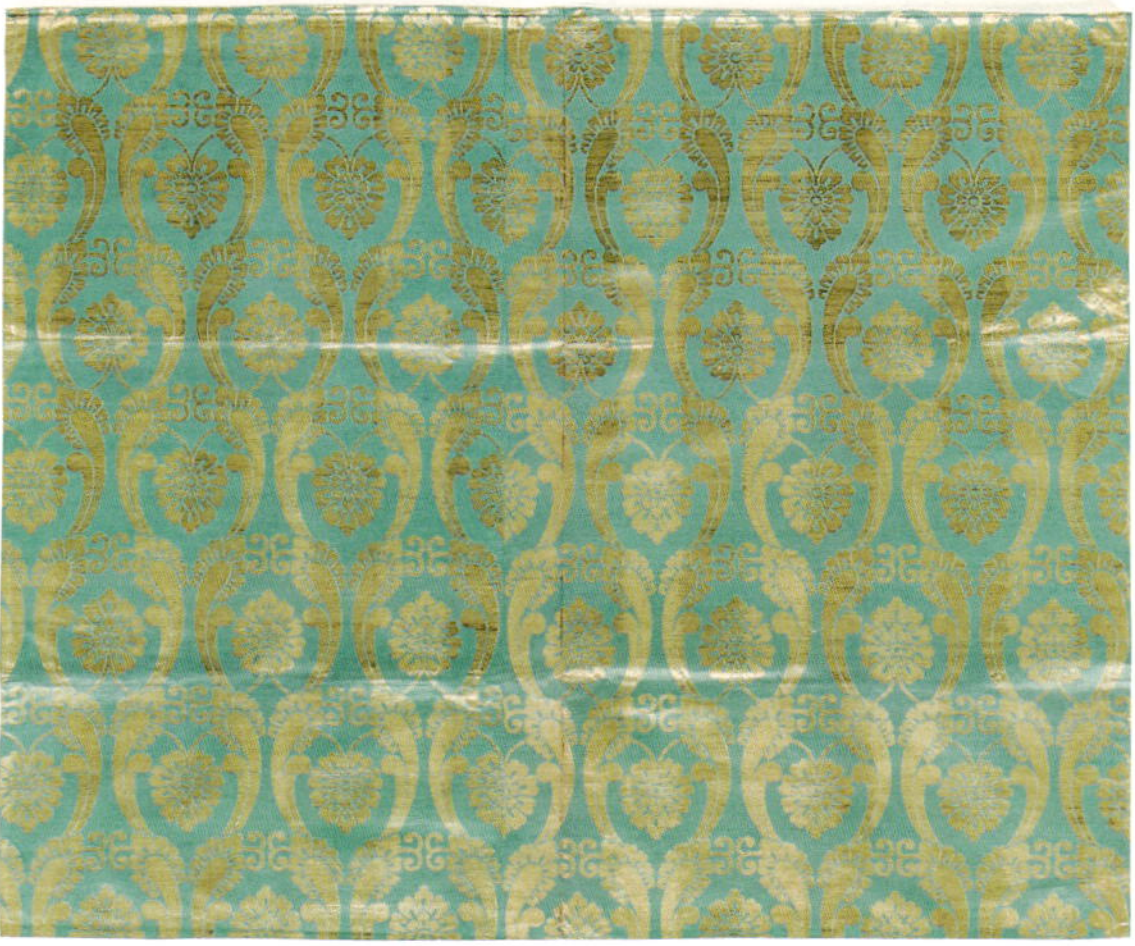

縦102.5、横120.5　明治四十四年（1911）

# 亀甲花菱文《きっこうはなひしもん》

亀の甲を由来とする連続文様の「亀甲文」ですが、二重の六角形の中に四弁の「花菱」を入れることもありました。

横64(60.5)

紺地亀甲花菱文金襴《こんちきっこうはなひしもんきんらん》

# 七《しっ》宝《ぽう》繋《つなぎ》文《もん》

輪が連続して繋がる文様の「四方繋《しほうつなぎ》」が語源といわれる「七宝繋」ですが、連続性のある文様は慶事が続く吉祥《きっしょう》文として好まれました。打敷では複雑化して華麗になっています。

朱地《しゅち》色糸《いろいと》七宝繋《しっぽうつなぎ》中《ちゅう》唐花《からはな》文《もん》錦《にしき》

縦70(68)、横69(67.5)

金地《きんち》色糸《いろいと》七宝繋《しっぽうつなぎ》中《ちゅう》唐花《からはな》文《もん》金襴《きんらん》

縦63、横58.5

赤《あか》地《ぢ》色糸《いろいと》七宝《しっぽう》繋《つなぎ》中《ちゅう》唐花《からはな》文《もん》金襴《きんらん》

（拡大）

縦131、横134.5

## 赤《あか》地《ぢ》色糸《いろいと》七宝繋《しっぽうつなぎ》中唐花文《ちゅうからはなもん》金襴《きんらん》

（拡大）

縦161、横162.5

## 紺《こん》地《ぢ》色糸《いろいと》七宝《しっぽう》繋《つなぎ》中《ちゅう》唐花《からはな》文《もん》金襴《きんらん》

（拡大）

縦67、横66.5

# 蜀《しょっ》江《こう》文《もん》

中国の三国時代の蜀(二二一～二六三)で織られた錦《にしき》とされますが、実際には明(一三六八～一六四四)の時代の錦を蜀江錦と呼んでいます。精緻で華麗な織物です。比較的新しい時代の渡来物ですが「有職《ゆうそく》の文様」(後述)としても用いられました。

赤地《あかぢ》色糸《いろいと》蜀江文錦《しょっこうもんにしき》

(拡大)

縦41、横41

## 白《しら》地《ち》色糸《いろいと》蜀江《しょっこう》中《ちゅう》臥蝶《ふせちょう》文《もん》錦《にしき》

（拡大）

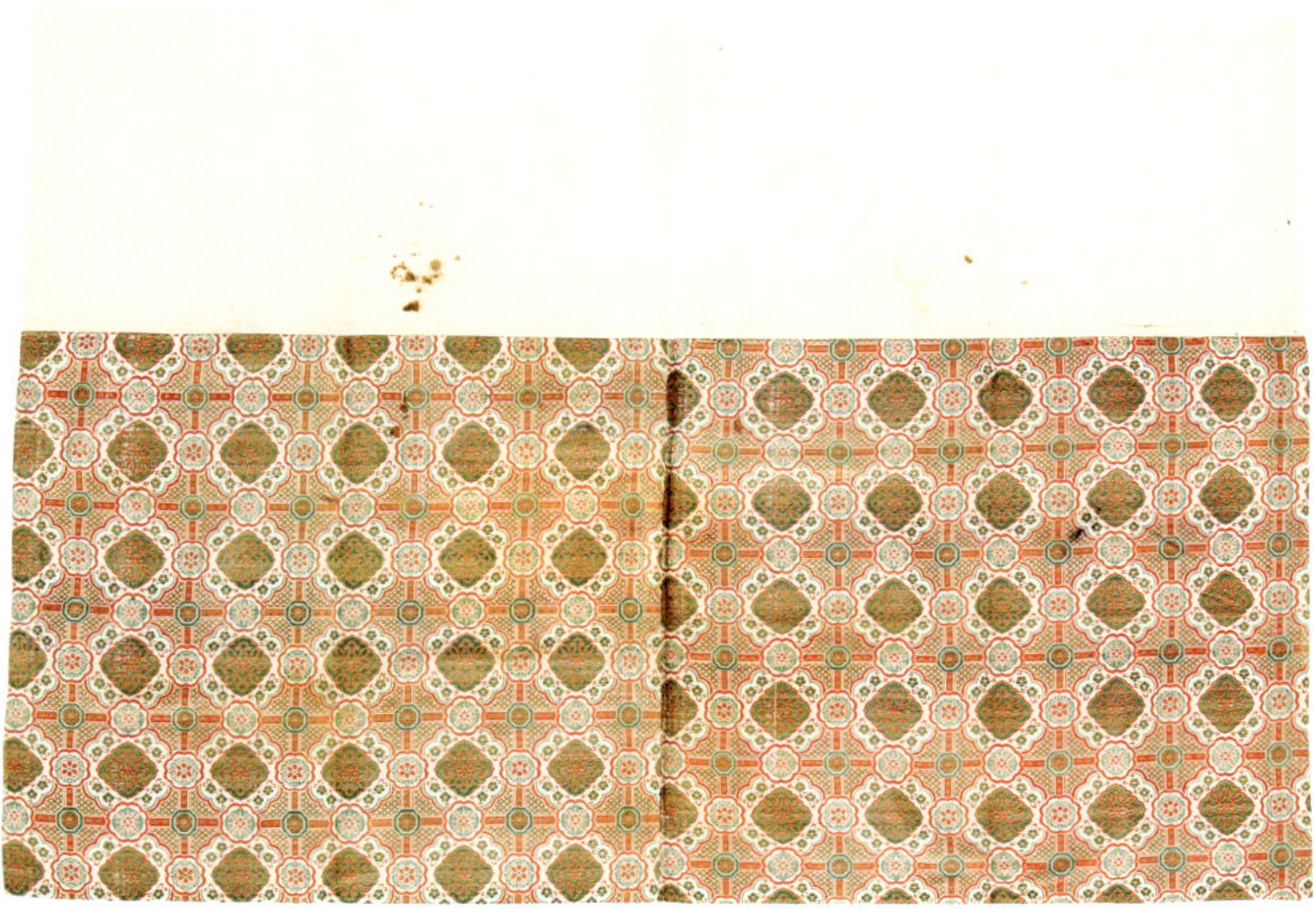

縦59、横131　弘化三年（1846）

白地《しらち》色糸《いろいと》蜀江文《しょっこうもん》金襴《きんらん》

（拡大）

縦71（67.5）

黒《くろ》地《ぢ》色糸《いろいと》蜀江文《しょっこうもん》金襴《きんらん》

（拡大）

縦66.5、横68

朱《しゅ》地《ち》色糸《いろいと》蜀江《しょっこう》文《もん》金襴《きんらん》

（拡大）

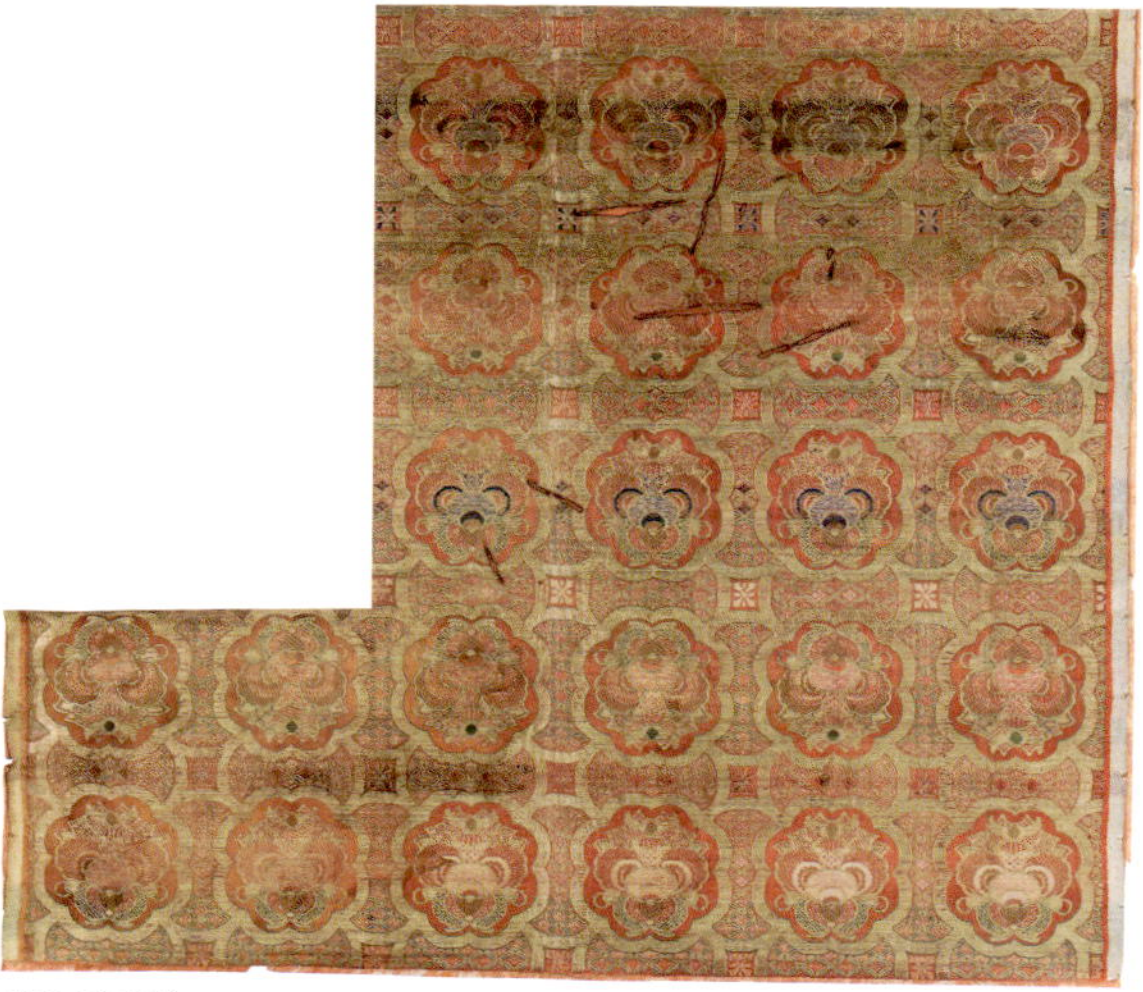

横69.5（66.5）

紺地《こんぢ》色糸《いろいと》蜀江文《しょっこうもん》金襴《きんらん》

（拡大）

縦68.5、横67.5

青《あお》(緑《みどり》)地《ぢ》色糸《いろいと》蜀江《しょっこう》文《もん》錦《にしき》

縦64、横67.5

黒《くろ》地《ぢ》色糸《いろいと》蜀江《しょっこう》中《ちゅう》唐花《からはな》文《もん》金襴《きんらん》

縦69(67.5)、横70(66.5)

萌葱《もえぎ》地《ぢ》色糸《いろいと》蜀江《しょっこう》文《もん》金襴《きんらん》

（拡大）

縦54、横54

## 赤地《あかぢ》色糸《いろいと》蜀江《しょっこう》中《ちゅう》唐花《からはな》雲丸《くものまる》文《もん》金襴《きんらん》

（拡大）

縦45.5、横93、一辺65

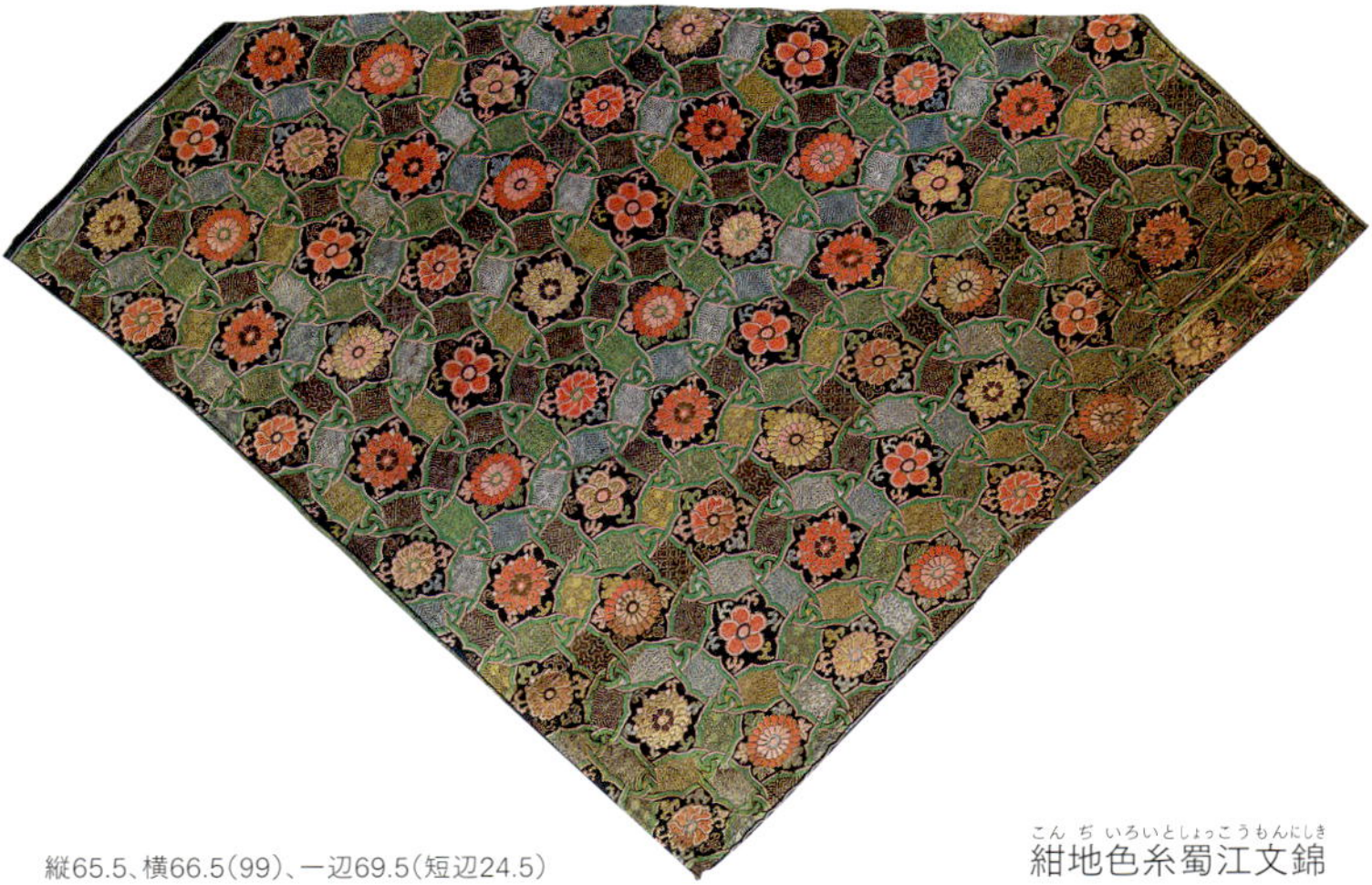

縦65.5、横66.5(99)、一辺69.5(短辺24.5)

紺《こん》地《ち》色糸《いろいと》蜀江《しょっこう》文《もん》錦《にしき》

黒《くろ》地《ち》色糸《いろいと》蜀江《しょっこう》文《もん》金襴《きんらん》

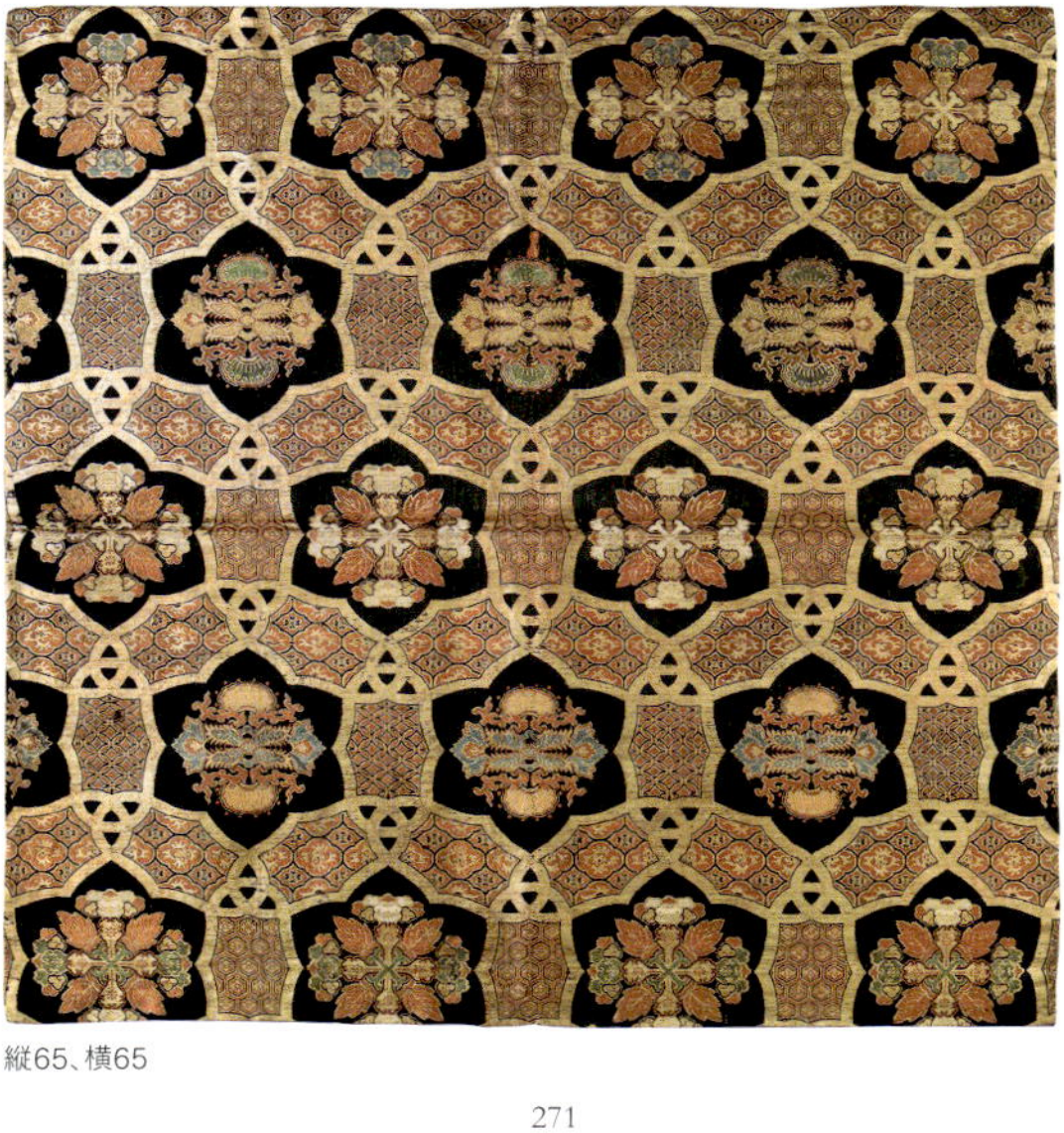

縦65、横65

# その他

## 天女文《てんにょもん》

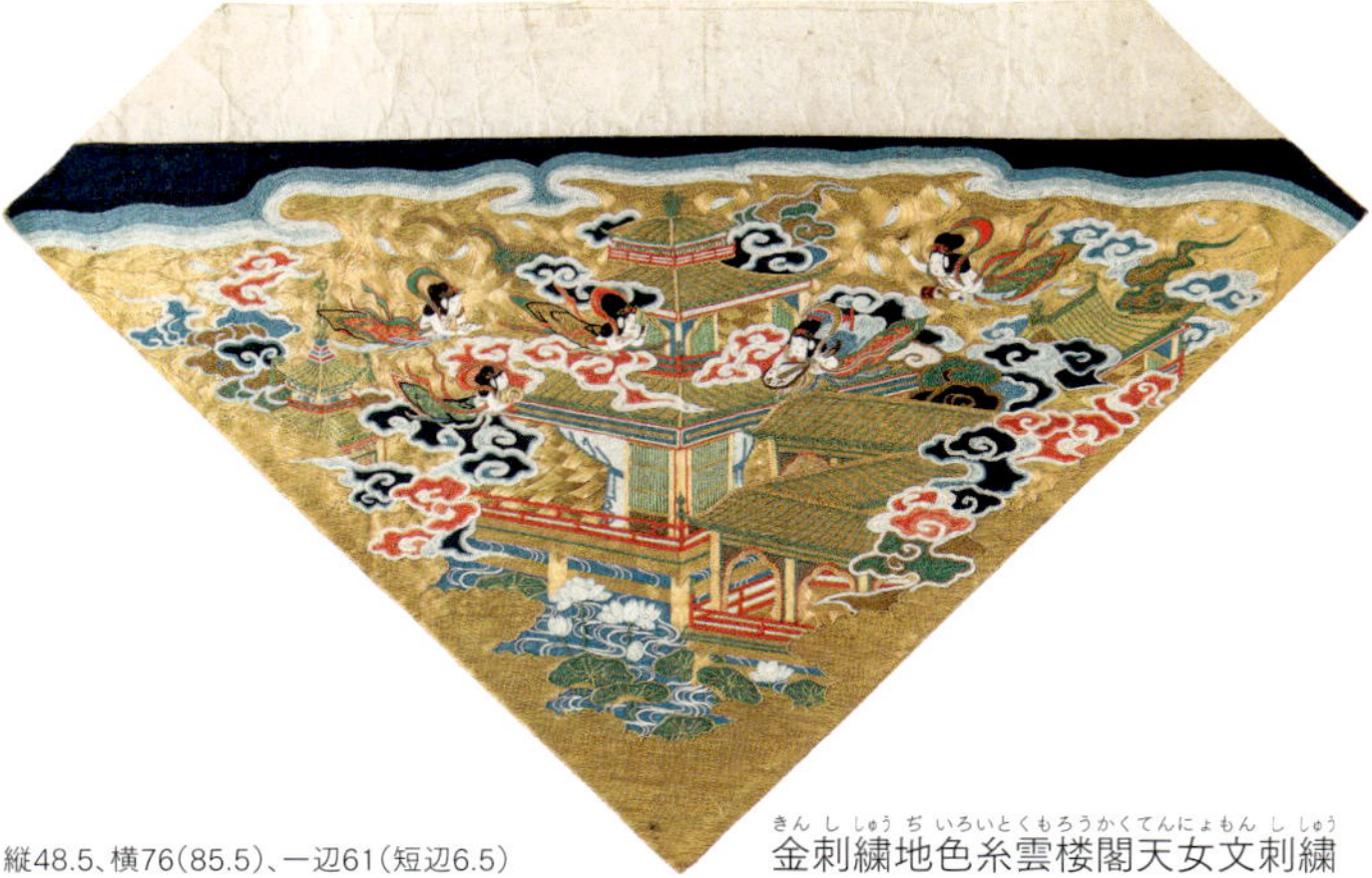

縦48.5、横76(85.5)、一辺61(短辺6.5)

金刺繍地色糸雲楼閣天女文刺繍《きんししゅうぢいろいとくもろうかくてんにょもんししゅう》

飛天《ひてん》の女性像が天女です。六道《りくどう ろくどう》(地獄《ちごく》・餓鬼《がき》・畜生《ちくしょう》・修羅《しゅら》・人界《にんかい》・天《てん》界《かい》)では最上の天界に住み、天帝《てんてい》などに使える女官とされました。

## 赤塩瀬《あかしおぜに》色糸《いろいと》瑞雲《ずいうんに》天女文《てんにょもん》刺繍《ししゅう》

（拡大）

縦44.5、横50.5（69.5）、一辺49（短辺13.5）

# 法輪文《ほうりんもん》

古代インドの輪状の武器である「法輪」は、釈迦(紀元前四六三頃～紀元前三八三頃など諸説)が説いた四諦《したい》・八正道《はっしょうどう》の別称で、仏教の教義を示します。煩悩《ぼんのう》を打ち砕きますが、仏法を人に伝える「転法輪《てんぼうりん》」にも関連しています。

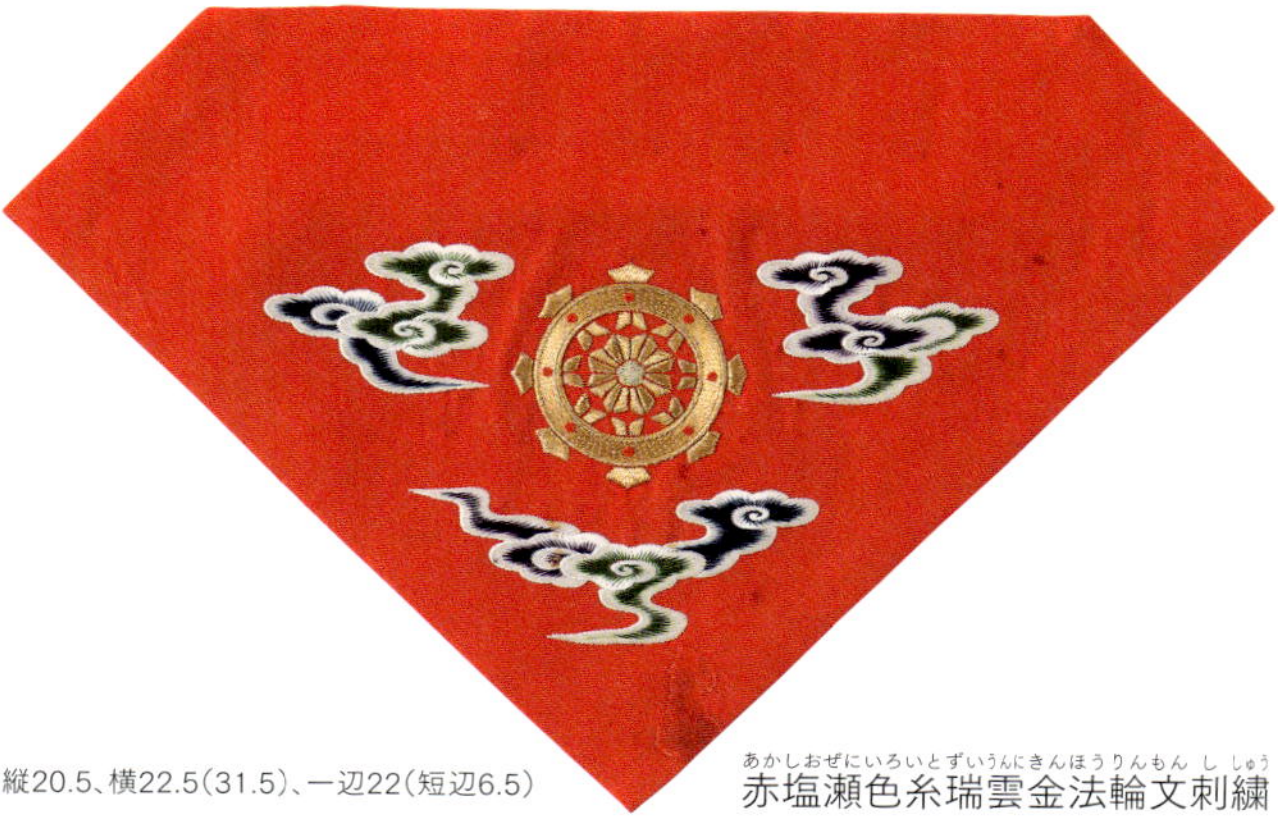

赤塩瀬色糸瑞雲金法輪文刺繍《あかしおぜにいろいとずいうんにきんほうりんもんししゅう》

縦20.5、横22.5(31.5)、一辺22(短辺6.5)

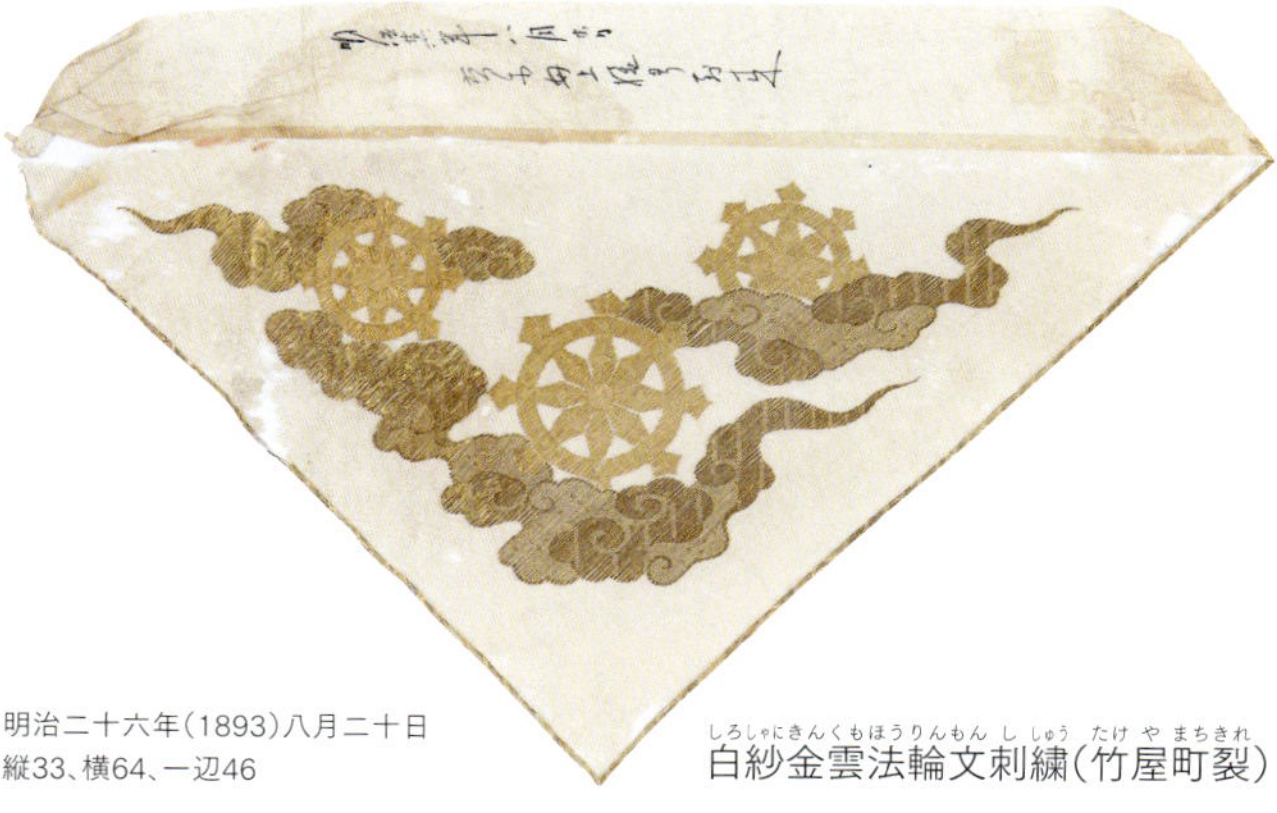

白紗金雲法輪文刺繍《しろしゃにきんくもほうりんもんししゅう》(竹屋町裂《たけやまちきれ》)

明治二十六年(1893)八月二十日
縦33、横64、一辺46

# 楽器文《がっきもん》

極楽《ごくらく》や天界《てんかい》で演奏される妙なる音楽を雅楽《ががく》や舞楽《ぶがく》で用いられる楽器で表しました。

赤羅紗《あからしゃ》色糸《いろいと》瑞雲《ずいうんに》楽器文《がっきもん》刺繍《ししゅう》

縦56、横56.5

裏地：更紗

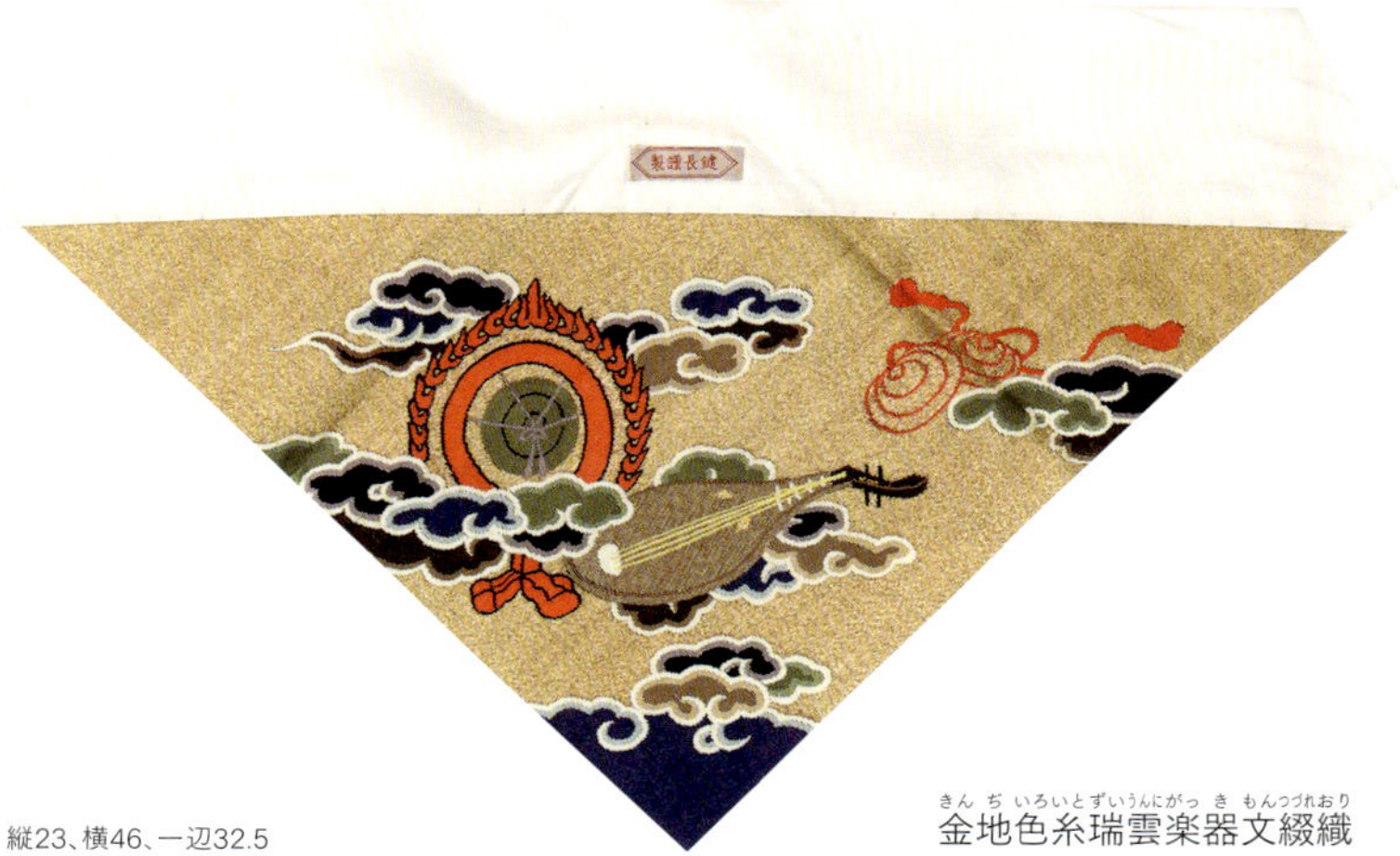

縦23、横46、一辺32.5

金《きん》地《ち》色糸《いろいと》瑞雲《ずいうんに》楽《がっ》器《き》文《もん》綴織《つづれおり》

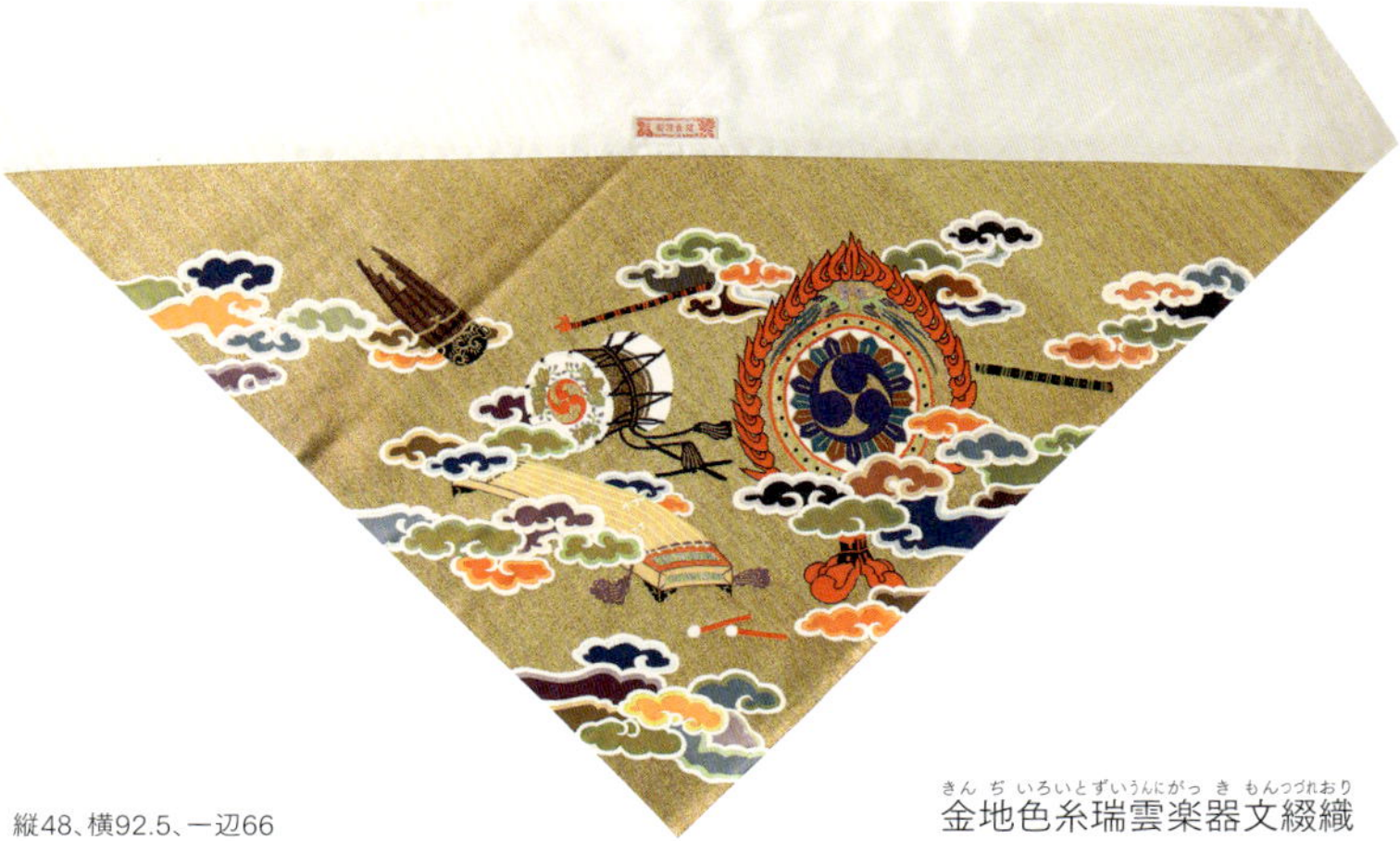

縦48、横92.5、一辺66

金《きん》地《ち》色糸《いろいと》瑞雲《ずいうんに》楽《がっ》器《き》文《もん》綴織《つづれおり》

# 雲《くも》文《もん》

仏教的に重要な時に現れる瑞雲《ずいうん》です。また、浄土系では西方極楽浄土《さいほうごくらくじょうど》から阿弥陀如来《あみだにょらい》が観音菩薩《かんのんぼさつ》と勢至《せいし》菩薩を脇侍《きょうじ》として「五色《ごしき》の雲」に載って来迎《らいごう》する瑞相《ずいそう》を表します。

朱地《しゅち》色糸《いろいと》瑞雲文《ずいうんもん》金襴《きんらん》

（拡大）

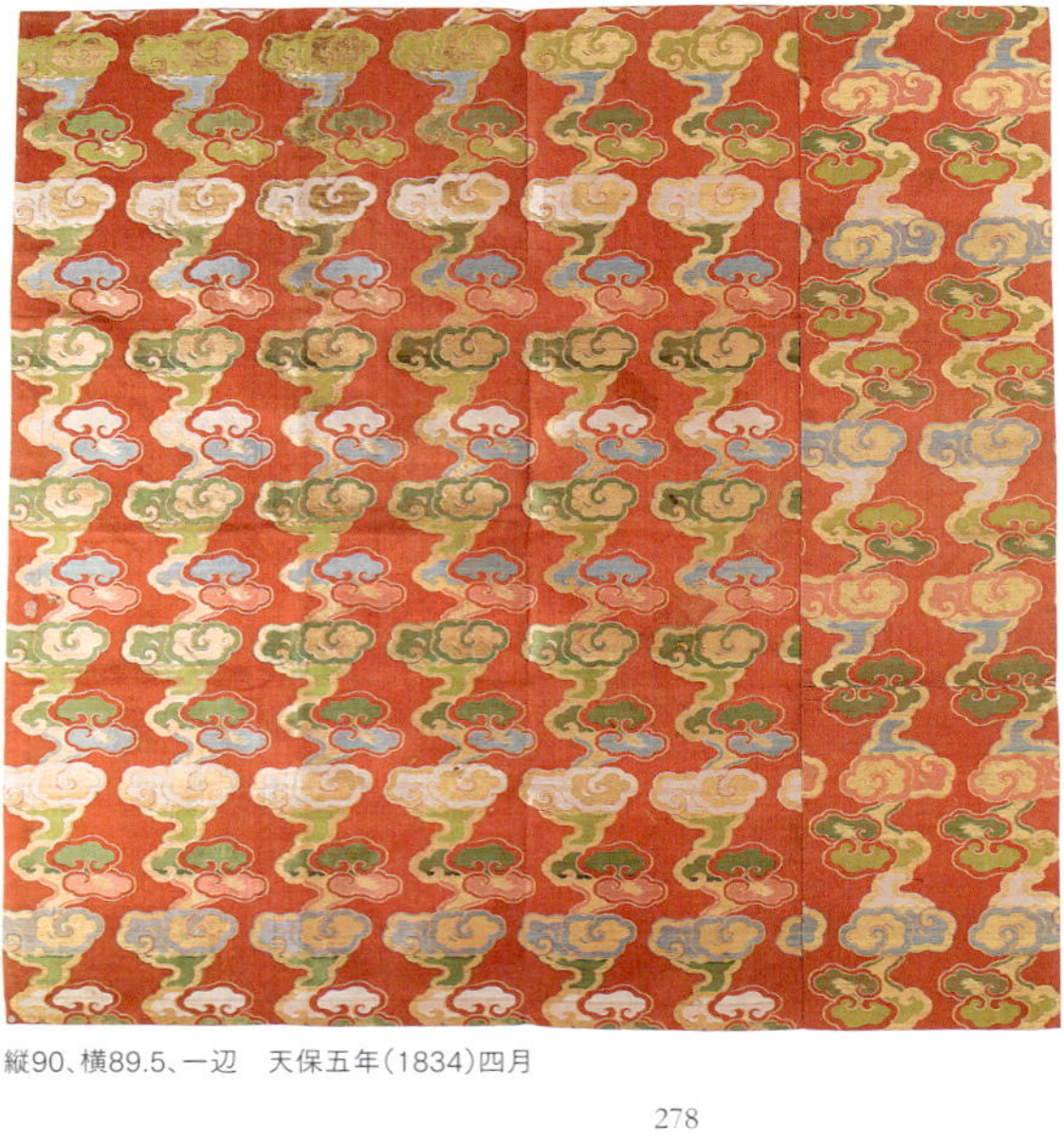

縦90、横89.5、一辺　天保五年（1834）四月

縦53、横67

紫《むらさき》 塩瀬《しおぜに》金《きん》白《しろ》瑞雲《ずいうん》文《もん》刺繍《ししゅう》

縦87.5、横180、一辺122.5

黒地《くろち》稲妻《いなづまに》雲《くも》文《もん》金襴《きんらん》

赤地《あかぢ》蜀江中《しょっこうちゅう》黄《き》白雲丸文金襴《しろくものまるもんきんらん》

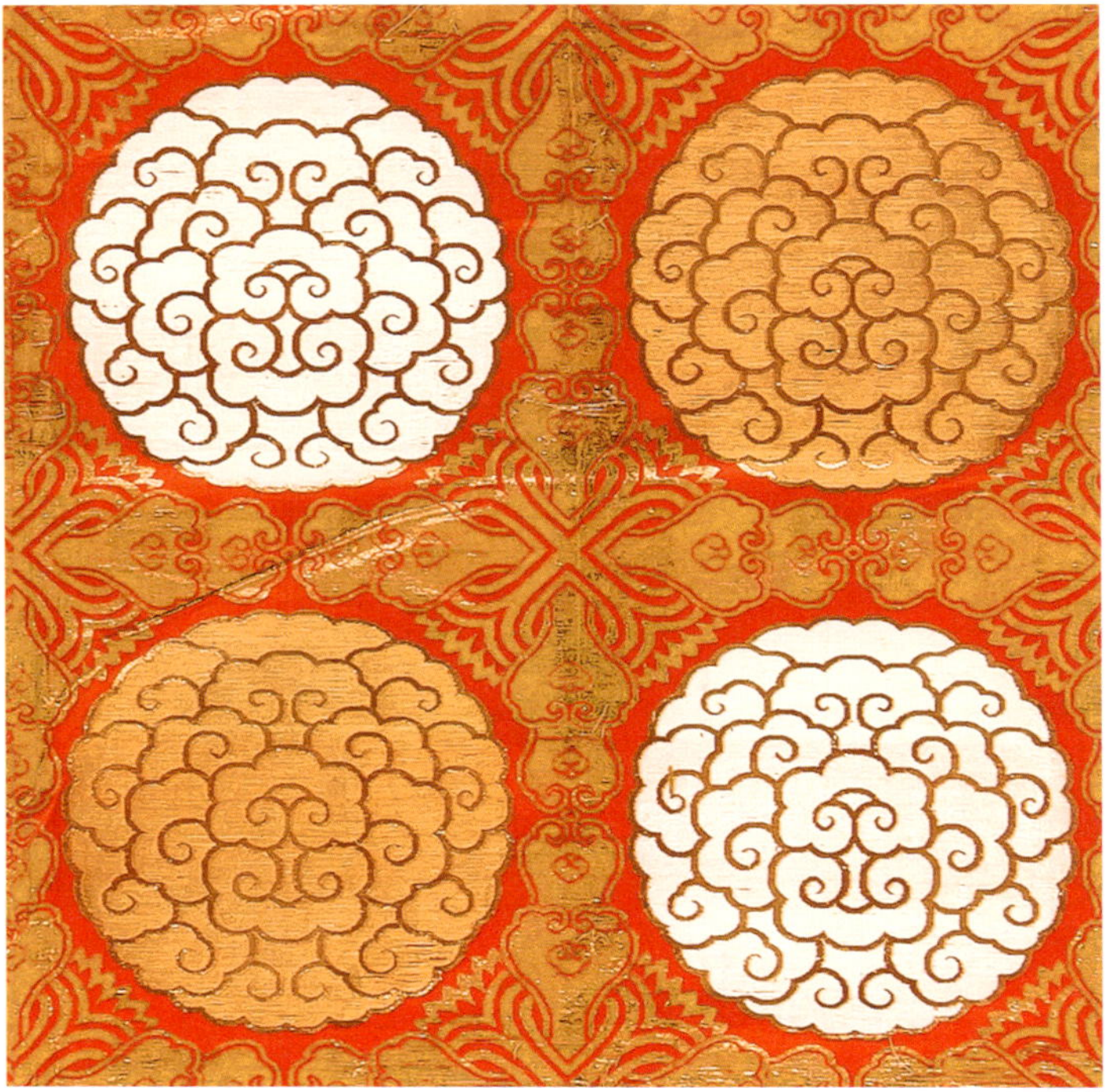

（拡大）

縦117、横322　大正二年（1913）四月

# 波文《なみもん》

彼岸《ひがん》(来世)と此岸《しがん》(現世)の間にある「三途《さんず》の川」や「二河白道《にがびゃくどう》」などを連想させる文様です。「二河白道」とは浄土教において、西の阿弥陀如来《あみだにょらい》(浄土)の正面に細い白道があり、南側に燃え盛る火の河(怒りや憎しみなど)、北側に逆巻く波(貪りや執心など)があり、此岸に立つ者を盗賊や野獣などが追いかけ、阿弥陀如来の「来たれ」と釈迦如来の「行け」の呼び掛けに応じて彼岸へ辿り着き、極楽往生《ごくらくおうじょう》を果たす教えです。

浅葱地観世水文絽銀《あさぎちかんぜみずもんろぎん》

縦43、横49(68.5)、一辺48(短辺14)

青《あお》(緑《みどり》)羽二重《はぶたえ》金波《にきんなみ》刺繍《ししゅう》

縦41、横66

# 宝《たから》尽《つくし》文《もん》

吉祥《きっしょう》文様で、珠《たま》(如意宝珠《にょいほうしゅ》・意の如く願いが叶う珠)、打出《うちで》の小槌《こづち》(願いが叶う、宝が出る)、金嚢《きんのう》(財宝を入れる巾着《きんちゃく》)、宝鍵《ほうやく》(宝蔵の鍵)、分銅《ふんどう》(金を量るおもり)、丁子《ちょうじ》(薬や香料)、隠笠・隠蓑(災害から身を隠すもの)、巻物(知恵・知識)、宝剣(知恵)、軍配(勝負の采配)、法螺《ほら》(怨敵退散)などが含まれます。世俗的で本来は仏教とは関係がありませんが、打敷の文様としても、用いられました。

縦63.5、横65

赤地《あかぢ》色糸《いろいと》宝尽文《たからつくしもん》金襴《きんらん》

縦30、横49(53)、一辺37.5(短辺5)

赤地《あかぢ》色糸《いろいと》宝尽文《たからつくしもん》金襴《きんらん》

藍地《あいぢ》色糸《いろいと》雲丁子丸《くもにちょうじのまる》熨斗丸文錦《のしのまるもんにしき》

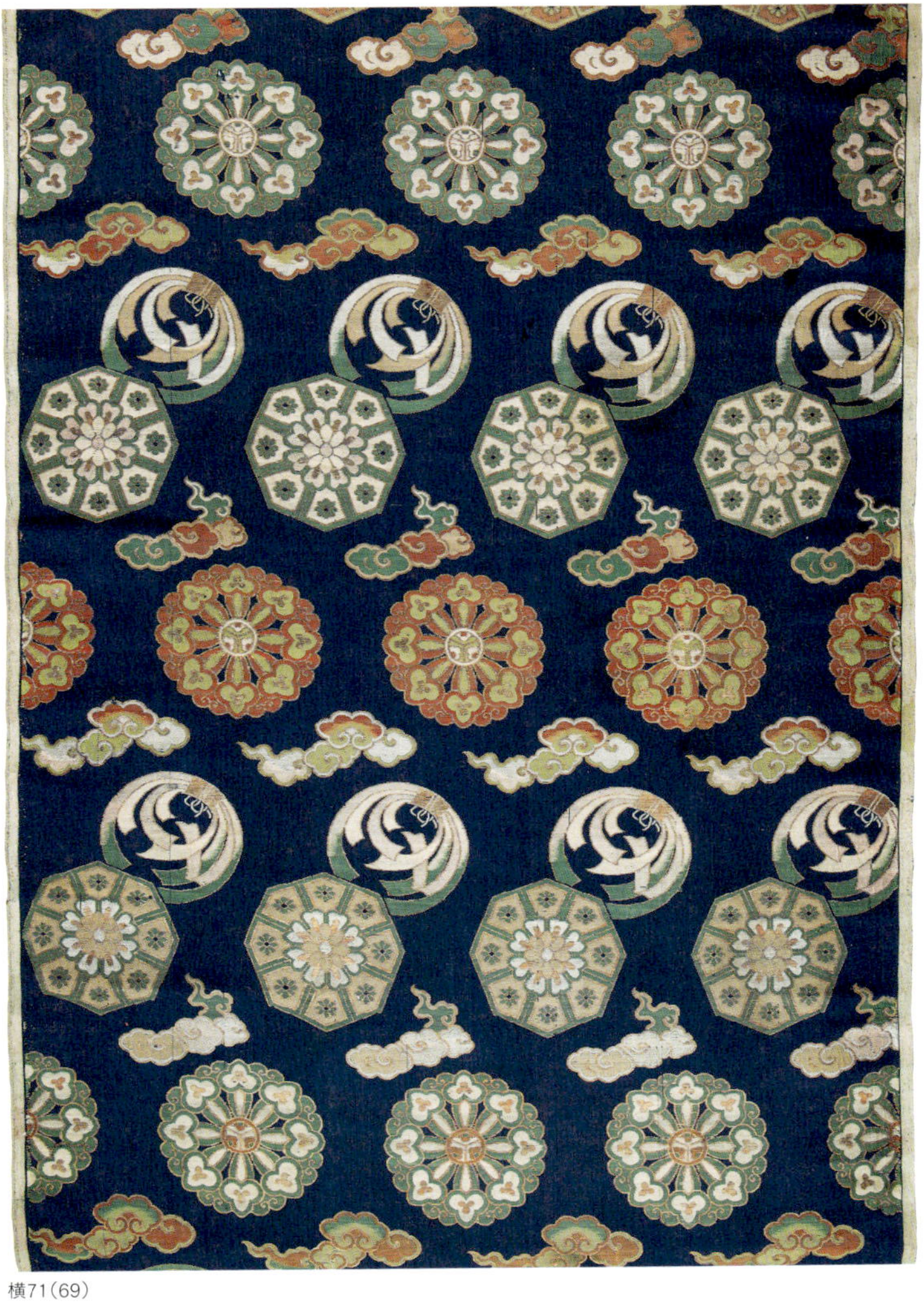

横71(69)

## 【五《ご》色《しき》】

### 五色の色

「五色の短冊」や「五色の幕」「五色の雲」などで知られる伝統的な色の基本の「五色」とは「青」「黄」「赤」「白」「黒」を指します。

#### 「青」

伝統色の「青」は「白砂青松《はくさせいしょう》」や「青々とした野菜」「青竹」など現在でも使われている言葉にもあるように「緑・グリーン」を指します。現在の「青・ブルー」は「縹《はなだ》」などと呼ばれていました。従って、一般的に認識されている「青・ブルー」と伝統色の「青・グリーン」とを混同しないように注意しなくてはなりません。それは伝統色には意味が込められていますが、「グリーン」と「ブルー」とでは意味するものが異なるからです。

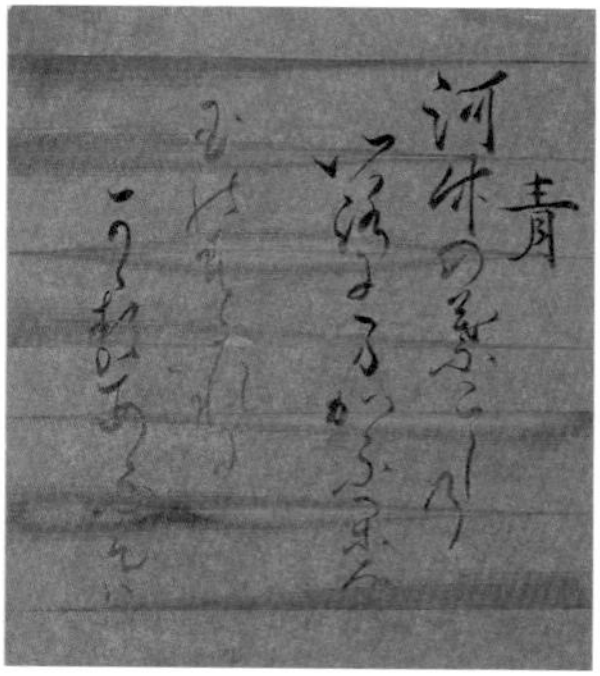

河竹の葉こしの
いろにまかふかな
玉のすたれに
かかるあふひは
（五色和歌・青）

「五色」は「陰陽五行《いんようごぎょう》」(後述)とも関連し、伝統色の「青・グリーン」は「木」「春」「東」「龍」などを表します。一方、「縹・ブルー」は状況によっては「喪《も》」を表し、その色の濃さで「喪」の程度を表していた時代もありました。従って伝統色の「青」を「ブルー」にすることはできません。

聖徳太子(五七四~六二二)の『冠位十二階《かんいじゅうにかい》』(六〇四)では「濃青」と「薄青」が記載されています。この時代の「青」が「ブルー」を指していた可能性は否定できませんが、その後の『冠位四十八階』(六八五)では「深《こき・ふかき》緑」「浅《うすき・あさき》緑」とされ、「青」ではありませんでした。この当時「青」系統を代表する色は「緑・グリーン」と認識されていたようです。その後の『飛鳥浄御原令《あすかきよみはらりょう》』での改正(六八九)や『大宝律令《たいほうりつりょう》』(七〇一)、および『養老律令《ようろうりつりょう》』(七五七)の位袍《いほう》(官位に応じた装束の袍《うえのきぬ・ほう》)では「深緑」「浅緑」に続いて「深縹」「浅縹」とされましたが「青」の記載はなく、「緑」は「グリーン」、「縹」は「ブルー」と使い分けられていたことが分かります。

ところで聖武天皇(七〇一~七五六、在位七二四~七四九)や光明皇后(七〇一~七六〇)の時代以前から使われた、「奈良」に掛かる枕詞《まくらことば》の「青丹《あおに》よし」は、宮殿や寺院などの柱の「丹」と、連子窓《れんじまど》などの「青」に由来しているといわれています。そして連子窓は「グリーン」に塗られ、「ブルー」ではありませんでした。

その後の平安時代の摂関期《せっかんき》の位袍には「青」や「緑」の文言はありませんが、六位の袍の色は「縹・ブルー」とされ、江戸時代まで引き継がれました。これは、「緑」の染色は「藍」で染めた上に「黄」(苅安《かりやす》で染めます)をかけますが、時の経過に伴って「黄」が退色して「藍(縹)」となるため、『養老律令』での位袍の「緑」が「縹」に統合されたことによるといわれています。

## 「黄」

装束での「黄」は、あまり高い位置を与えられませんでした。これは「黄」の染料が安価だったことも関係していると思われます。権力者が独占する色は基本的に染料が高価であったり、染色法が容易ではないものが多いのです。しかし、「黄」は中央や中庸《ちゅうよう》、中道《ちゅうどう》を指します。また、古代中国では皇帝を表し、皇帝の装束や禁裏の瓦の色も「黄」とされたほどでした。

## 「赤」

「赤」は『冠位十二階』では上から「濃紫」「薄紫」「濃青」「薄青」に次ぐもので「濃赤」「薄赤」でした。その後の『冠位四十八階』では最上位の親王明位《みょうい》と諸王浄位《じょうい》が「朱華《はねず》」

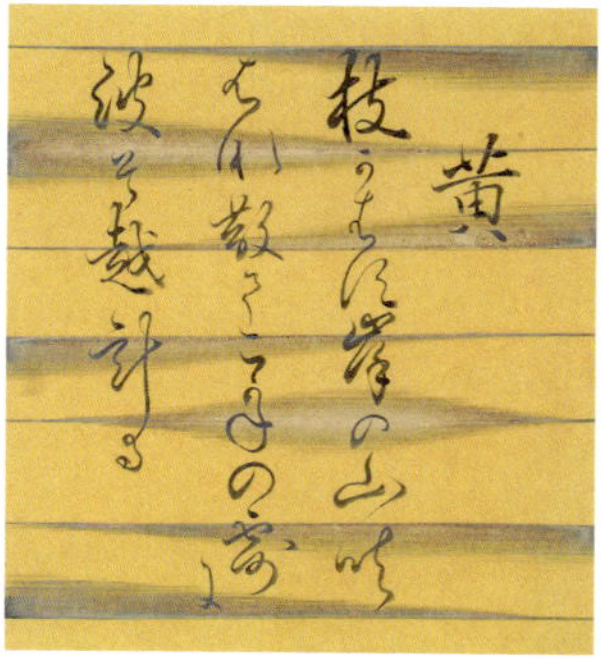

枝かはす岸の山吹
はな散てこかねの露
に
波そ越ける
（五色和歌・黄）

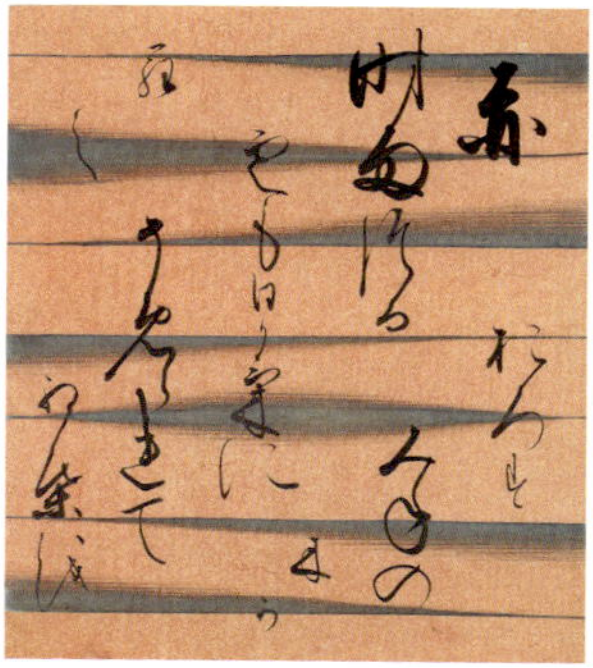

時雨つる
雲も日かけに
そめられて
紅葉を
おろす
みねの
木からし
（五色和歌・赤）

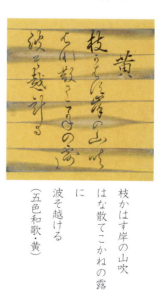

で、『飛鳥浄御原令』での改正では親王明位と諸王浄位が「朱華」、諸臣直《じき》位《い》が「緋《あけ》」とされました。また、『養老律令』の位袍では諸臣四位が「深緋」、諸臣五位が「浅緋」でしたが、平安時代の摂関期になると四位以上が「黒」で、五位が「深緋(赤)」になり、これが原則的に江戸時代まで維持されました。それぞれの色の表記から赤系統での色の違いがあったと思われます。

いずれにしても「赤」は染料としては高価で、源氏の白旗に対して平家の赤旗は、それだけでも平家が裕福だったことを示しています。また、公家が経済的に困窮した幕末、貸装束屋では「黒」や「縹」の袍の賃料が百匹(二千五百文)であったのに対し、「黒」の袍より下位の「赤」の袍は二百匹であったことにも反映しています。

一方「赤」は異界を表す色とされました。神社の鳥居には白木や黒木もありますが、多くは朱ですし、寺社建築に朱が多く用いられていることにも関連しています。従って平安時代には五位の「束帯《そくたい》」や「衣冠《いかん》」の袍の色は「赤」ですが、これを着装した人は只人ではなく、神の化身など、異界に通じる者として物語などに登場します。

## 「白」

「白」は純粋で神聖な状態を示しますが、装束の色では若年者は濃く、年齢が上がるに従って薄くしていきますので、行き着くところは「白」になります。また、『冠位十二階』以降『養老律令』に至るまで、天皇の服色についての記述はありませんが、白であったともいわれています。

## 「黒」

「黒」には色々の説があり「紫」とも関連しています。『冠位十二階』では「紫」は最上位に位置付けられました。その後の『冠位四十八階』での最上位は「朱華」ですが、これは親王、諸王が用い、臣下の最上位の色は「紫」でした。それに続く『飛鳥浄御原令』での改正では諸王浄位が「黒紫」、諸臣正位が「赤紫」となりました。また、『養老律令』の位袍では天皇と皇太子を除

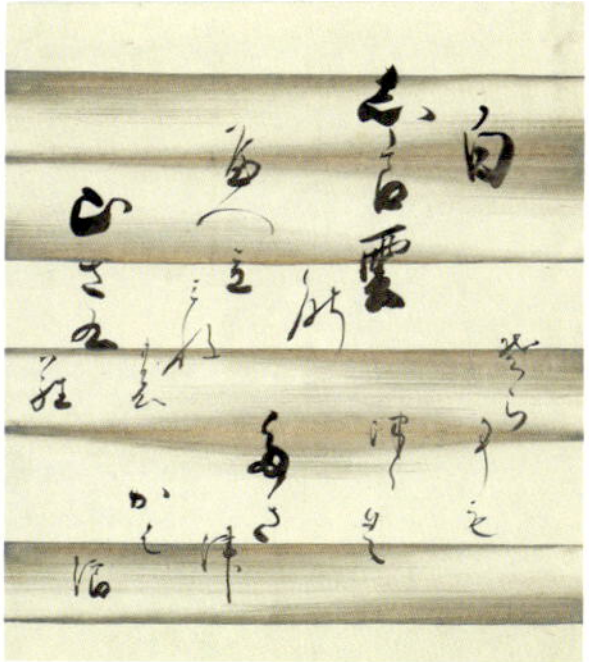


しら雲の
やへ立みねの
山さくら
そらにもつつく
たきつかは波
（五色和歌・白）

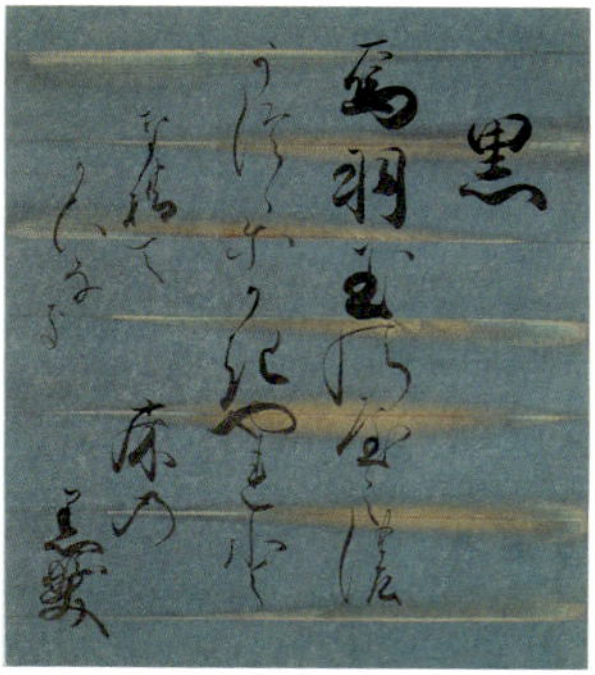


烏《ぬ》羽《は》玉《たま》のやみの
うつつにかきやれと
なれてかひなき
床の黒髪
（五色和歌・黒）

く最上位の色は「紫」で、濃いほど上位とされたため、競って濃くした結果、「黒」と区別が付かなくなり、平安時代以降、四位以上の袍の色が「黒」になりました。これを受けて染色法がより簡便な「黒」で「紫」を代用するようになったという説があります。このこともあって「五色の幕」などでは、本来は「黒」なのですが、その読み替えとして、また、黒の染料は鉄分を含み、時の経過に伴って他の色の裂《きれ》よりも生地が劣化しやすいため、「紫」が用いられるようになったともいわれています。

一方、「陰陽五行」での「紫」は「陽」である「赤」と、「陰」の「黒」を合わせた色といわれ、この二色の統合が宇宙の根源である「太極《たいきょく》」を表すので、神聖で高貴な色になると説明しています。

また、「黒」は全ての色を混ぜ合わせた色で、全てを包含する意味を持つともいわれています。

「有職」(後述)や「仏教」での「五色」には色の順番があり、「青」「黄」「赤」「白」「黒」の順になります。「五色の幕」などでもこの順番に裂を繋ぎます。

先ず「陰陽五行」(後述)では四季の春夏秋冬を「青」「赤」「白」「黒」の色で表しますが、これは東南西北の順番でもあります。また「天子、南面す」の如く、御所の紫宸殿《ししいでん》やかつての大極殿《だいごくでん》は南向きの建物でした。そして太陽は東から昇り、南天を通って西に沈みますので、東の「青」から始まり、南の「赤」を経て西の「白」に至り、それに続けて「黒」となります。また、各九十日ある四季のそれぞれ最後の十八日が「土用」(色は「黄」)になります。この「土用」は前の季節を終わらせて次の季節に導く重要な役割をするとされています。「土用」は年に四回ありますが、最初の季節の春の「土用」を代表として春の「青」の次に位置付けて「青」「黄」「赤」「白」「黒」の順番となるのです。

# 禁色《きんじき》

権力者が独占した色で、許可がないと使用できませんでした。また、「束帯」や「衣冠」では位階に応じて装束の色が決められる位袍《いほう》がありましたので、これを逸脱することもできませんでした。その色も時代によって多少は異なりますが、天皇の袍の色である「黄櫨染《こうろぜん》」と皇太子の「黄丹《おうだん・おうに》」はどの時代でも、また、どのような場合でも使用できませんでした。平安時代の「禁色」には「梔子《くちなし》」「赤」「青」「深紫」「深紅《ふかきくれない》」「深蘇芳《ふかきすおう》」がありました。また、室町時代には「濃赤」は「赤白橡《つるばみ》」とも称し、天皇や上皇、摂政や関白の袍の色とされたこともありました。

その後の江戸時代になっても位袍などの「禁色」は継承されました。寛永四年（一六二七）の後水尾天皇（一五九六〜一六八〇、在位一六一一〜一六二九）の「紫衣《しえ》事件」で有名な「紫の衣」は勅許《ちょっきょ》（天皇の許可）が必要でしたので、「禁色」でした。さらに皇族が出家して門跡《もんぜき》となった時の衣体《えたい》は「緋衣《あけ・ひのころも》」と称しますが、これも「禁色」でした。この時、袈裟は「緋紋《ひもん》白《ぱく》」で、「緋」色地に白の「菊御紋《きくのごもん》」などが用いられました。一方、鎌倉時代以降、「香《こう》」色の衣や袈裟、帷子《かたびら》などは「荒涼には着ず」とされ、選ばれた年長者の色でした。

# 色と装束《しょうぞく》

源高明《たかあきら》（九一四～九八三）が著した『西宮記《さいきゅうき・さいぐうき》』には醍醐天皇（八八五～九三〇、在位八九七～九三〇）の延喜七年（九〇七）二月二十三日に時の左大臣、藤原時平《ときひら》（八七一～九〇九）が「天皇の朝服の綾文が臣下と同じなのは、はなはだ宜しくないので区別すべき」と述べたことが記載されています。つまり、それ以前は身分による装束の区別は文様ではなく、色でした。色によって身分を分けた最初のものは、聖徳太子が制定した『冠位十二階』（六〇四）ですが、それ以降『養老《ようろう》律令』（七五七）の位袍に至るまで、位階《いかい》に応じた装束の色が規定され、その後も継承されました。装束と色との関わりは重要ですが、色に対する認識や重要性は時代による変動があるため、注意が必要です。

仏教では僧侶の階級は衣や袈裟などの装束に反映しますが、形態だけではなく色でも差別化されています。また、打敷に用いられた色にも意味が込められていることがあります。

# 官位《かんい》と色

『冠位十二階』推古天皇十一年（六〇四）

| 等級 | 官位 | 色彩 |
|---|---|---|
| 一 | 大徳《だいとく》 | 濃紫 |
| 二 | 小《しょう》徳 | 薄紫 |
| 三 | 大仁《にん》 | 濃青 |
| 四 | 小仁 | 薄青 |
| 五 | 大礼《らい》 | 濃赤 |
| 六 | 小礼 | 薄赤 |
| 七 | 大信《しん》 | 濃黄 |
| 八 | 小信 | 薄黄 |
| 九 | 大義《ぎ》 | 濃白 |
| 十 | 小義 | 薄白 |
| 十一 | 大智《ち》 | 濃黒 |
| 十二 | 小智 | 薄黒 |

『冠位四十八階』天武天皇十四年（六八五）

| 等級 | 官位 | 色彩 |
|---|---|---|
| 一～四 | 親王明位《みょうい》 | 朱華《はねず》 |
| 五～十二 | 諸王浄位《じょうい》 | 朱華 |
| 十三～二十 | 臣下正位《しょうい》 | 深紫《こき・ふかき》 |
| 二十一～二十八 | 臣下直位《じきい》 | 浅紫《うすき・あさき》 |
| 二十九～三十六 | 臣下勤位《ごんい》 | 深緑 |
| 三十七～四十四 | 臣下務位《むい》 | 浅緑 |
| 四十五～五十二 | 臣下追位《ついい》 | 深葡萄《えび》 |
| 五十三～六十 | 臣下進位《しんい》 | 浅葡萄 |

『飛鳥浄御原令《あすかきよみはらりょう》』での改正、持統天皇三年(六八九)(ただし即位は翌年)

| 等級 | 官位 | 色彩 |
|---|---|---|
| 一〜四 | 親王明位 | 朱華 |
| 五〜八 | 諸王浄位 | 朱華 |
| 九〜十二 | 諸王浄位 | 黒紫 |
| 十三〜二十 | 臣下正位 | 赤紫 |
| 二十一〜二十八 | 臣下直位 | 緋《あけ》 |
| 二十九〜三十六 | 臣下勤位 | 深緑 |
| 三十七〜四十四 | 臣下務位 | 浅緑 |
| 四十五〜五十二 | 臣下追位 | 深縹《はなだ》 |
| 五十三〜六十 | 臣下進位 | 浅縹 |

『養老《ようろう》律令』の位袍、天平宝字元年(七五七)

| 等級 | 官位 | 色彩 |
|---|---|---|
| 一〜二 | 親王一〜四品《ほん》<br>諸王一位<br>諸臣一位 | 深紫 |
| 三〜六 | 諸王二〜五位<br>諸臣二〜三位 | 浅紫 |
| 七〜十 | 諸臣四位 | 深緋 |
| 十一〜十四 | 諸臣五位 | 浅緋 |
| 十五〜十八 | 諸臣六位 | 深緑 |
| 十九〜二十二 | 諸臣七位 | 浅緑 |
| 二十三〜二十六 | 諸臣八位 | 深縹 |
| 二十七〜三十 | 諸臣初位 | 浅縹 |
|  | 無位 | 黄 |

摂関期(平安時代)以降

| 官位 | 色彩 |
|---|---|
| 一〜四 | 黒 |
| 五 | 赤 |
| 六 | 縹 |

# 【陰陽《いんよう》五行《ごぎょう》】

「陰陽説」は「易《えき》」に由来します。「易」では宇宙の根源の「混沌《こんとん》」を「太極《たいきょく》」とし、この「一元」から「陰陽」の「二気」、あるいは「天地乾坤《てんちけんこん》」が生じると説きます。「易」では森羅万象《しんらばんしょう》を「陰陽」で読み解きます。例えば能動的なものを「陽」、受動的なものを「陰」としますが、これは絶対的なものではなく、状況によって変化します。また、「陰陽」の「二気」の交感から「木火土金水《もくかどごんすい》」の「五気」、あるいは「五元素」が生じ、これに時間、空間、事物、事象の一切が還元されます。この「五気」の循環が「五行」で、その中には種々の法則があります。その一つとして、「五行」が対立することなく順次発生し循環するのを「五行相生《そうじょう》」、逆に闘争するのを「五行相剋《そうこく》」とします。そこには不断の「和」と「争」があり、「変化」があります。この「和」と「争」の中に「調和」を、「変化」の中に「不変」を見るとされています。

「五行」を各要素に配当すると、以下のようになりますが、これ以外にも例えば「五臓《ごぞう》」や「五味《ごみ》」など、その要素は種々あります。

| 五行 | 木 | 火 | 土 | 金 | 水 |
|---|---|---|---|---|---|
| 五時 | 春 | 夏 | 土用 | 秋 | 冬 |
| 五方 | 東 | 南 | 中央 | 西 | 北 |
| 五色 | 青 | 赤 | 黄 | 白 | 黒 |

四神《しじん》―青龍《せいりゅう》―朱雀《すざく》―白虎《びゃっこ》―玄武《げんぶ》

これらは早くから日本に伝わりましたが、五一三年には「易」が伝来し、六〇二年には百済《くだら》の僧、観勒《かんろく》（生没年不詳）が遁甲《とんこう》（奇門遁甲とも称される古代中国の占術）や方術《ほうじゅつ》（古代中国を起源とする仙人が使う霊妙な術。神仙術）などを伝えたことが記録に残されています。その後、「陰陽五行」は天智天皇（六二六〜六七二、在位六六八〜六七二）の頃には広く浸透し、天武天皇（六三一？〜六八六、在位六七三〜六八六）の頃には最盛期を迎え、「壬申《じんしん》の乱」（六七二）の後の六七五年には国の機関として「陰陽寮《おんみょうりょう》」が設けられました。そして儀式や行事などの「陰陽五行」による理論付け、あるいは読み替えが行われた結果、そのような理論を持たなかった古代の日本人の意識に入り込み、精神的な拠り所になりました。神道は日本固有と思われるかも知れませんが、これにも多く取り入れられ、仏教も影響を受けています。従って私達の生活の中には意識することのない部分にまで「陰陽五行」が入り込んでいることがあります。

「陰陽」では奇数は「陽」、偶数は「陰」とするなど、相対するものを「陰陽」に対応させます。そして「陽」と「陽」、「陰」と「陰」が重ならないように、つまり「陽」と「陰」を組み合わせるのが原則です。「陰陽」は「打敷の文様」の数や配置などにも反映しています。

## 【有《ゆう》 職《そく》】

### 有職故実《こじつ》

「有職故実」とは宮中や公家の官職や儀式、また、装束や調度などを研究することで、「有職」はその知識を、「故実」はその元となった事例などを指します。「有職故実」には平安時代以来の多大な事例と知識の蓄積がありますので、その約束事に従って種々の事柄が決められました。しかし、それらの「故実」の中には矛盾したものが存在したり、前例のない事例への対応が必要なこともあり、それぞれの事項に対しての研究や工夫がなされました。そして「有職故実」に適わないことや知識がないことは「恥」と認識されました。ところで時代によっては「有職故実」の適用が厳密であったり、逆に弛緩したこともありましたが、それは、例えば「応仁《おうにん》・文明《ぶんめい》の乱」(一四六七〜一四七七)などの戦乱や天災などで資料が失われたり技術が断絶するなど、「有職故実」にとっても甚大な損失を蒙《こうむ》った時代があったからでした。「有職故実」は、その時の状況や当事者の経済状態など、周囲の環境の影響を受けながら伝えられてきたのです。一方、「有職故実」の適用がその時点で可能かどうかは別としても、知識としての蓄積は幕末に至るまで継続して行われ、研究されてきました。

# 有職の文様

宮中、あるいは公家が用いる装束や調度には特有の文様が用いられています。これらの文様の中には大陸からもたらされたものもありますが、平安時代以降に和風化して今に伝えられました。「有職の文様」は装束や調度、それぞれに専用のものも、また、共通して用いられるものもあります。これらの文様は宮中などで使用される器物自体や、それらを用いて展開される行事や情景などが図案化されることはなく、それらの器物に共通して施される文様として成立しています。

ところで、皇族の男子は皇太子以外は出家して門跡《もんぜき》寺院に入ることが多く、また、公家も寺院との関係が深かったことにより「有職の文様」は仏教にも持ち込まれました。「有職の文様」は織物に好んで用いられたため、僧侶の装束や打敷などに反映しています。

## 【参考文献】


○『装束図式』出雲路和泉掾、元禄五年(一六九二)
○『装束織文図会』本間百里、文政七年(一八二四)
○『有職故実』江馬務、河原書店、昭和四〇年(一九六五)
○『日本の美術　第二九号　文様』溝口三郎編、至文堂、昭和四三年(一九六八)
○『日本紋章学』沼田頼輔、人物往来社、昭和四三年(一九六八)
○『有職故実図鑑』河鰭実英編、東京堂出版、昭和四六年(一九七一)
○『春秋左氏伝』明治書院、昭和四六年(一九七一)
○『陰陽五行思想からみた日本の祭』吉野裕子、弘文堂、昭和五三年(一九七八)
○『京都国立博物館蔵　前田家伝来名物裂　上巻』京都国立博物館編、紫紅社、昭和五三年(一九七八)
○『京都国立博物館蔵　前田家伝来名物裂　下巻』京都国立博物館編、紫紅社、昭和五四年(一九七九)
○『陰陽五行と日本の民俗』吉野裕子、人文書院、昭和五八年(一九八三)
○『日本の美術　第二二〇号　金襴』小笠原小枝編、至文堂、昭和五九年(一九八四)
○『改訂　史籍集覧　編外一　西宮記』近藤瓶城、臨川書店、昭和五九年(一九八四)
○『雅楽のデザイン　王朝装束の美意識』多忠麿編、小学館、平成二年(一九九〇)
○『門跡尼寺の名寶　霞会館資料第十六輯』霞会館、平成四年(一九九二)

○『日本の古刺繍』小椋順子、源流社、平成五年(一九九三)
○『十二支　易・五行と日本の民俗』吉野裕子、人文書院、平成六年(一九九四)
○『近世きもの万華鏡―小袖屏風展』国立歴史民俗博物館、朝日新聞社、平成六年(一九九四)
○『日本の美術　第三三九号　公家の服飾』河上繁樹、至文堂、平成六年(一九九四)
○『有職故実大辞典』鈴木敬三編、吉川弘文館、平成八年(一九九六)
○『時代を語る[染]と[織]―墨書のある近世の染織―』国立歴史民俗博物館、平成九年(一九九七)
○『将軍吉宗と宮廷「雅」　象がゆく　霞会館資料第二三輯』霞会館、平成十二年(二〇〇〇)
○『孝明天皇　光芒残照　明治の御代へ　霞会館資料第二七輯』霞会館、平成十六年(二〇〇四)
○『日本の美術　第五〇九号　有職文様』猪熊兼樹、至文堂、平成二〇年(二〇〇八)
○『[染]と[織]の肖像―日本と韓国・守り伝えられた染織品』国立歴史民俗博物館、平成二〇年(二〇〇八)
○『尼門跡寺院の世界―皇女たちの信仰と御所文化』産経新聞、平成二一年(二〇〇九)
○『高僧と袈裟　こころを伝え　こころを繋ぐ』京都国立博物館、平成二二年(二〇一〇)
○「打敷―東本願寺の荘厳―」『書香　第三〇号』平野寿則、七―一〇、大谷大学図書館・博物館、平成二五年(二〇一三)
○『有職の文様』池　修、光村推古書院、平成二八年(二〇一六)

# あとがき

池　修

核家族化に伴って仏壇のない家が増加し、かつ宗教に関心を持つ人が減少している昨今、仏教の荘厳《しょうごん》に興味がある人は多くはないかも知れません。それでも実家での法事や寺院の法要などに出席した時には、通常とは異なる飾り付けを見ることができます。その時、木製や金属製の仏具に交じって織物である打敷《うちしき》が卓《しょく》に掛けられていることがあります。打敷は普段は用いられることはなく、特別な時に期間限定で掛けられます。従って打敷の存在によって、いつもとは違う世界が創りだされ、仏壇や内陣がより一層、厳粛な空間に変わるのです。一方、打敷の中には荘重さだけを演出することを目的とするのではなく、季節の楽しみを信仰の世界にまで持ち込んだと考えられる図柄もあります。仏事を季節の行事の一つとして楽しんでいたとさえ思われる打敷からは、かつての日本人の感性が伝わってきます。古人が用いた多様性のある打敷を見る時、その時代の宗教空間に対する価値観を認識します。そして現在よりも人々の信仰心が篤かった時代、仏の荘厳のための意気込みを感じるのです。

　最後になりましたが、撮影していただいたたやまりこ氏、ニューカラー写真印刷の柴垣治氏、山本哲弘氏、辻恵里子氏、宇野健一氏、光村推古書院の合田有作氏、伊賀本結子氏のお世話になりました。また、フランス語訳はJean-Jacques TRUCHOT氏の御厚意によりました。皆様に御礼申し上げます。そして妻に感謝します。

**め**

明治(めいじ):11, 47, 49, 57, 63, 68, 76, 104, 108, 114, 117, 135, 137, 139, 157, 169, 172, 173, 176, 182, 183, 191, 203, 210, 216, 221, 224, 248, 251, 252, 256, 275

**も**

喪(も):285
萌葱(もえぎ):45, 114, 154, 160, 214, 217, 255, 269
木(もく・き):4, 285, 287, 294, 300
木綿(もめん):74
桃(もも):79
桃山時代(ももやまじだい):8, 53
門主(もんしゅ):70
文殊菩薩(もんじゅぼさつ):147
門跡(もんぜき):11, 56, 70, 290, 297
門跡寺院(もんぜきじいん):11, 56, 70, 297
文様(もんよう):9, 10, 11, 20, 21, 23, 53, 54, 56, 58, 76, 118, 123, 128, 130, 131, 132, 146, 156, 172, 186, 208, 212, 216, 245, 252, 254, 256, 257, 258, 262, 281, 282, 291, 295, 297

**や**

八重(やえ):11
八藤(やつふじ・はっとう):44, 45, 58, 59, 60, 61, 62, 63, 64, 65, 66, 67, 68, 69
破(やれ・やぶれ):73, 85, 125, 138, 183, 219

**ゆ**

猶子(ゆうし):70, 72
有職(ゆうそく):9, 10, 21, 23, 54, 58, 76, 123, 128, 130, 131, 132, 156, 172, 254, 262, 289, 296, 297
有職の文様(ゆうそくのもんよう):21, 23, 54, 58, 123, 128, 130, 131, 132, 172, 262, 297
雪輪(ゆきのわ):74

**よ**

葉(よう・は)→「は」
陽(よう):9, 285, 289, 294, 295
要素(ようそ):294
養老律令(ようろうりつりょう):285, 287, 288, 291, 293
横唐花菱(よこからはなひし):127
鎧(よろい):245
四弁(よんべん):58, 257

**ら**

来迎(らいごう):162, 278
来世(らいせ):281
羅紗(らしゃ):36, 37, 48, 122, 163, 226, 276

**り**

六道(りくどう):272
龍(りゅう):10, 16, 17, 69, 71, 76, 77, 78, 79, 80, 81, 82, 83, 84, 85, 86, 87, 88, 89, 90, 91, 92, 93, 94, 95, 96, 97, 98, 99, 100, 102, 103, 104, 105, 106, 107, 108, 109, 110, 111, 112, 113, 114, 115, 116, 117, 118, 146, 229, 285, 295
龍谷山(りゅうこくさん):76
流水(りゅうすい):58
霊鷲山(りょうじゅせん):162
輪状(りんじょう):275
綸子(りんず):53, 222, 225
龍胆紋(りんどうもん):75

**れ**

霊亀(れいき):146
霊妙(れいみょう):295
蓮華(れんげ):41, 162, 166, 167, 168, 169, 174
蓮華座(れんげざ):162
連続(れんぞく):256, 257, 258
連続文様(れんぞくもんよう):256, 257
蓮如(れんにょ):8

**ろ**

絽(ろ):163
楼閣(ろうかく):272
蠟燭(ろうそく):5
絽銀(ろぎん):281
六位(ろくい):285
六花形(ろくかけい):56
六角形(ろくかっけい):257
六葉葵文(ろくようのあおいもん):46, 56

**わ**

輪(わ):74, 258, 275
和(わ):294
和歌(わか):172, 208, 212, 286
和風化(わふうか):297

**ほ**

**袍**(ほう・うえのきぬ)→「うえのきぬ」
**法皇**(ほうおう):11
**鳳凰**(ほうおう):69, 102, 103, 104, 105, 106, 107, 108, 109, 110, 111, 112, 113, 114, 115, 116, 117, 118, 119, 120, 122, 123, 124, 125, 126, 127, 128, 129, 130, 131, 132, 133, 134, 135, 136, 137, 138, 139, 140, 141, 142, 144, 145, 146, 160, 184
**宝剣**(ほうけん):100, 282
**法事**(ほうじ):300
**宝珠**(ほうしゅ):92, 100, 102
**方術**(ほうじゅつ):295
**宝蔵**(ほうぞう):282
**宝相華**(ほうそうげ):73, 252, 253
**法然**(ほうねん):75
**宝鍵**(ほうやく):282
**法要**(ほうよう):4, 5, 8, 10, 162, 300
**法輪**(ほうりん):275
**豊麗**(ほうれい):252
**宝暦**(ほうれき):17, 50
**菩薩**(ぼさつ):278
**牡丹**(ぼたん):17, 18, 19, 50, 60, 68, 69, 70, 71, 76, 77, 104, 112, 123, 134, 138, 139, 147, 148, 149, 150, 151, 152, 153, 155, 176, 177, 178, 186, 187, 188, 189, 190, 191, 192, 193, 194, 195, 196, 197, 198, 199, 200, 201, 202, 203, 204, 205, 206, 207, 217, 222, 223, 225
**牡丹紋**(ぼたんもん):68, 69, 70, 71, 186
**仏**(ほとけ):4, 5, 8, 162, 301
**法螺**(ほら):282
**本願寺**(ほんがんじ):8, 70, 76, 118, 186
**煩悩**(ぼんのう):118, 147, 162, 275

**ま**

**前卓**(まえじょく):8
**摩訶迦葉**(まかかしょう):162
**籬**(まがき):203, 207
**巻物**(まきもの):282
**幕**(まく):284, 289
**松**(まつ):23, 68, 156, 161, 180, 222, 243, 284
**松皮菱**(まつかわひし):23, 180, 243
**松喰鶴**(まつくいつる):156
**護る**(まもる):10, 118
**迷い**(まよい):147
**丸**(まる):58, 131
**丸文**(まるもん):16, 17, 46, 54, 61, 69, 71, 76, 77, 79, 80, 81, 82, 83, 84, 85, 86, 87, 88, 89, 90, 98, 102, 103, 104, 105, 106, 107, 116, 125, 126, 127, 128, 129, 130, 132, 134, 136, 137, 138, 139, 140, 142, 145, 153, 164, 178, 181, 217, 218, 219, 220, 229, 270, 280, 283
**萬延**(まんえん):249
**卍繋**(まんじつなぎ):53
**万葉集**(まんようしゅう):208, 212

**み**

**三重襷**(みえたすき):33
**御簾**(みす):4
**水**(みず・すい)→「すい」
**水引**(みずひき):8, 232
**密教**(みっきょう):118
**密接**(みっせつ):9
**三巴**(みつともえ):46
**三葉葵紋**(みつばあおいもん):75, 214
**緑**(みどり):12, 15, 18, 22, 60, 61, 75, 77, 80, 86, 88, 142, 159, 190, 194, 195, 232, 240, 244, 245, 246, 255, 268, 281, 284, 285, 292, 293
**南**(みなみ):118, 146, 281, 289, 294
**源高明**(みなもとのたかあき):291
**三捩**(みもじり):58
**宮家**(みやけ):48
**妙衣**(みょうえ):8
**海松色**(みるいろ):36, 71
**明**(みん):53, 262

**む**

**向**(むかい):54, 81, 83, 85, 89, 102, 108, 109, 110, 111, 116, 126, 127, 128, 129, 130, 131, 132, 134, 136, 137, 138, 139, 142, 145, 154, 155, 205
**向鶴丸**(むかいつるのまる):54
**向鳳凰丸**(むかいほうおうのまる):102, 116, 126, 127, 128, 129, 130, 132, 134, 136, 137, 138, 139, 142, 145
**向龍丸**(むかいりゅうのまる):81, 83, 85, 89
**貪り**(むさぼり):281
**虫**(むし):147
**紫**(むらさき):20, 23, 25, 34, 38, 53, 54, 87, 124, 128, 129, 131, 157, 211, 218, 229, 249, 255, 279, 286, 288, 289, 290, 292, 293
**無量寿**(むりょうじゅ):156
**室町時代**(むろまちじだい):56, 290

131, 132, 133, 136, 142, 145, 155, 160, 162, 166, 167, 168, 169, 172, 174, 186, 187, 212, 216, 217, 218, 219, 220, 221, 226, 227, 228, 229, 230, 231, 232, 233, 234, 235, 236, 237, 238, 239, 240, 241, 242, 243, 244, 245, 246, 247, 248, 249, 250, 251, 252, 254, 257, 258, 259, 260, 261, 268, 270, 286, 287, 288, 292, 293
花籠(はなかご)：226, 227
縹(はなだ)：49, 59, 62, 63, 102, 179, 246, 247, 248, 250, 251, 284, 285, 287, 293
花菱(はなひし)：22, 33, 58, 127, 155, 242, 244, 257
花房(はなふさ)：58
華やか(はなやか)：4, 9
朱華(はねず)：286, 287, 288, 292, 293
羽二重(はぶたえ)：70, 73, 213, 281
春(はる)：285, 289, 294
幡(ばん)：4

ひ

火(ひ・か)→「か」
緋(ひ・あけ)→「あけ」
緋衣(ひ・あけ　のころも)→「あけのころも」
檜垣(ひがき)：23, 55, 164, 178, 189, 214, 218
東(ひがし)：70, 118, 146, 186, 285, 289, 294
東本願寺(ひがしほんがんじ)：70, 118, 186
光(ひかり)：8
彼岸(ひがん)：281
菱(ひし)：22, 23, 33, 58, 66, 76, 116, 127, 145, 155, 180, 184, 186, 192, 193, 236, 237, 242, 243, 244, 246, 247, 248, 257
菱形(ひしがた)：58
毘沙門亀甲(びしゃもんきっこう)：245
毘沙門天(びしゃもんてん)：245
飛天(ひてん)：272
一重菊紋(ひとえきくもん)：47
一重蔓(ひとえつる)：194, 195, 196, 197, 198
緋紋白(ひもんぱく)：290
百獣の王(ひゃくじゅうのおう)：147
白道(びゃくどう)：281
百花の長(ひゃっかのちょう)：147, 186
白虎(びゃっこ)：146, 295

ふ

富貴花(ふうきか)：186
深(ふかき・こき)→「こき」
濃(ふかき・こき)→「こき」
舞楽(ぶがく)：142, 276
武器(ぶき)：275
服(ふく)：10, 288
複合(ふくごう)：9, 76, 147, 184
副紋(ふくもん)：36, 57
藤(ふじ)：21, 58, 60, 61, 70, 72, 73, 74, 80, 124, 128, 149, 225, 248, 249, 255
藤襷(ふじたすき)：128, 248, 249
藤立涌(ふじたてわく)：21, 60, 80, 149, 255
藤丸(ふじのまる)：61
伏見宮(ふしみのみや)：48
藤紋(ふじもん)：70, 72, 73, 74
藤原時平(ふじわらのときひら)：291
臥蝶(ふせちょう)：131, 263
浮線綾(ふせんりょう)：131
二陪織(ふたえおり)：135
二重蔓(ふたえつる)：190, 191, 192, 193, 198, 199
二葉葵(ふたばあおい)：214
二捩(ふたもじり)：58
仏教(ぶっきょう)：4, 8, 9, 11, 76, 118, 146, 162, 172, 212, 213, 252, 275, 278, 282, 289, 291, 295, 297, 300
仏具(ぶつぐ)：4, 8, 58, 75, 300
仏光寺(ぶっこうじ)：70, 72
仏事(ぶつじ)：9, 10, 48, 301
仏像(ぶつぞう)：162
仏壇(ぶつだん)：4, 300
仏道(ぶつどう)：162
仏法(ぶっぽう)：10, 76, 162, 245, 275
不変(ふへん)：294
冬(ふゆ)：289, 294
不立文字(ふりゅうもんじ)：162
ブルー：284, 285
文化(ぶんか)：197, 214
文久(ぶんきゅう)：37, 110
文政(ぶんせい)：202
分銅(ふんどう)：54, 104, 129, 130, 134, 157, 179, 220, 282
分銅繋(ふんどうつなぎ)：54, 104, 129, 130, 134, 157, 179, 220

へ

平安時代(へいあんじだい)：20, 131, 285, 287, 289, 290, 293, 296, 297
平家(へいけ)：287

**と**
土(ど・つち):294
唐(とう):228, 252
等級(とうきゅう):292, 293
道元(どうげん):75
闘争(とうそう):294
盗賊(とうぞく):281
堂内(どうない):4, 8, 9
動物(どうぶつ):10, 76, 147
徳(とく):292
徳川家康(とくがわいえやす):75
徳川家(とくがわけ):214
徳川幕府(とくがわばくふ):9
毒蛇(どくじゃ):118
独占(どくせん):290
特別(とくべつ):5, 300
戸帳(とちょう):4
土用(どよう):289, 294
虎(とら):146, 295
渡来物(とらいぶつ):262
鳥(とり):118, 142, 160, 161, 213
鳥居(とりい):287
泥(どろ):162
遁甲(とんこう):295
緞子(どんす):47, 198, 232

**な**
内陣(ないじん):4, 5, 300
夏(なつ):289, 294
撫子(なでしこ):208, 209, 210, 211, 224
撫子襷(なでしこたすき):208, 209, 210, 211
波(なみ):40, 76, 99, 100, 117, 142, 151, 159, 206, 246, 247, 281, 286, 288
波襷(なみたすき):246, 247

**に**
丹(に):285
二河白道(にがびゃくどう):281
二気(にき):294
憎しみ(にくしみ):281
西(にし):70, 76, 118, 146, 278, 281, 289, 294
錦(にしき):4, 9, 21, 28, 41, 43, 46, 53, 65, 77, 79, 80, 81, 82, 83, 91, 92, 93, 94, 95, 96, 97, 105, 106, 110, 111, 149, 150, 175, 176, 178, 184, 215, 216, 217, 220, 231, 234, 235, 240, 242, 243, 253, 258, 262, 263, 268, 271, 283
西本願寺(にしほんがんじ):70, 76, 118
二條家(にじょうけ):70, 72
二條藤紋(にじょうふじもん):72, 73, 74
日蓮(にちれん):75
日蓮宗(にちれんしゅう):70, 75
鈍色(にび・にぶ いろ):160
日本(にほん):9, 11, 75, 172, 212, 213, 228, 252, 295, 301
日本人(にほんじん):9, 172, 213, 295, 301
入寺(にゅうじ):11
入滅(にゅうめつ):156
如意宝珠(にょいほうしゅ):282
女官(にょかん):272
如来(にょらい):278, 281
人界(にんかい):272

**ぬ**
縫取織(ぬいとりおり):12, 58

**ね**
願い(ねがい):5, 282
拈華微笑(ねんげみしょう):162

**の**
能動的(のうどうてき):294
熨斗(のし):283

**は**
葉(は・よう):11, 15, 46, 47, 56, 73, 75, 214, 284
掃き溜めに鶴(はきだめにつる):156
白砂青松(はくさせいしょう):284
白鶴(はくつる):156
幕末(ばくまつ):11, 287, 296
舶来品(はくらいひん):9
恥(はじ):296
蓮(はす):10, 23, 41, 151, 162, 163, 164, 165, 166, 167, 168, 169, 170, 171, 174, 213
八條宮(はちじょうのみや):48
八葉菊紋(はちようのきくもん):56
八正道(はっしょうどう):275
八藤(はっとう・やつふじ)→「やつふじ」
花・華(はな):8, 22, 33, 41, 44, 46, 53, 56, 58, 63, 73, 74, 77, 78, 79, 81, 98, 105, 106, 107, 122, 126, 127,

竹垣(たけがき):125
竹襷(たけたすき):222
竹実(たけのみ):118
竹屋町裂(たけやまちきれ):38, 162, 275
襷(たすき):128, 129, 158, 208, 209, 210, 211, 222, 238, 246, 247, 248, 249
只人(ただひと):287
立菱(たてひし):76
建物(たてもの):289
立涌(たてわく):20, 21, 60, 61, 73, 80, 123, 135, 149, 243, 255
玉(たま):284
珠(たま・しゅ):92, 100, 102, 112, 282
珠取(たまとり):112
多様性(たようせい):301
単色(たんしょく):9
単調(たんちょう):4
単独(たんどく):156, 184

**ち**

地色(ぢいろ):118, 156
智慧(ちえ):147, 162
知恵(ちえ):147, 282
畜生(ちくしょう):272
地獄(ぢごく):272
知識(ちしき):282, 296
千鳥(ちどり):142
地文(ぢもん):23, 53, 54, 128, 130, 132, 142, 156
地文様(ぢもんよう):53
着用(ちゃくよう):4, 8
中(ちゅう):17, 21, 24, 25, 26, 27, 29, 33, 40, 42, 43, 44, 56, 60, 61, 74, 76, 80, 81, 82, 83, 108, 109, 110, 111, 114, 115, 131, 136, 144, 149, 154, 158, 180, 221, 222, 229, 238, 243, 244, 246, 247, 248, 258, 259, 260, 261, 263, 268, 270, 280
中央(ちゅうおう):47, 131, 146, 286, 294
中興の祖(ちゅうこうのそ):8, 75
中国(ちゅうごく):9, 53, 94, 118, 146, 228, 252, 262, 286, 295
中道(ちゅうどう):286
中庸(ちゅうよう):286
蝶(ちょう):17, 131, 180
丁子(ちょうじ):282, 283
長寿(ちょうじゅ):156
朝鮮錦(ちょうせんにしき):235
調度(ちょうど):156, 296, 297
朝服(ちょうふく):291
調和(ちょうわ):294
勅許(ちょっきょ):290
縮緬(ちりめん):207
珍宝(ちんぽう):8

**つ**

追善(ついぜん):8
伝わる(つたわる):9, 228, 295, 297, 301
土(つち・ど)→「ど」
綴織(つづれおり):63, 69, 72, 73, 112, 148, 151, 160, 277
繋(つなぎ):53, 54, 104, 108, 109, 129, 130, 134, 154, 157, 179, 205, 220, 258, 259, 260, 261
椿(つばき):160
露(つゆ):147, 286
蔓(つる):58, 190, 191, 192, 193, 194, 195, 196, 197, 198, 199, 216, 256
鶴(つる):10, 14, 40, 54, 71, 143, 155, 156, 157, 158, 159, 222
鶴亀(つるかめ):156
蔓草(つるくさ):256
橡(つるばみ):290

**て**

定型化(ていけいか):9
寺請制度(てらうけせいど):9
天界(てんかい):272, 276
天災(てんさい):296
天子南面す(てんしなんめんす):289
天地乾坤(てんちけんこん):294
天智天皇(てんぢてんのう):295
天帝(てんてい):272
伝統(でんとう):284, 285
天女(てんにょ):10, 74, 272, 274
天皇(てんのう):11, 254, 285, 288, 290, 291, 292, 295
天平時代(てんぴょうじだい):252
天保(てんぽ):278
転法輪(てんぽうりん):275
天武天皇(てんむてんのう):292, 295
伝来(でんらい):9, 11, 295

293
親王家(しんのうけ):11, 47, 48
森羅万象(しんらばんしょう):294
親鸞聖人(しんらんしょうにん):98

す
図案化(ずあんか):131, 228, 297
水(すい・みず):5, 8, 39, 58, 76, 232, 281, 294
瑞雲(ずいうん):65, 66, 71, 151, 156, 274, 275, 276, 277, 278, 279
推古天皇(すいこてんのう):292
瑞獣(ずいじゅう):118, 146
瑞相(ずいそう):278
瑞鳥(ずいちょう):118
崇拝(すうはい):11
蘇芳(すおう):290
図柄(ずがら):5, 9, 10, 300
朱雀(すざく):118, 146, 295
頭陀第一(ずだだいいち):162

せ
贅(ぜい):5
生花(せいか):162
青海波(せいがいは):142
清華家(せいがけ):75
勢至菩薩(せいしぼさつ):278
精神的(せいしんてき):295
生前(せいぜん):4, 8
精緻(せいち):262
聖天子(せいてんし):118
青龍(せいりゅう):146, 295
世俗的(せぞくてき):282
世代(せだい):10
摂関期(せっかんき):285, 287, 293
摂関家(せっかんけ):70, 72, 75
摂政(せっしょう):70, 72, 290
殺生(せっしょう):146
絶対的(ぜったいてき):294
説法(せっぽう):8, 162
銭葵(ぜにあおい):254
線香(せんこう):5
潜在意識(せんざいいしき):9
禅宗(ぜんしゅう):162
占術(せんじゅつ):295
染色(せんしょく):285, 286, 289
仙女(せんにょ):226
仙人(せんにん):295
専用(せんよう):5, 9, 47, 94, 297
戦乱(せんらん):296
染料(せんりょう):286, 287, 289

そ
僧(そう):291, 295
争(そう):294
相剋(そうこく):294
相生(そうじょう):294
荘重(そうちょう):4, 300
曹洞宗(そうとうしゅう):75
僧侶(そうりょ):291, 297
即位(そくい):118, 293
束帯(そくたい):56, 256, 287, 290
素材(そざい):4, 9, 10
供える(そなえる):8
染(そめ):285, 286, 287, 289
存在(そんざい):9, 10, 300

た
台(だい):8, 162
大極(たいきょく):289, 294
大極殿(だいごくでん):289
醍醐天皇(だいごてんのう):291
台座(だいざ):162
大正(たいしょう):51, 52, 84, 98, 153, 196, 204, 211, 218, 244, 250, 280
橙(だいだい):135, 161, 170, 238
泰平(たいへい):118
大宝律令(たいほうりつりょう):285
大名(だいみょう):75
太陽(たいよう):289
大陸(たいりく):9, 297
鷹司家(たかつかさけ):70
鷹司牡丹紋(たかつかさぼたんもん):70
宝(たから):8, 40, 47, 71, 73, 79, 80, 85, 92, 100, 102, 175, 186, 230, 235, 236, 237, 238, 252, 253, 282
宝尽(たからつくし):40, 47, 71, 79, 80, 85, 175, 186, 230, 235, 236, 237, 238, 282
抱茗荷紋(だきみょうがもん):75
竹(たけ):68, 118, 125, 222, 284

65, 68, 70, 71, 72, 73, 74, 100, 101, 118, 119, 120, 121, 122, 123, 142, 146, 147, 156, 160, 161, 162, 163, 171, 179, 184, 186, 206, 207, 213, 224, 225, 226, 227, 252, 272, 274, 275, 276, 279, 281
四神(しじん)：118, 146, 295
四親王家(ししんのうけ)：48
四爪(しそう・よつめ)：95
四諦(したい)：275
下絵(したえ)：101, 171
下掛(したかけ)：8
仕立て(したて)：4, 8, 9, 10, 36, 47, 198
七宝繋(しっぽうつなぎ)：108, 109, 154, 205, 258, 259, 260, 261
四天王(してんのう)：245
持統天皇(じとうてんのう)：293
慈悲(じひ)：162
四方繋(しほうつなぎ)：258
紗(しゃ)：33, 38, 58, 142, 162, 213, 275
釈迦(しゃか)：8, 156, 162, 275, 281
釈迦の十大弟子(しゃかのじゅうだいでし)：162
朱(しゅ)：11, 12, 14, 15, 18, 19, 21, 22, 23, 24, 25, 30, 31, 32, 35, 39, 40, 42, 43, 44, 50, 51, 63, 67, 68, 77, 79, 82, 104, 105, 107, 115, 125, 131, 136, 138, 139, 142, 143, 146, 149, 151, 158, 164, 176, 181, 187, 194, 196, 201, 202, 203, 215, 222, 223, 228, 229, 233, 236, 247, 249, 258, 266, 278, 286, 287, 288, 292, 293
珠(しゅ・たま)→「たま」
宗教(しゅうきょう)：156, 300, 301
十四(葉)一重裏菊文(じゅうし・よう・ひとえうらきくもん)：47
執心(しゅうしん)：281
宗祖(しゅうそ)：75
宗派(しゅうは)：4, 5, 8, 9, 10, 11, 70, 75
宗紋(しゅうもん)：11, 58
十六(葉)一重裏菊紋(じゅうろく・よう・ひとえうらきくもん)：47
十六(葉)八重表菊紋(じゅうろく・よう・やえおもてきくもん)：11
守護(しゅご)：245
繻子(しゅす)：160
出家(しゅっけ)：11, 50, 290, 297
受動的(じゅどうてき)：294
修羅(しゅら)：272
順番(じゅんばん)：289
正月(しょうがつ)：10, 156
上皇(じょうこう)：56, 290
荘厳(しょうごん)：4, 5, 8, 9, 300, 301
正倉院(しょうそういん)：162, 252
装束(しょうぞく)：58, 208, 254, 285, 286, 287, 288, 290, 291, 296, 297
松竹梅(しょうちくばい)：68
象徴(しょうちょう)：118, 147, 156, 162
浄土(じょうど)：5, 8, 70, 75, 162, 278, 281
浄土教(じょうどきょう)：281
聖徳太子(しょうとくたいし)：285, 291
浄土系(じょうどけい)：162, 278
浄土宗(じょうどしゅう)：75
浄土真宗(じょうどしんしゅう)：5, 8, 70
聖武天皇(しょうむてんのう)：285
定紋(じょうもん)：11, 70, 75, 186
昭和(しょうわ)：47, 62, 130
卓(しょく)：4, 5, 8, 10, 300
蜀(しょく)：262
植物(しょくぶつ)：10, 162
女性(じょせい)：272
蜀江(しょっこう)：24, 25, 26, 27, 28, 29, 42, 43, 45, 49, 63, 81, 82, 83, 84, 85, 110, 111, 113, 136, 137, 142, 182, 229, 250, 251, 262, 263, 264, 265, 266, 267, 268, 269, 270, 271, 280
白木(しらき)：287
四霊(しれい)：146
白(しろ)：12, 14, 17, 21, 24, 25, 27, 28, 29, 30, 32, 33, 35, 36, 37, 38, 39, 42, 43, 44, 47, 48, 49, 52, 55, 58, 59, 62, 63, 66, 68, 69, 70, 71, 72, 73, 74, 84, 85, 102, 122, 130, 131, 137, 138, 144, 146, 156, 162, 163, 165, 166, 168, 170, 182, 185, 190, 192, 204, 205, 206, 207, 212, 213, 222, 224, 225, 226, 234, 237, 245, 246, 247, 248, 249, 250, 251, 263, 264, 275, 279, 280, 281, 284, 287, 288, 289, 290, 292, 294
臣下(しんか)：57, 288, 291, 292, 293
信仰(しんこう)：300, 301
神社(じんじゃ)：11, 287
真宗(しんしゅう)：5, 8, 70, 72
壬申の乱(じんしんのらん)：295
神聖(しんせい)：288, 289
神聖術(しんせいじゅつ)：295
神道(しんとう)：295
親王(しんのう)：11, 47, 48, 56, 286, 287, 288, 292,

五気(ごき):294
五行(ごぎょう):9, 285, 289, 294
極楽(ごくらく):10, 160, 276, 278, 281
極楽浄土(ごくらくおうじょう):162, 278, 281
五元素(ごげんそ):294
九重(ここのえ):48, 49, 50, 51, 52, 53, 54, 55
九重菊紋(ここのえきくもん):48, 50, 51, 52, 53, 54, 55
五三桐紋(ごさんのきりもん):40, 57
故事(こじ):162
五時(ごじ):294
五色(ごしき):9, 118, 278, 284, 285, 286, 289, 294
五色の雲(ごしきのくも):278
五七桐紋(ごしちのきりもん):36, 37, 38, 39, 40, 41, 42, 43, 57, 70, 71
故実(こじつ):296
御所(ごしょ):225, 289
御所車(ごしょくるま):225
故人(こじん):4, 8, 10
古人(こじん):301
五爪(ごそう・ごつめ):94, 95
五臓(ごぞう):294
小袖(こそで):4, 8
古代インド(こだいいんど):275
古代中国(こだいちゅうごく):9, 94, 118, 146, 286, 295
国家仏教(こっかぶっきょう):11
梧桐(ごとう):118
後鳥羽天皇(ごとばてんのう):11
近衛家(このえけ):70
近衛牡丹紋(このえぼたんもん):68, 69, 70, 71, 186
五方(ごほう):294
五味(ごみ):294
後水尾天皇(ごみずのおてんのう):290
御紋(ごもん):10, 11, 12, 13, 14, 15, 16, 17, 18, 19, 20, 21, 22, 23, 24, 25, 26, 27, 28, 29, 30, 31, 32, 33, 34, 35, 36, 37, 38, 39, 40, 41, 42, 43, 44, 45, 46, 56, 57, 70, 172, 290
御紋消(ごもんけし):12
五霊(ごれい):146
衣(ころも):8, 290, 291
紺(こん):13, 21, 39, 46, 47, 52, 64, 66, 67, 76, 80, 81, 88, 89, 92, 94, 95, 96, 97, 106, 109, 111, 116, 150, 153, 155, 165, 177, 178, 184, 185, 193, 198, 211, 230, 231, 242, 243, 257, 261, 267, 271
金(こん・かね):294
混沌(こんとん):294

## さ

西宮記(さいきゅうき・さいぐうき):291
最上(さいじょう):11, 272, 286, 288, 289
最盛期(さいせいき):295
采配(さいはい):282
財宝(ざいほう):282
西方極楽浄土(さいほうごくらくじょうど):278
桜(さくら):135
柘榴(ざくろ):79
紗綾形(さやがた):53, 64, 78, 225
更紗(さらさ):276
沙羅双樹(さらそうじゅ):156
三角(さんかく):8, 42, 43, 44, 45, 83, 103, 251
散華(さんげ):162
三国時代(さんごくじだい):262
三途の川(さんずのかわ):281
三葉(さんよう):15

## し

死(し):9, 162
慈愛(じあい):146
四位(しい):287, 289
寺院(じいん):4, 5, 8, 9, 11, 56, 58, 70, 75, 76, 118, 285, 297, 300
紫衣事件(しえじけん):290
塩瀬(しおぜ):38, 58, 65, 118, 119, 121, 122, 147, 156, 161, 184, 186, 227, 274, 275, 279
四角(しかく):8
此岸(しがん):281
四季(しき):289
色彩(しきさい):4, 292, 293
死後(しご):162
獅子(しし):17, 107, 147, 148, 149, 150, 151, 152, 153, 154, 155
紫宸殿(ししいでん):289
獅子吼(ししく):147
獅子身中の虫(しししんちゅうのむし):147
寺社(じしゃ):11, 287
寺社建築(じしゃけんちく):287
刺繍(ししゅう):4, 14, 36, 37, 38, 39, 41, 47, 48, 58,

85, 86, 87, 88, 89, 90, 98, 99, 102, 103, 104, 107, 108, 109, 111, 113, 114, 115, 116, 117, 124, 125, 126, 127, 128, 129, 130, 131, 134, 136, 137, 138, 139, 140, 141, 142, 144, 145, 148, 149, 151, 152, 153, 154, 155, 157, 158, 159, 164, 165, 166, 167, 168, 169, 170, 172, 173, 174, 176, 177, 178, 180, 181, 182, 183, 185, 186, 187, 188, 189, 190, 191, 192, 193, 194, 195, 196, 197, 199, 200, 201, 202, 203, 204, 205, 208, 209, 210, 211, 212, 214, 216, 218, 219, 221, 222, 223, 227, 228, 229, 230, 232, 236, 237, 238, 239, 241, 244, 245, 246, 247, 248, 249, 250, 251, 254, 255, 256, 257, 258, 259, 260, 261, 264, 265, 266, 267, 268, 269, 270, 271, 278, 279, 280, 282
銀襴(ぎんらん)：45, 233
禁裏(きんり)：286

### く

空間(くうかん)：5, 8, 294, 300, 301
偶数(ぐうすう)：295
公家(くげ)：9, 10, 11, 58, 70, 75, 208, 254, 75, 208, 256, 287, 296, 297
草花(くさばな)：41, 216
孔雀(くじゃく)：118
孔雀明王(くじゃくみょうおう)：118
九條家(くじょうけ)：70
薬(くすり)：282
百済(くだら)：295
梔子(くちなし)：290
轡唐草(くつわからくさ)：256
雲(くも)：10, 14, 20, 34, 40, 61, 65, 66, 67, 69, 71, 74, 76, 80, 85, 86, 87, 88, 89, 90, 91, 92, 93, 94, 95, 96, 97, 99, 104, 106, 107, 112, 114, 115, 116, 129, 130, 135, 144, 145, 146, 151, 156, 157, 158, 159, 167, 169, 174, 177, 180, 181, 204, 221, 238, 246, 247, 248, 270, 272, 274, 275, 276, 277, 278, 279, 280, 283, 284, 286, 288
雲襷(くもたすき)：129, 158, 238
雲立涌(くもたてわく)：20, 61, 135
雲菱(くもひし)：246, 247, 248
供養(くよう)：10
グリーン：284, 285
紅(くれない)：133, 156, 290
黒(くろ)：13, 14, 16, 17, 40, 46, 53, 59, 76, 93, 152, 161, 175, 197, 244, 265, 268, 271, 279, 284, 287, 288, 289, 292, 293, 294
黒木(くろき)：287
軍配(ぐんばい)：282

### け

慶応(けいおう)：67
慶事(けいじ)：258
形態(けいたい)：8, 291
袈裟(けさ)：11, 290, 291
化身(けしん)：287
華瓶(けびょう)：5
権威(けんい)：10, 11
源氏(げんじ)：287
厳粛(げんしゅく)：300
現世(げんせ)：156, 281
建造物(けんぞうぶつ)：58
元治(げんぢ)：59, 122
玄武(げんぶ)：146, 295
権力者(けんりょくしゃ)：186, 286, 290

### こ

小葵(こあおい)：126, 188, 224, 254, 255
五位(ごい)：287
香(こう)：8, 282
香色(こういろ)：12, 29, 41, 78, 103, 116, 130, 139, 157, 167, 216, 220, 254, 290
弘化(こうか)：263
高価(こうか)：5, 287
高貴(こうき)：156, 254, 289
高級(こうきゅう)：4, 9
高座(こうざ)：8
皇室(こうしつ)：11, 36, 57, 172
興正寺(こうしょうじ)：70
皇族(こうぞく)：9, 11, 47, 50, 58, 95, 254, 290, 297
皇太子(こうたいし)：288, 290, 297
皇帝(こうてい)：94, 286
黄帝(こうてい)：118
紅白(こうはく)：156
光明皇后(こうみょうこうごう)：285
黄櫨染(こうろぜん)：290
黄龍(こうりゅう)：146
香料(こうりょう)：282
久我家(こがけ)：75
久我龍胆紋(こがりんどうもん)：75
深(こき・ふかき)：285, 287, 290, 292, 293
濃(こき・ふかき)：285, 286, 288, 289, 292

50, 51, 52, 53, 57, 62, 73, 152, 153, 165, 166, 167, 168, 178, 185, 190, 191, 192, 193, 194, 195, 196, 197, 198, 199, 200, 201, 202, 215, 229, 235, 236, 237, 239, 252
**唐花**(からはな)：33, 44, 46, 53, 56, 63, 77, 78, 79, 81, 98, 105, 106, 122, 127, 131, 136, 145, 162, 187, 228, 229, 230, 231, 232, 233, 234, 235, 236, 237, 238, 239, 240, 241, 242, 243, 244, 245, 246, 247, 248, 249, 250, 251, 258, 259, 260, 261, 268, 270
**唐花菱**(からはなひし)：33
**刈安**(かりやす)：285
**迦楼羅**(かるら)：118
**華麗**(かれい)：228, 258, 262
**官位**(かんい)：285, 292, 293
**冠位四十八階**(かんいしじゅうはっかい)：285, 286, 288, 292
**冠位十二階**(かんいじゅうにかい)：285, 286, 288, 291, 292
**閑院宮**(かんいんのみや)：48
**閑院宮菊紋**(かんいんのみやきくもん)：48, 49
**官職**(かんしょく)：296
**寛政**(かんせい)：21
**観世水**(かんぜみず)：39, 281
**観音菩薩**(かんのんぼさつ)：278
**関白**(かんぱく)：70, 72, 290
**観勒**(かんろく)：295

**き**

**黄**(き)：52, 84, 85, 130, 146, 168, 198, 280, 284, 285, 286, 289, 292, 293, 294
**木**(き・もく)→「もく」
**聞**(聴)く(きく)：5
**菊**(きく)：47, 103, 134, 138, 172, 173, 174, 175, 176, 177, 178, 179, 180, 181, 182, 183, 204, 217, 222, 223
**菊花紋**(きくかもん)：11
**菊御紋**(きくのごもん)：10, 11, 12, 13, 14, 15, 16, 17, 18, 19, 20, 21, 22, 23, 24, 25, 26, 27, 28, 29, 30, 31, 32, 33, 34, 35, 36, 37, 38, 39, 40, 41, 42, 43, 44, 45, 46, 56, 57, 70, 172, 290
**菊紋**(きくもん)：47, 48, 49, 50, 51, 52, 53, 54, 55, 56
**起源**(きげん)：8, 131, 142, 295
**儀式**(ぎしき)：8, 295, 296
**奇数**(きすう)：295
**季節**(きせつ)：5, 10, 289, 300, 301
**貴族**(きぞく)：11, 95
**北**(きた)：146, 281, 289, 294
**生地**(きぢ)：289
**亀甲**(きっこう)：12, 17, 22, 156, 187, 244, 245, 257
**亀甲花菱**(きっこうはなひし)：244, 257
**吉祥**(きっしょう)：258, 282
**木辺派**(きべは)：70
**着物**(きもの)：10
**奇門遁甲**(きもんとんこう)：295
**宮中**(きゅうちゅう)：10, 296, 297
**宮殿**(きゅうでん)：285
**教義**(きょうぎ)：275
**京極宮**(きょうごくのみや)：48
**脇侍**(きょうじ)：278
**行事**(ぎょうじ)：4, 8, 10, 295, 297, 301
**経典**(きょうてん)：9
**享和**(きょうわ)：46, 232
**御物**(ぎょぶつ)：252
**きらびやか**：4
**桐**(きり)：32, 33, 46, 52, 53, 57, 103, 104, 118, 139, 140, 141, 153, 184, 185, 229, 249
**キリスト教**(きりすときょう)：9
**桐襷**(きりたすき)：249
**切伏**(きりふせ)：14, 36, 37, 39, 48, 163
**桐紋**(きりもん)：36, 37, 38, 39, 40, 41, 42, 43, 57, 70, 71
**麒麟**(きりん)：122, 146
**裂**(きれ)：5, 14, 38, 162, 275, 289
**金**(きん)：4, 14, 33, 34, 37, 38, 41, 55, 58, 62, 65, 66, 69, 70, 71, 72, 73, 74, 100, 120, 121, 138, 142, 146, 162, 171, 182, 184, 204, 205, 222, 223, 234, 252, 272, 275, 279, 281, 282, 300
**禁止**(きんし)：9, 11, 57
**禁色**(きんじき)：290
**錦織寺**(きんしょくじ)：70
**金地**(きんぢ)：14, 17, 23, 33, 39, 40, 54, 59, 63, 68, 71, 90, 98, 99, 128, 129, 132, 148, 151, 157, 172, 173, 180, 184, 186, 187, 200, 205, 208, 209, 210, 212, 218, 221, 229, 249, 258, 277
**巾着**(きんちゃく)：282
**金嚢**(きんのう)：282
**金箔**(きんぱく)：4
**金襴**(きんらん)：4, 9, 11, 12, 13, 14, 15, 16, 17, 18, 19, 21, 22, 23, 24, 25, 26, 27, 29, 30, 31, 32, 33, 34, 35, 39, 40, 42, 44, 46, 47, 49, 50, 51, 52, 53, 54, 55, 56, 57, 59, 60, 61, 62, 63, 64, 66, 67, 68, 71, 75, 76, 77, 78, 80, 84,

## う


鵜(う)：161
袍(うえのきぬ・ほう)：56, 142, 256, 285, 287, 288, 289, 290, 293
浮織(うきおり)：20, 123, 131
浅(うすき・あさき)：12, 73, 78, 86, 116, 117, 130, 143, 149, 157, 159, 169, 170, 199, 216, 220, 256, 281, 285, 287, 292, 293
薄(うすき・あさき)：285, 286, 288, 292
浅香色(うすき・あさき　こういろ)：12, 78, 116, 130, 157, 199, 216, 220
打敷(うちしき)：4, 5, 8, 9, 10, 11, 36, 47, 58, 70, 75, 76, 118, 146, 156, 171, 172, 208, 232, 258, 282, 291, 295, 297, 300, 301
打出の小槌(うちでのこづち)：282
宇宙(うちゅう)：289, 294
梅(うめ)：50, 68, 77, 123, 222, 234
梅鉢紋(うめばちもん)：234
裏菊紋(うらきくもん)：11, 47
裏地(うらぢ)：33, 74, 143, 222, 276
上卓(うわじょく)：8
雲鶴(うんかく)：156
繧繝彩色(うんげんさいしき)：252


## え


易(えき)：294, 295
蝦夷錦(えぞにしき)：235
枝(えだ)：71, 121, 156, 161, 286
衣体(えたい)：290
枝喰鶴(えだくいつる)：71, 156
枝喰鳳凰(えだくいほうおう)：121
穢土(えど)：156
江戸時代(えどじだい)：9, 48, 208, 285, 287, 290
葡萄(えび)：292
縁故(えんこ)：11


## お


王(おう)：146
王者(おうじゃ)：146
往生(おうじょう)：281
黄丹(おうだん・おうに)：290
応仁・文明の乱(おうにん・ぶんめいのらん)：296
応龍(おうりゅう)：146
大谷派(おおたには)：70
教え(おしえ)：5, 162, 281
帯(おび)：4, 8, 10
織(おり)：5, 12, 42, 43, 44, 45, 58, 70, 94, 95, 98, 262
折枝(おりえ・おりえだ)：18, 19, 50, 76, 77, 133, 135, 175, 176, 186, 188, 224
織物(おりもの)：4, 5, 8, 9, 53, 131, 262, 297, 300
織分(おりわけ)：143
温厚(おんこう)：146
怨敵退散(おんてきたいさん)：282
陰陽寮(おんみょうりょう)：295


## か


窠(か)：56, 76, 131
火(か・ひ)：281, 294
階級(かいきゅう)：291
開祖(かいそ)：75
雅楽(ががく)：276
鏡仕立(かがみしたて)：36, 47, 198
描き(かき)：11, 143, 161, 206, 225
鍵(かぎ)：282
餓鬼(がき)：272
描絵(かきえ)：143, 161, 206, 225
萼(がく)：47
鶴林(かくりん)：156
隠笠(かくれかさ)：282
隠蓑(かくれみの)：282
籠目(かごめ)：85, 132, 133, 138, 183, 211, 212, 219
襲色目(かさねのいろめ)：172, 208, 213
下賜(かし)：57
数(かず)：9, 10, 295
嘉瑞(かずい)：146
固地綾(かたぢあや)：59
帷子(かたびら)：290
窠中八葉菊(かちゅうはちようのきく)：56
楽器(がっき)：35, 276, 277
桂宮(かつらのみや)：48
金(かね・こん)→「こん」
花瓶(かびん)：5
鎌倉時代(かまくらじだい)：11, 58, 131, 254, 290
神(かみ)：287
亀(かめ)：146, 156, 257
賀茂社(かもしゃ)：214
家紋(かもん)：10, 11, 47, 58, 75
唐織(からおり)：132, 133, 138
唐草(からくさ)：12, 23, 30, 31, 32, 33, 38, 44, 47, 49,

# 【索引】

## あ


藍(あい)：123, 132, 217, 283, 285
青(あお)：12, 15, 18, 22, 60, 61, 75, 77, 80, 86, 88, 142, 146, 159, 190, 194, 195, 232, 240, 244, 245, 246, 255, 268, 281, 284, 285, 286, 289, 290, 292, 294
葵(あおい)：46, 56, 75, 214, 215, 284
青梅(あおうめ)：224
青丹よし(あおによし)：285
赤(あか)：12, 26, 28, 33, 36, 37, 47, 48, 49, 52, 55, 56, 57, 58, 62, 63, 65, 66, 80, 81, 83, 84, 85, 91, 102, 108, 110, 111, 112, 113, 118, 119, 121, 122, 126, 127, 130, 134, 137, 140, 141, 145, 147, 148, 156, 167, 168, 174, 176, 178, 182, 183, 184, 186, 188, 189, 191, 196, 198, 203, 204, 205, 216, 219, 226, 227, 235, 239, 241, 245, 246, 248, 249, 250, 251, 253, 259, 260, 262, 270, 274, 275, 276, 280, 282, 284, 286, 287, 288, 289, 290, 292, 293, 294
赤白橡(あかしろつるばみ)：290
秋(あき)：10, 222, 223, 289, 294
秋草(あきくさ)：10, 222, 223
緋(あけ・ひ)：12, 287, 290, 293
緋衣(あけ・ひ　のころも)：290
麻(あさ)：143, 161, 206, 224
浅(あさき・うすき)→「うすき」
薄(あさき・うすき)→「うすき」
浅葱(あさぎ)：73, 86, 117, 143, 149, 159, 169, 170, 256, 281
浅香色(あさき・うすき　こういろ)→「うすきこういろ」
紫陽花(あじさい)：10, 212
網代(あじろ)：23
飛鳥浄御原令(あすかきよみはらりょう)：285, 287, 288, 293
アップリケ：14
尼門跡寺院(あまもんぜきじいん)：56
阿弥陀如来(あみだにょらい)：278, 281
網目(あみめ)：130, 131
綾(あや)：59, 131, 291
菖蒲(あやめ)：213
綾文(あやもん)：291
霰(あられ)：138, 142, 222, 223
有栖川宮(ありすがわのみや)：48
安政(あんせい)：94, 142, 157, 205


## い


異界(いかい)：156, 287
位階(いかい)：290, 291
怒り(いかり)：281
衣冠(いかん)：56, 256, 287, 290
井桁(いげた)：21, 75
井桁橘紋(いげたにたちばなもん)：75
衣裳(いしょう)：156
以心伝心(いしんでんしん)：162
一元(いちげん)：294
一條家(いちじょうけ)：70
銀杏(いちょう)：55
一蓮托生(いちれんたくしょう)：162
稲妻(いなづま)：279
祈り(いのり)：5
遺品(いひん)：8, 10
位袍(いほう)：285, 287, 288, 290, 291, 293
入子菱(いれこ・いりこ　ひし)：66, 116, 145, 184, 186, 192, 193, 236, 237
色(いろ)：4, 9, 11, 12, 29, 36, 41, 71, 78, 95, 103, 116, 118, 130, 139, 156, 157, 160, 167, 199, 216, 220, 254, 278, 284, 285, 286, 287, 288, 289, 290, 291, 292
色糸(いろいと)：14, 17, 21, 22, 23, 24, 25, 26, 27, 28, 29, 30, 31, 33, 34, 40, 41, 42, 43, 45, 46, 50, 51, 53, 54, 56, 58, 65, 66, 69, 71, 72, 73, 74, 77, 78, 79, 80, 81, 82, 83, 85, 90, 91, 92, 93, 94, 95, 96, 97, 98, 99, 100, 104, 105, 106, 107, 108, 109, 110, 111, 112, 113, 114, 115, 116, 117, 118, 119, 120, 122, 123, 124, 126, 127, 128, 129, 130, 132, 133, 134, 135, 136, 138, 139, 140, 141, 142, 145, 147, 148, 149, 150, 151, 152, 154, 155, 156, 157, 158, 159, 160, 161, 163, 164, 167, 169, 170, 171, 172, 173, 174, 175, 176, 177, 178, 179, 180, 181, 183, 184, 186, 187, 188, 189, 200, 201, 202, 203, 204, 205, 206, 207, 208, 209, 210, 211, 212, 213, 215, 216, 217, 218, 219, 220, 221, 222, 223, 224, 225, 226, 227, 229, 230, 231, 232, 233, 234, 235, 236, 237, 238, 240, 241, 242, 243, 244, 245, 247, 248, 252, 253, 255, 258, 259, 260, 261, 262, 263, 264, 265, 266, 267, 268, 269, 270, 271, 272, 274, 275, 276, 277, 278, 282, 283
色遣い(いろつかい)：9
彩り(いろどり)：4
陰(いん)：9, 285, 289, 294, 295
陰陽五行(いんようごぎょう)：9, 285, 289, 294, 295

is made of high-quality silk fabric, such as gold-brocaded satin damask, and sometimes an embroidered design is worked with gold and colorful silk threads. Occasionally, in memorial services, the *kimono* or *obi* of the deceased is made of *uchishiki*. At the time when *uchishiki* first began to be used, when faith and respect for Buddha or the deceased was at its highest, it appears that every expensive material imaginable was obtained to make the effect more impressive. Later, however, the motif of *uchishiki* began to change gradually, not only to create a solemn atmosphere, but also to heighten religious faith and add seasonal touches. Despite the religious nature of the ceremonies, our ancestors succeeded in creating a seasonal flavor by using *uchishiki* with a suitable motif, thus reflecting the level of sensitivity they felt.

The various uses of *uchishiki* that have continued to the present day reveal the sense of reverence for holy spaces felt by our ancestors, and their earnest desire to pray or learn the doctrine and ideals of Buddha. *Uchishiki* recalls our ancestors' enthusiasm for the dignity of Buddhism, at a time when religious faith was much deeper than it is today.

# The design of the Buddhist altar cloth

In modern Japan, as the number of three-generation households has decreased, and fewer people place importance on religion, the solemnity of Buddhism now attracts less attention in comparison with the past. Among those attending a Buddhist memorial service or event held at a temple or in the home of a relative, some may notice an unusual textile known as *uchishiki* that is used to decorate the *shoku* (a ceremonial table or altar) along with various Buddhist altar fittings made of metal and/or gilded wood.

*Uchishiki* is a decorative cloth used to solemnize the hall of a temple and/or family Buddhist altar, covering the *shoku* for a limited period when special ceremonies are performed, and creating a special religious atmosphere. Most Buddhist sects tend to use altar fittings that are highly decorated with metal and/or gilded or lacquered wood, which means that the inner sanctuary of a temple or family altar may thus be decorative and not stand out from its surroundings; textile materials tend to have only limited use in this context. In contrast, depending on the type of ceremony or Buddhist sect, the use of *uchishiki* creates a solemn and magnificent atmosphere, by virtue of its impressive size and color. The *uchishiki*

impressionnante et sa couleur. *Uchishiki* est fabriqué à partir de soie de première qualité comme peut l'être le satin cousu de fils d'or servant à la fabrication des kimonos traditionnels de cérémonie et parfois, un motif brodé peut apparaître réalisé à partir de fils de soie en or et colorés. Parfois, lors de services de commémorations, le kimono ou le obi de la défunte pouvaient être fabriqués à partir du *uchishiki*. À l'époque, quand le *uchishiki* à commencé à être utilisé, dans le temps où la foi en Buddha et le respect au défunt étaient encore très fort, il est apparu que n'importe quelle matière la plus chère était obtenue pour produire le plus grand effet. Avec les années, le motif du *uchishiki* a évolué progressivement non pas juste au niveau de son aspect solennel mais aussi pour s'accorder aux changements de croyances en la philosophie et aussi pour être en harmonie avec les saisons. Bien que les cérémonies servent à rappeler la nature de ces commémorations, nos ancêtres ont su créer avec succès une réminiscence en harmonie avec les saisons en utilisant le *uchishiki* avec un motif s'y référent, cela mettant en exergue le degrés d'émotions qu'ils pouvaient alors ressentir.

Les différentes variations d'utilisation du *uchishiki* jusqu'à ce jour, rappellent le caractère religieux ressenti par nos ancêtres et comment a grandir ce désir de prier et d'apprendre la doctrine et les idéaux de Buddha. *Uchishiki* nous rappelle l'enthousiasme ressenti par nos ancêtres quant au respect du bouddhisme à l'époque où la croyance en cette philosophie prenait une place bien plus grande que celle occupée aujourd'hui.

# Le désigne des tissus d'autels bouddhistes

Le Japon contemporain ne compte plus autant de foyers avec 3 générations sous le même toit et seul un petit nombre de personnes aujourd'hui accordent de l'importance au bouddhisme en comparaison avec le passé. Pour ceux qui continuent d'observer la tradition des commémorations bouddhistes où les événements célébrés au temple ou dans les maisons dans le cadre familiale, ont peut être, porté leur attention sur un textile peu commun connu sous le nom de *uchishiki* utilisé pour décorer le *shoku* (table de cérémonie ou autel) qui va de pair avec une variété d'autels bouddhistes dont les ornements sont réalisés en métal ou bois avec des dorures.

*Uchishiki* est un tissu décoratifs utilisé pour apporter un côté solennel à un hall de temple ou un autel bouddhiste familial, on peut être amené à recouvrir le *shoku* pour une durée limitée quand une cérémonie à caractère spéciale est célébrée afin de créer une atmosphère religieuse particulière. La plupart des courants bouddhistes utilisent un autel avec de nombreux ornements majoritairement décorés en métal, dorures ou en bois laqué, cela implique que là où sont envoyées et concentrées les prières (sacro-saint) du temple ou de l'autel familial serait en cela plutôt décoratif sans juste se tenir au milieu de tout ce qui l'entoure. La matière du tissu dans ce contexte, n'aurait alors qu'une utilité limitée. À la différence et cela dépend du type de cérémonie bouddhiste ou du courant religieux, l'utilisation du *ushishiki* permet de créer une atmosphère solennelle et somptueuse grâce à sa taille

〈著者紹介〉

池《いけ》　修《おさむ》

昭和三十一年　生
昭和五十五年　京都大学医学部卒業
平成　三　年　トゥールーズ大学病院胸部外科勤務（フランス）
平成　七　年　京都大学胸部疾患研究所助教授（外科）
平成　十　年　京都大学大学院医学部助教授（呼吸器外科）
現　　在　勤務医　医学博士
僧侶（真宗〈浄土真宗〉）
蹴鞠保存会理事
京都市伝統行事・芸能功労者

〈著　書〉

『御所の器』　光村推古書院
『表具を楽しむ』　光村推古書院
『日本の蹴鞠』　光村推古書院
『有職の文様』　光村推古書院

# 佛教の文様

平成二十九年十一月二十八日　初版一刷　発行

編　著　池　修

発　行　浅野泰弘
発行所　光村推古書院株式会社
604-8257　京都市中京区堀川通三条下ル　橋浦町217-2
PHONE075-251-2888　FAX075-251-2881

印　刷　ニューカラー写真印刷株式会社



デザイン　辻恵里子（ニューカラー写真印刷）
進行　山本哲弘（ニューカラー写真印刷）
編集　伊賀本結子（光村推古書院）


ISBN978-4-8381-0561-8